长沙市开发区志系列丛书

浏阳高新技术产业开发区志

2003-2016

Liuyang Hi-tech Industrial Development Zone

◎长沙市地方志编纂委员会

方志出版社
Publishing House of Local Records

图书在版编目（CIP）数据

长沙市开发区志．浏阳高新技术产业开发区志：2003—2016/长沙市地方志编纂委员会编．—北京：方志出版社，2020.10

ISBN 978-7-5144-4311-0

Ⅰ．①长…　Ⅱ．①长…　Ⅲ．①技术开发区—概况—长沙—2003—2016　Ⅳ．①F127.641

中国版本图书馆 CIP 数据核字（2019）第 040357 号

长沙市开发区志·浏阳高新技术产业开发区志（2003—2016）

编　　者：长沙市地方志编纂委员会
责任编辑：高孟君

出 版 者：方志出版社
地址　北京市朝阳区潘家园东里 9 号（国家方志馆 4 层）
邮编　100021
网址　http://www.zgfzcb.org
发　　行：方志出版社发行中心
电话（010）67110500
经　　销：各地新华书店
印　　刷：长沙市和一印刷设备有限公司

开　　本：889×1194　　1/16
印　　张：21.5
字　　数：285 千字
版　　次：2020 年 10 月第 1 版　　2020 年 10 月第 1 次印刷
印　　数：001 ～ 500 册

ISBN 978-7-5144-4311-0　　定　　价：258.00 元

长沙市开发区志丛书编纂委员会

主　任　张迎春　舒行钢　夏建平　彭　楠

副主任　蒋集政　涂文清　王习加

委　员　（按姓氏笔画排列）

王　剑　王曙光　师大学　朱凌云　刘正文　刘永红　寻院豪
杜旭辉　李文沙　李国军　李科明　杨应龙　杨懿文　肖清平
吴　皓　张　权　张　毅　张永久　张列群　张庆红　罗社辉
周　剀　周　辉　周庆年　周国平　周岳云　周耀辉　郑　旗
屈志峰　赵祖翔　侯烛天　姚　兰　贺国成　袁政国　高　路
郭力夫　郭四军　谈文昌　黄　勇　黄　滔　黄　燕　彭泽南
喻　辉　曾跃平　曾超群　谭　勇　谭小平　黎春秋　戴中亚

《浏阳高新技术产业开发区志（2003—2016）》编纂委员会

总顾问　黎春秋

顾　问　周　剀

主　任　喻　辉

副主任　赵志武　李　建　蒯正红　张　露　马超容　黄才胜　宋　孟
唐万明　喻武强

委　员　吴　震　唐晓珍　孙　安　陈飞荣　邵　诚　曾祥辉　宋常根
彭旗荣　沈满红　张海红　刘铁军　胡汉辉

《浏阳高新技术产业开发区志（2003—2016）》
编辑部

主　　任　周开杰

副 主 任　李艳玲

主　　审　马超容

主　　编　李艳玲

执行主编　刘谷君

编　　辑　宁琼雅　袁村平　王　涛　何昌品　周伯贵　王卫国

初　　审　（按姓氏笔画排列）

王光明　王林义　孙　安　李后坤　李智慧　吴　震

沈满红　宋常根　张海红　陈飞荣　陈雄茂　邵　诚

唐晓珍　彭旗荣　曾祥辉

复　　审　（按姓氏笔画排列）

王运松　杨　钢　邱文彬　陈洁璐　唐继武

终　　审　（按姓氏笔画排列）

王习加　肖清平　余梅香　陈先枢　周建文　姜小平

贺国成　高　路　彭　智　曾牧野

《浏阳高新技术产业开发区志（2003—2016）》
提供资料人员

（按姓氏笔画排列）

朱梦云　何永江　邱孙志　刘丽芳　雷长超　邵　叶　段小虎

姚　琴　崔文豪　彭　晶　杨　磊　杨　慧　张　玲

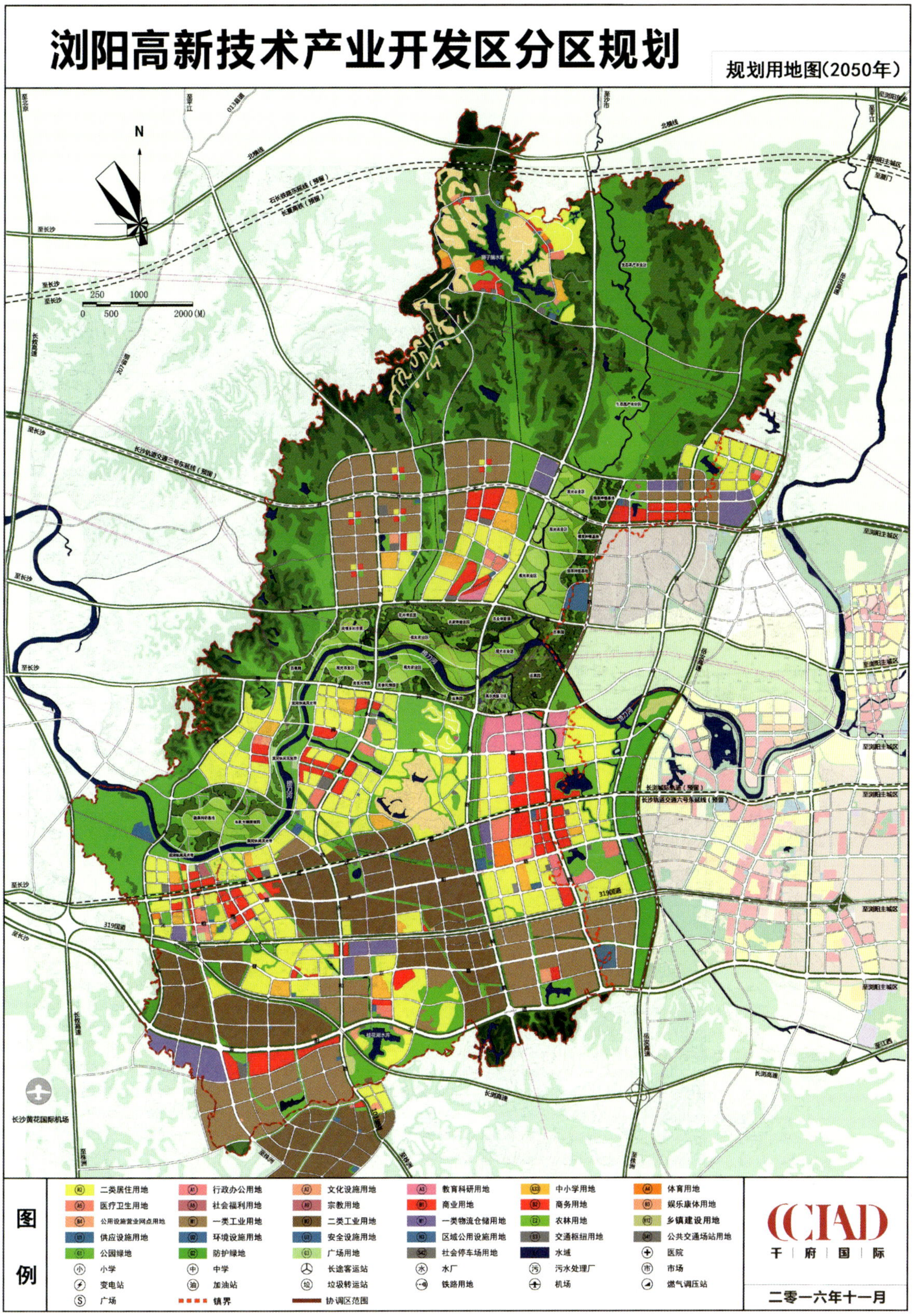
浏阳高新技术产业开发区分区规划
规划用地图(2050年)
N
250 1000
0 500 2000(M)
长沙黄花国际机场
图例
二类居住用地
行政办公用地
文化设施用地
教育科研用地
中小学用地
体育用地
医疗卫生用地
社会福利用地
宗教用地
商业用地
商务用地
娱乐康体用地
公用设施营业网点用地
一类工业用地
二类工业用地
一类物流仓储用地
农林用地
乡镇建设用地
供应设施用地
环境设施用地
安全设施用地
区域公用设施用地
交通枢纽用地
公共交通场站用地
公园绿地
防护绿地
广场用地
社会停车场用地
水域
医院
小学
中学
长途客运站
水厂
污水处理厂
市场
变电站
加油站
垃圾转运站
铁路用地
机场
燃气调压站
广场
镇界
协调区范围
CIAD
千府国际
二零一六年十一月

浏阳高新技术产业开发区位置图

湖南省第三测绘院制作　湖南省自然资源厅监制
审图号：湘S（2020）123号

◆领导关怀

2005 年 4 月 19 日，湖南省委常委、长沙市委书记梅克保（前右二）到园区调研

2006 年 12 月 31 日，湖南省委常委、长沙市委书记陈润儿（前中）在浏阳市委书记易佳良（前右）的陪同下，到园区企业视察

2010 年 3 月 18 日，长沙市人大常委会主任余合泉（前中）一行考察基地企业

2010 年 3 月 24 日，工信部环资司司长周长益（右二）、省经信委主任谢超英（左二）到基地调研再制造产业发展情况

2011 年 2 月 17 日，长沙市委常委、浏阳市委书记易佳良（右三）到基地视察工作

2011 年 4 月 1 日，长沙市政府副市长文树勋（前右二）到基地考察调研

2012 年 4 月 12 日，长沙市政府副市长何寄华（右）到基地考察调研

2012 年 5 月 27 日，浏阳市委副书记、市政府市长梁仲（中）到基地企业调研

2014 年 6 月 15 日，湖南省委常委、长沙市委书记易炼红（前左三）调研宇环数控

2015 年 7 月 8 日，长沙市委副书记、市政府市长胡衡华（前右二）考察佳能泵业

2015 年 7 月 29 日，长沙市委常委、浏阳市委书记曹立军（左）观摩凯中电气

2015 年 7 月 31 日，长沙市委副书记徐宏源（前右二）考察一朵公司

2015 年 11 月 25 日，浏阳市委副书记、市政府市长余勋伟（前左）出席深圳招商会

2016 年 3 月 10 日，浏阳市委副书记、市政府市长余勋伟（前右三）到园区调研

2016 年 7 月 29 日，湖南省政府办公厅巡视员黄卫东（前左二）到园区考察

2016 年 8 月 2 日，浏阳市委副书记、市政府市长吴新伟（前中）到园区调研

◆重大事件

2003 年 3 月 28 日，入园企业接受开工贺牌

2004 年 3 月 28 日，园区成立周年庆典暨企业入园签约会

2009 年 8 月 26 日，永安污水处理举行奠基仪式

2010 年 10 月 20 日，省林业厅为基地“湖南林业（长沙）家具产业园”接牌

2011 年 10 月 18 日，举办工会集中组建大会

2012 年 3 月 28 日，新办公大楼落成典礼

2012 年 12 月 6 日，召开非公有制经济党组织集中成立大会

2012 年 11 月 20 日，召开长沙（浏阳 · 宁乡）再制造示范基地实施方案专家评审会

2015 年 3 月 17 日，浏阳高新区政务服务中心揭牌

2016 年 1 月 1 日，浏阳国际家具城开业

2016 年 1 月 15 日，浏阳高新区再制造信息服务中心正式揭牌

2016 年 4 月 15 日，浏阳高新区博士后科研流动站协作研发中心授牌

2016 年 6 月 27 日，浏阳高新区开通行业首个“智能制造专板”，园区百家企业集体挂牌

2016 年 7 月 19 日，与长沙智能制造研究总院达成战略合作

2016 年 7 月 29 日，浏阳高新区接受省政府授牌

2016 年 8 月 5 日，首个五星级酒店长沙滨海华美达广场酒店盛大开业

2016年10月12日，博大中央广场承建园区首个邻里服务心并接受管委会正式授牌

2016年10月14日，人可股份新三板挂牌仪式在京隆重举行

◆招商引资

2010 年 10 月 12 日，在长沙科交会再制造专场推介会上，共引进再制造企业 5 家，合同引资 10 亿元。图为基地管委会主任寻院豪（前中）与企业签约

2014 年 6 月 18 日，在上海组织招商推暨项目签约会

2015 年 11 月 25 日，在深圳举办智能装备制造投资合作推介会上进行集中签约

2015 年 4 月 8 日，湖南金丰林印刷包装机械科技有限公司签约落户园区

2015 年 4 月 10 日，长沙今朝科技股份有限公司签约落户浏阳制造产业基地

2015 年 7 月 3 日，长沙慧奇机器人科技有限公司签约落户浏阳制造产业基地

2015 年 8 月 15 日，湖南省家谐家具产业园有限公司携 300 余家家具企业签约落户园区

2015 年 8 月 21 日，湖南蒙达新能源材料有限公司新能源电池（材料）生产项目签约落户园区

2015 年 12 月 25 日，长沙安靠电源签约落户浏阳高新区

2016 年 3 月 4 日，江苏新泉汽车饰件生产项目签约落户园区

2016 年 5 月 12 日，长丰汽车零部件生产项目签约落户浏阳制造产业基地

2016 年 6 月 7 日，欢颜家居整装及物流配送基地项目签约落户浏阳制造产业基地

2016 年 6 月 14 日，符合芯体材料项目签约

2016 年 7 月 28 日，浏阳唯涛塑料制品有限公司的电商家具及压延膜项目签约落户园区

2016 年 7 月 29 日，14 个智能制造及关联项目集中签约落户园区

2016 年 9 月 13 日，湖南而立汽车零部件生产项目落户园区

2016 年 9 月 20 日，长沙纳川汽车起动机和发电机再制造项目签约落户园区

2016 年 10 月 8 日，长沙市银宝山新模具科技有限公司汽车零部件生产项目签约落户园区

2016 年 10 月 9 日，金华江凯长沙汽车内外饰件生产项目落户浏阳高新区

2016 年 10 月 20，日本刈钣车件制造项目签约落户浏阳高新区

2016 年 10 月 21 日，湖南省地上铁新能源科技光储充项目签约落户园区

2016 年 11 月 9 日，湖南长丰汽车座椅及天窗生产项目落户浏阳高新区

2016 年 11 月 24 日，长沙华科汽配项目签约落户浏阳高新区

2016 年 12 月 20 日，欧拓（上海）汽车管理有限公司的汽车零部件项目落户浏阳高新区

◆重点企业风采

宇环数控机床股份有限公司

长沙波特尼电系系统有限公司

长沙佳能通用泵业有限公司

湖南法泽尔动力有限公司

长沙博大机械零部件有限公司

湖南一朵生活用品有限公司

湖南汉科德科技有限公司

长沙安靠电源有限公司

信质电机长沙公司

长沙华恒机器人系统有限公司

湖南中铁五新重工有限公司

启泰传感物联网产业园

湖南金丰林印刷包装机械科技有限公司

湖南汇湘轩生物科技股份有限公司

浏阳国际家具城

长沙今朝科技股份有限公司

浏阳天福打叶复烤有限责任公司

湖南蒙达新能源材料有限公司

◆配套设施

湖南电力公司丛塘 220kv 变电站

长沙新奥浏阳燃气有限公司

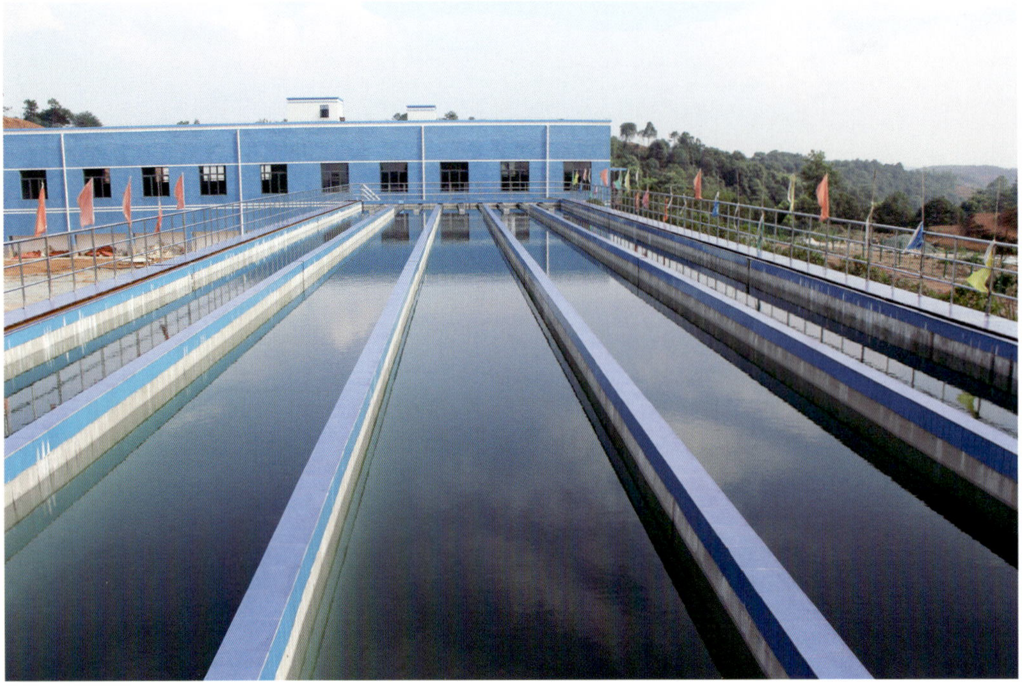

新自来水厂

浏阳高新区政务服务中心

浏阳高新区政务服务中心

浏阳高新区创新创业基地

浏阳高新区创新创业园

浏阳高新区金融服务中心

浏阳江淮村镇银行

浏阳农村商业银行

浏阳高新区人才交流服务中心

长沙银行永安支行

中国银行浏阳高新区支行

菲索国际幼稚园

黄花机场后勤基地

浏阳一中高新区实验中学

千鹭湖国际度假酒店

永安医院

公共自行车

共享单车

通勤车

普洛斯物流

新建保障性住房

礼耕安置小区

南园保障性住房

水山安置小区

永丰安置小区

株陵安置小区

滨海华美达酒店

博大中央广场

华润新都汇

通程商业广场

2011 年 1 月 21 日，迎新年团拜会

2011 年 6 月 15 日，“中大杯”焊工技能竞赛

2011 年 6 月 22 日，庆祝建党 90 周年“我与基地共成长”演讲比赛

2011 年 6 月 29 日，庆“七一”文艺汇演活动

2012 年 4 月 27 日，园区焊工大赛

2012 年 12 月 6 日，召开非公有制经济党组织集中成立大会

2015 年，“浪漫七夕 为你而战”活动

2015 年 11 月 26 日，园区第三届职工运动会

2016 年 5 月 13 日，“我是叉车王”技能比赛

2016 年 9 月 27 日，浏阳高新区第四届职工运动会之篮球赛

◆园区荣誉

2016年

2015年12月

2015年10月

2015年10月

2014年12月

2013年2月

2012年2月

2011年2月

2009年2月

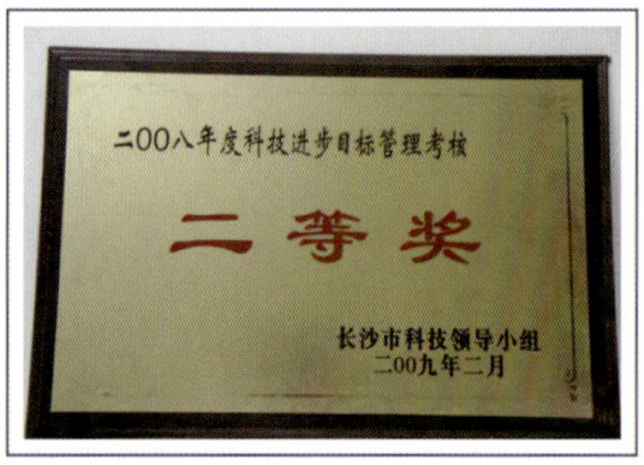

长沙市开发区志总述

长沙市自 20 世纪 80 年代末开始兴办开发区。按照“布局合理、集约用地、产业集聚、形成特色”的总体要求，紧紧围绕新型工业化和城镇化这两大战略，充分利用现有基础条件和优势，全力招商引资，着力引进战略投资者，以发展现代制造业为主，着力优化产业、产品结构，培育优势产业和骨干企业，发展配套和关联企业，拉长产业链条，开发区逐步成为长沙经济社会发展特别是工业发展的主力军、主战场和主阵地。

2015 年，长沙市全部工业增加值占全省比重 1/3，成为全省工业经济增长的关键支撑。全市规模工业总产值达到 10565 亿元，规模工业增加值 3228 亿元。2015 年产值过 100 亿元的企业 8 家，湖南中烟、三一集团、中联重科等企业先后入围中国企业 500 强，企业实力不断增强。

工业发展对全市经济社会的贡献更加凸显。2015 年，全市全部工业增加值占 GDP 的比重为 42.3%，工业对全市经济的贡献率 43.1%；贡献税收 972.2 亿元，占全部税收的比重为 62.5%；规模工业企业创造利税总额 1590.7 亿元，实现主营业务收入 9638.36 亿元，利润总额 618.44 亿元。工业成为拉动就业的主渠道。2015 年，全市规模工业企业期末从业人员 64.36 万人，占全社会从业人员的比重为 13.9%。

开发区的发展使企业逐步向园区集中，产业向园区集群聚集。2015 年，园区规模工业增加值 1881.4 亿元，占全市规模工业的比重为 58.3%。全市开发区共集聚了 1213 家规模工业企业，占全市规上工业企业总数的 46%；规模工业企业前 100 强中，开发区占 91 家。初步形成工程机械、新材料、食品烟草三大支柱产业，以电子信息、汽车、生物医药 3 个为补充的多点支撑的产业发展格局。2015 年，开发区工程机械、汽车及零部件、食品、新材料、电子信息、生物医药六大产业集群实现规模工业总产值、规模工业增加值分别达到 7395.95 亿元、2367.21 亿元，占全市规模工业总产值和增加值的比重分别达到 70% 和 73.3%。

据统计，“十二五”规划时期，开发区工业累计投资 7469.64 亿元。全市开发区共引进上海大众、广菲克、联通长沙云数据、中兴通讯长沙基地、格力电器生产基地项目等重大项目 105 个，总投资 2736 亿元，全部竣工投产、达产后预计新增产值 6800 亿元。在建工程中德有色工业园、蓝思科技新材料面板项目、杉杉新能源、比亚迪电动卡车、大学科技城等，10 亿元以上项目共计 56 个，总投资 1400 亿元，项目竣工、达产后预计新增产值 4200 亿元。竣工投产的广汽菲亚特及广菲克 SUV 项目、上海大众、广汽三菱、尔康制药、中联环境产业园、中电软件园等 10 亿元以上项目共计 28 个，完成投资 600 亿元，将新增产值 860 亿元。

2015 年，开发区规模工业企业拥有自建研发机构数 500 余个，机构人数超过 3 万人；2015 年全市共取得省部级以上科技成果 340 项；专利申请和授权专利分别达 17763 件和 11448 件，城市万人有效发明专利拥有量居全国省会城市第 4 位；以中联重科、三一重工、楚天科技、千山制药为代表的工业企业专利授权量达 7070 件。2015 年，全市高新技术产业实现产值 8611.3 亿元，实现增加值 2730 亿元，占 GDP 的比重达 32.1%；全市高新技术产业增加值占全省的比重 44.5%。

目前全市规模工业企业计算机普及率达 99.9%，85% 的规模企业配有信息技术人员。推进“两型社会”（资源节约型、环境友好型社会）建设，构建绿色工业体系，指导企业推广应用节能新技术、新工艺和新设备，突出目标责任，强化重点企业节能监管，49 家企业获批“两型”示范企业、5 家园区获批“两型示范园区”。据统计，“十二五”规划期间全市规模万元增加值能耗累计下降 42.09%，年均下降 12.6%，规模工业综合能耗量实现年均下降 1.2%。

按照“政府扶持枢纽平台—平台聚合服务中介—中介集合服务企业—企业集体受益发展”的思路，开发区着力打造融资担保、就业辅导、管理咨询、技术创新、市场开拓、人才培育、法律维权、信息服务 8 个服务平台，为全市中小微企业提供全方位、立体化的服务，2014 年成为工信部认定的国家中小企业公共服务示范平台。深度服务中小微企业 800 余家，举办各类培训讲座近 300 场，辐射服务企业数千家，帮助大批中小微企业有效突破了技术和管理瓶颈，得到《人民日报》《经济日报》《湖南日报》等多家媒体报道，并被称为企业服务的“长沙模式”。

长沙市开发区志丛书编纂委员会

2016 年 6 月

序　言

罗霄苍翠，大围青葱。山重飞瀑，九曲浏河。世界向东，长沙向东。

浏阳地处湘东大地，永安镇是长沙入浏的第一站。2003 年，浏阳高新技术产业开发区（前身为湖南浏阳制造产业基地）选址在这里。浏阳高新区的筹建得益于改革开放的春风。1992 年，邓小平同志的南方谈话深深触动了当时的浏阳县委、县政府（1995 年改为县级市）的领导集体，认为浏阳作为山城，要致富必修路，决心举全县之力打通蕉溪岭，依托 319 国道，拉通浏阳至长沙的快速通道。1996 年，蕉溪岭建成通车。从此，浏阳向西融城的大幕正式开启，长浏公路担当起浏阳“进百强、冠三湘”的使命，承载着浏阳人的梦想飞向山外，飞向更远的地方。

长浏公路通车以后，浏阳人还有一个更大的梦想在酝酿，那就是借力交通、兴工强市。2003 年，浏阳市委、市政府在长浏公路旁的永安镇划定区域，在这里发展制造产业，这就是当时的湖南浏阳制造产业基地。长浏公里就像一根长青藤，为浏阳人民实现了一个又一个梦想。如今的浏阳，成为全国百强县，冠以美丽中国典范城市，地区生产总值过千亿元，税收过百亿元，经济规模和发展水平比肩地级市。

如今的浏阳高新区，实现了由传统制造业向高新技术产业的华丽转身，2016 年获批湖南省级高新区，是国家再制造产业示范基地、湖南省新型工业化产业示范基地和浏阳市“园镇一体、产城融合”示范区。园镇总规划面积 36.6 平方千米，建成区面积约 12.5 平方千米。园区有企业 300 余家，其中规模以上企业 113 家、高新技术企业 35 家、企业职工 3 万余人，形成了智能装备制造、汽车及零部件两大主导产业和再制造特色产业。2016 年，实现规模工业总产值 350 亿元、财政总收入 11.66 亿元，在全省 134 个省级及以上开发区综合评价排名第三，在省级园区中持续保持领先地位，成为长沙经济发展的重要增长极。

浏阳高新区是浏阳锐意创新、争创一流的成功实践。抚今追昔，鉴往知来，浏阳高新区经过了第一个 10 年的发展，已经迈入转型跨越的关键时期，作为浏阳高新区发展过程中的接棒人，作为在开发区工作了 17 年的“老同志”，虽然深感压力巨大，但我依然对其信心百倍，因为未来这里能坐拥省会城市的便利和辐射，能够创树智能制造标杆。为此，我将带领全园上下坚定目标，奋力拼搏，当好接班人，无愧于这个伟大的时代，无愧于来园创业者和浏阳的父老乡亲。

盛世修志是中华民族的优秀文化传统。处在这样一个太平盛世和创新创业的时代，我们有责任为后人留下一部系统的、翔实的园区史料，从而为现在乃至将来开发区的建设提供借鉴。为此，党工委高度重视，其间得到了长沙地方志办公室、浏阳市志档案局的悉心指导，得到了园区广大企业的广泛支持，历时两年多，今天终于得以成书。作为职业灵魂已经深深融入园区的我，通过此志全面了解自己深爱的家乡艰难而光荣的创业历史，备感欣慰。我相信，还会有许多人如我一样，将从这部《浏阳高新技术产业开发区志（2003–2016）》中，获取有用的信息。

就此机会，谨向付出了艰辛劳动的全体编写人员致以崇高的敬意，向为此志提供资料的各界人士、上级指导部门的同志们表示衷心的感谢。

千帆竞发，百舸争流。创业之旅，酬志激扬。吾志所向，砥砺前行。

是为序

浏阳高新技术产业开发区党工委书记　周剀

2017 年 6 月 18 日

凡　例

一、本志以马克思列宁主义、毛泽东思想、邓小平理论、“三个代表”重要思想、科学发展观、习近平新时代中国特色社会主义思想为指导，坚持辩证唯物主义和历史唯物主义的立场、观点和方法，实事求是地全面记述浏阳高新区的创建、发展历程，力求资料性和科学性的有机统一。

二、本志以记事为主，寓观点于叙述之中，旨在以大量资料为基础，起存史、资治、育人的作用。

三、浏阳高新区2016年6月升格为省级高新区。本志以“浏阳高新技术产业开发区”为记叙主体，正文简称“浏阳高新区”；浏阳高新区范围内概称“园区”。本志也记叙与园区有关的永安镇的事务，水安镇范围称“镇域”，永安集镇范围内称“集镇”。

四、本志上限为2003年，但具体溯源因事而异，下限为2016年。

五、本志由概述、大事记、正文、附录、后记5部分组成，专业志按事以类聚的原则归纳为10篇。篇下分章、节、目，均以黑体字居中排列，有些目下设子目，子目以黑体字标于段首。子目以下之条目用黑体字，再冠以带小括号的序号（一）。志内所列统计表以“表a–b–c”标注序号；所插图片则以[a–b]标注序号，其中a为篇序，b为章序，c为表（图）序。

六、本志均用公元纪年。20世纪的年代，一般不冠“上世纪”“20世纪”，直称年代。

七、本志所使用的地名和行政区划名称，均按当时的原称谓，必要时括注今名。

八、本志对各类人物皆直书其姓名，不加职务名称，必要时书其职务。

九、本志中的人物均为园区工作者，排列按有关规定和任职时间先后，无规定顺序者则按姓氏笔画排列。

十、根据“生不立传”的原则，对园区发展有重大贡献者均依然奋战各条战线上，所以未设人物传记。

目　录

概　述

2000 年，浏阳市大力推进兴工强市战略。浏阳市委、市政府从全市经济宏观发展的需要出发，抓住沿海企业内迁的机遇，利用永安镇的区位优势和汽车零部件制造的产业优势，按照永安镇全国小城镇示范镇建设的要求，2003 年，创建以工程机械和汽车零部件制造为主的工业基地，即名为湖南浏阳制造产业基地。2004—2005 年，园区将原永安镇属企业陆续迁入园区，同时对外加大宣传和招商引资力度，博大机械、义和车桥、中大机械、富丽真金等 40 余家企业成为入园最早的一批企业。2006 年，浏阳制造产业基地管理委员会被长沙市人民政府明确为副县级单位。2012 年，园区获批湖南省工业集中区。2013 年，获批国家再制造产业示范基地。2015 年，获批湖南省新型工业化产业示范基地。2016 年，获批湖南省高新技术产业开发区，更名为浏阳高新技术产业开发区（以下简称“浏阳高新区”），园区由传统制造业园区转型为高新技术园区。2016 年，园区总规划面积 36.6 平方千米，园镇建成区面积 12.5 平方千米，实现工业产值 360 亿元，财政总收入 11.66 亿元，成为长沙经济发展的重要增长极，在长沙市省级园区中处于领先地位，在湖南省 134 个省级以上开发区综合评价排名中位列第三。

建园背景

永安镇紧邻长沙市，受长沙工程机械产业的辐射带动，20 世纪 80 年代成为工程机械、船舶加工的集聚地，零星分布加工作坊，并有少数形成规模企业。2002 年，永安镇的工业总产值 63862 万元，其中汽车配件企业 12 家，年工业总产值 14159 万元，上缴税金 1017 万元，初步形成汽车零部件产业集聚地。浏阳市委、市政府为进一步发展新型工业，加快工业园区的发展步伐，依托永安镇原有汽车零部件产业的良好基础，建立一个专业化的现代制造园区。

发展历程

2003—2016 年，浏阳高新区的发展经历 4 个发展阶段，即起步阶段（2003—2005 年）、迅速发展阶段（2006—2008 年）、调整发展阶段（2009—2013 年）、转型发展阶段（2014—2016 年）。

起步发展阶段（2003—2005 年） 为促进永安镇工程机械加工业的发展，进一步接受长沙工程机械产业的辐射，浏阳市委、市政府决定在永安镇着力发展机械产业和汽车零部件产业。2003 年 3 月 21 日，中共浏阳市委发文，成立以市委书记李亿龙任顾问，市长赵建强任组长的浏阳市工业新区领导小组。2003 年 3 月 26 日，浏阳市人民政府下发浏政函〔2003〕32 号文件，明确成立浏阳工业新区现代制造园。2003 年 3 月 28 日，成立浏阳制造产业基地指挥部，由浏阳市委副书记黎建任指挥长，市人大副主任王隆礼、市政府副调研员周高梓任副指挥长，指挥部的工作人员从市直相关职能部门和永安镇人民政府及其他乡镇抽调干部组成。指挥部为工作统筹机构，全面统筹园区的开发建设工作，工作实施机构与永安镇政府合二为一，即为"园镇一体"工作机制，湖南浏阳制造产业基地正式成立。

迅速发展阶段（2006—2008 年） 在此期间，东南沿海地区实施产业转移，选择到中部省会城市及周边城市进行产业布局的企业越来越多。湖南作为承东启西、连南接北的中部省份，成为东部产业转移的重要之地。因此，省会长沙周边县市赢得良好的发展机遇。浏阳高新区作为长沙"入浏第一站"，凭其良好的区位优势成为众多企业理想的选择之地。园区大力推进招商引资工作，2006—2008 年，新引进企业 49 家。为确保项目迅速落地，园镇合力推进征地拆迁工作，加快基础设施建设，发展骨架逐渐拉开，并确立工程机械、汽车零部件为产业发展的主导方向，制造产业园区的雏形基本形成。

调整发展阶段（2009—2013 年） 受 2008 年世界金融危机和产能过剩的影响，全球宏观经济持续下滑，国家基础设施建设步伐放缓，房地产市场受其影响巨大，工程机械制造产业进入冰冻期，从高速发展转中低速发展，甚至国内大部分工程机械企业处于亏损状态，特别是配套的工程机械企业，订单大量减少，发展步履艰难。市场趋势不明朗，企业投资热情不高，招商引资也进入低迷期。工程机械企业逐步调整发展方向，部分企业开始由工程机械行业向整车、乘用汽车配套转型。在国内市场严重萎缩的情况下，园区企业积极开拓国际市场，找到了发展的出路。工程机械产业经过一轮洗牌后，具有创新能力的企业通过技术升级、产品转型和市场开拓，重新焕发生机。利用此阶段的产业调整期，园区管委会调整产业发展方向，为走产业差异化发展道路，在进一步巩固壮大制造产业的同时，将发展目标瞄准机械制造的后市场，即再制造产业，逐渐形成工程机械、汽车零部件两大主导产业和再制造特色产业。2012 年，经湖南省政府批准，园区获批湖南省工业集中区，正式成为省级园区。2013 年，经工信部和财政部批准，获批国家再制造产业示范基地，为唯一由两个部委同时批准的国家再制造产业示范基地。

转型发展阶段（2014—2016 年） 园区进入第二个 10 年发展期，机构进一步完善，产业逐步集聚，经济发展规模不断壮大。随着信息技术的发展和互联网时代的到来，园区大力发展智能制造产业，鼓励企业科技创新，走内涵式发展道路。为适应清洁能源的发展，园区着手发展新能源汽车产业，进一步延伸汽车产业链条，基本形成了智能装备制造产业、汽车及零部件两大主导产业及再制造特色产业，新能源、新材料、生活消费品、家具等其他辅助产业也逐渐发展壮大，构起主业突出、多点支撑的产业发展格局，由传统的制造产业逐步向高新技术产业转型。2016 年，经湖南省政府批准，园区获批湖南省级高新技术产业开发区，正式跻身高新技术园区行列。截至 2016 年年底，有规模工业企业 113 家，实现规模工业总产值 358 亿元，财政总收入 11.66 亿元，在长沙市省级园区中保持领先地位，园区走上创新发展之路。

发展成果

2003—2016 年，浏阳高新区从无到有、从小到大、从弱到强，各项事业得到长足进步。

园区升格 2004 年 12 月，浏阳市委、市政府批准成立湖南浏阳制造产业基地管理委员会。2005 年 2 月，制造产业基地管理委员会与永安镇人民政府按照“园镇合署、职能整合、精简效能、管理统一”的原则，在永安镇政府大楼实行合署办公。2012 年，湖南省政府批复为省级工业集中区。2013 年，财政部、工信部批复为国家再制造产业基地。2016 年，湖南省政府批复为湖南省级高新技术产业开发区。

征地拆迁 2003年，园区指挥部成立征地拆迁安置工作领导小组，由永安镇政府抽调干部及涉园村支两委组成，采取公告与协议相结合的方式开展征地拆迁工作。2003年，园区按照浏阳市政府《关于印发〈浏阳工业新区制造产业园规划范围内征地补偿安置实施细则〉》（浏政发〔2003〕20号）执行，涉园的村（社区）包括株陵、福星、和丰、礼耕、民生、红旗、永明、永安、石函、荷花等村，征地面积为20平方千米。2008年，浏阳现代制造产业建设投资开发有限公司（下简称“产建投资公司”）设立征地拆迁安置部，负责园区征地、拆迁、安置和被征地农民社会保障工作以及涉园村（社区）的关系协调。2003—2016年，征地1223.67公顷，拆迁1349栋，迁坟4189座，包括7个村（社区）、53个组。园区征收范围内的坟墓均迁往西湖公墓山和桂花公墓山。

安置 安置包括征地安置、拆迁安置和就业安置。2005年，园区启动安置工作，被征地和拆迁房屋的村民，可选择留用地重建安置或货币安置。选择留用地安置的，需符合土地利用总体规划和城市、集镇、村庄规划。留用地重建安置按被征地总面积的6%—8%的标准预留生产用地指标，以村民小组为单位进行核算，以村为单位集中利用，并依法办理有关用地、报建手续。留用地生产用地指标，只限本村集体经济组织使用。2003—2010年，安置363户，建成的为株陵安置小区、柳家安置小区和永丰安置小区，另规划龙槐和指路保障性住房，分别可安置68户和96户。2011—2016年，为保障性房源安置，建成的保障性房源有礼耕保障性住房、南园保障性住房和建新保障性住房，共安置352户。选择货币安置的，补偿后不再划地重建。2016年，实行纯货币化保障房源指标回购政策，有420户2251人选择指标回购，兑付资金21287万元。回购的楼盘为博大雅苑、滨海新干线和华润新都汇3个商业楼盘的商品房，政府给予一定补贴。

园区自2007年下半年开始实施“三补”政策，“三补”即为老龄补助、家庭生活补助、农村合作医疗补助，共3680人享受“三补”政策，2007—2012年，发放资金1751.15万元。从2012年7月1日开始，“三补”政策调整为老龄补助。截至2016年年底，发放老龄补助2957. 16万元。2012年12月，启动社会养老保险，截至2016年年底，上缴社保资金1.4亿元。

自建园起园区实行征地拆迁与就业安置同步，对被征地拆迁的农民进行技能培训，并推荐到园区企业就业。截至2016年，在园区就业的永安居民大约

4000 人，实现充分就业。

基础设施建设 按照“园镇一体、产城融合”的开发思路，园区着力推进基础设施建设。截至 2016 年年底，投入约 80 亿元基础设施建设资金，主要用于道路、桥梁、给排水、电力、燃气、通信、绿化、市政设施等建设，建成北辅路、永阳路、永泰路、学苑路、新河路、永明路、永和路、永裕路、鼎盛路、坪头路等主干道，全长约 50 公里，并逐年延伸拓展，打通断头路。2013—2016 年，完成对永和路、永阳路、永泰路、永裕路、鼎盛路的沥青油砂改造。2016 年，启动 319 国道园区段的改造工程，并完成一期工程（永安收费站口至人人家），并建成 22 万伏丛塘变电站和 11 万伏石塅变电站。园区依托永安镇自来水厂为园区企业供水，日供水 1.5 万吨。2013 年，启动新水厂建设。2015 年，新水厂完成主体建设，日供水能力 5 万 ~10 万吨。因管道铺设受 319 国道改造的影响，截至 2016 年，未实现供水。2016 年与浏阳经开区水务公司达成合作，为园区企业日供水 8000 吨，缓解园区用水紧张局面。

2010 年，园区与永安镇合建污水处理厂，日处理污水能力 5 万吨。2008 年，引进新奥燃气公司，对园区进行管道送气，燃气管道做到随路铺设。通信网络根据道路建设进行铺设输送，做到到厂到户。

招商引资 园区始终以招商引资为第一要务。建园初期主要依托长沙工程机械产业集群进行招商，将工程机械和汽车配件作为招商的主导方向，一方面将永安本地小规模汽车零配件企业招商入园，培育其做大做强，其中，代表性的企业有博大机械、红旗车架、鹏翔星通等。另一方面通过招商引资，从外地引进新的企业，其中，代表性的企业有宇环数控、五新重工、天为机械、佳能泵业、方圆液压、义和车桥、中大机械、亚明电子、景明电气、神六机械等。为优化产业结构，做大园区规模，引进了一些非主导产业企业，其中，包括天福复烤、富丽真金、湘辉农业、百宜饲料、成农饲料等。建园后的 5 年是园区招商引资的第一个高峰期，至 2007 年，入园企业 75 家。

2008 年，园区招商引资进入低迷期。2008—2012 年，共引进企业 65 家，其中，代表性的企业有华恒机器人、湖南一朵、轩辕春秋再制造等。随着国家宏观经济的好转和大众汽车、比亚迪、众泰、三菱、广汽菲亚特等整车企业的量产，长沙作为全国第六大汽车制造区，对园区汽车零部件产业的发展带动效应明显。园区招商引资进入新的发展时期，特别是汽车零部件企业加快集聚，2013—2016 年，引进汽车配件企业 109 家，代表性的企业有长沙波特尼、蒙达新材料、安靠电源、新泉汽车内饰件、长丰沙发、金鸿顺等，园区招商引资进入选资选商阶段，招商项目的数量和质量逐年提升。2003—2016 年，新引进企业 249 家。

产业发展 园区一直坚持现代制造业的产业定位，先后经历 3 个发展阶段：第一阶段（2003—2008 年），该阶段以工程机械和汽车零部件为主导产业，主导产业占比达到 80%，同时也入驻少量装备制造、材料、烟草、食品、床上用品等其他企业，产业结构不十分清晰。截至 2008 年，规模工业企业总数 50 家，规模工业产值 31.4 亿元，税收 1.02 亿元。第二阶段（2009—2013 年），初步形成装备制造、汽车零部件两大主导产业和再制造特色产业，新材料、母婴、烟草、食品、床上用品等以单个企业出现，未形成产业集群。这 5 年为产业发展低速转型期，其间淘汰了少量工程机械企业，部分企业在技术、市场、管理等方面谋求转型升级。截至 2013 年，规模工业企业总数 92 家，规模工业产值 178.2 亿元，税收 2.97 亿元。2013 年，园区获批国家再制造产业示范基地。第三阶段（2014—2016 年），随着“中国制造 2025”战略的实施，园区将主导产业定位智能装备制造、汽车零部件，将再制造定位为特色产业，同时发展新能源、新材料、母婴、家具等其他产业，新能源、新材料、母婴企业进一步增多。家具产业因家具城的启动建设，集群效应逐步显现，园区产业定位进一步清晰。截至 2016 年，规模工业企业总数 113 家，高新技术企业 43 家，规模工业产值 350.6 亿元，税收 3.73 亿元。

发展环境 发展环境主要从完善硬环境和优化软环境入手。硬环境注重提升基础配套能力，进一步完善交通路网，提升水、电、气、通信的供给能力，加大公交体系建设，加快现代服务业发展，着力完善公共配套设施，全面提升城市化水平，促进园区从工业制造园区向现代工业新城转变，为园区企业提供良好的生产生活环境。软环境主要从政策支持、政务服务、科技创新平台、金融服务体系、人才引进、社会管理等方面为企业提供全方位的要素保障，为企业营造安定和谐的社会环境，园区连续多年获评浏阳市服务经济发展优秀单位。

园区管理 园区管理包括安全生产管理、环保安全管理、城市管理、综治维稳管理。安全、环保管理由园区安监环保分局统筹管理，接受浏阳市安监局、浏阳市环境保护局的指导和监督，并落实“党政同责、一岗双责”制。城市管理从建园之时至 2012 年为粗放型低层次的管理，主要由环卫公司进行保洁管理。2013 年，成立城管分局以后，参照城市管理的标准，建立了正规的城管队伍，配备专业的设备，城市管理逐步规范。城管分局主要督促环卫公司对园区进行保洁，城管队员对违章建筑、渣土运输、流动摊贩、违规广告等上路执法，维护整洁有序的园区环境。综治维稳管理由社会事业发展局负责，对民事纠纷、涉农上访、社会治安、禁毒、反邪教等开展社会治安综合管理。

党建群团 建园初期，园区企业党建工作与永安镇基层党建工作同步开展，随着入园企业越来越多，园镇分离以后，党组织建设由办公室牵头负责。为进一步加强基层党组织建设，2016年成立党群工作局，负责机关党组织、国有企业党组织和非公企业党组织工作，同时兼顾工会、妇女、团委、关心下一代等群团组织工作。在浏阳市委组织部的指导下，成立企业工委，专设企业工委书记职务。截至2016年年底，成立机关和企业党总支各1个，成立4个机关党支部及2个国有企业党支部和62个非公企业党支部，有69名支部书记和301名党员，区内企业党组织实现应建尽建。成立工会组织82个、团组织56个、妇女组织71个。成立关心下一代工作委员会，开展未成年人思想教育工作。

精神文明建设 园区精神文明建设与党的教育活动、文体活动、文明创建工作紧密结合在一起，先后组织开展“三个代表”重要思想、党的群众路线教育、“三严三实”等教育活动，在思想上与中共中央保持一致。工会每年牵头组织文化体育活动和竞技活动，截至2016年，举办4届企业职工运动会和六届焊工比赛。举办的重要活动有2008年新春团拜会、佳能杯第二届焊工比赛、建园十周年庆典文艺晚会、曲艺名家“送欢乐到浏阳高新区”、环保定向越野赛、相亲活动、捐资助学、“冬送温暖、夏送清凉”等活动。自2013年，设立“智赢天下”大讲堂，不定期邀请行业专家、政府领导到园区授课，授课内容涉及中央方针政策、宏观经济、产业发展、企业管理、思想道德建设、职业操守、党风廉政建设等，通过党内教育、专家授课、活动开展等，宣传国家大政方针政策，加强党员教育，丰富文化生活，全面推进园区精神文明建设。

大事记

▲ 2003 年

2 月 20 日 中共浏阳市委召开九届八次会议，达成建设现代产业制造园的统一意见。

3 月 22 日 浏阳市人民政府召开开发建设现代制造园工作会议，依托永安小城镇建设优势，建立新型工业平台。

5 月 6 日 浏阳市人民政府颁发浏政函〔2003〕99 号文件，决定授权浏阳工业新区现代制造产业园建设指挥部行使投资主体职能，组建浏阳工业新区现代制造产业园投资开发有限公司，下设规划建设科，负责园区的规划、建设工作。

5 月 19 日 湖南省人人家食品有限公司落户永安镇，为园区第一家落户企业。

6 月 8 日 在浏阳神龙山庄浏阳工业新区现代制造产业园建设指挥部与第一批入园企业签约。

7 月 10 日 永安镇农村集体土地流转服务中心挂牌成立。

7 月 15 日 浏阳工业新区现代制造产业园建设指挥部出台《工程建设管理办法》。

7 月 20 日 园区与永新村株陵片九龄组村民签订第一份房屋拆迁协议书。

7 月 23 日 浏阳市人民政府下发《〈关于浏阳工业新区制造产业园规划范围内征地补偿安置实施细则〉的通知》。

8 月 12 日 浏阳市人民政府下发《关于〈浏阳永安现代制造业投资优惠政策的若干规定〉的通知》。

8 月 15 日 浏阳工业新区现代制造产业园破土动工。

9 月 7 日 园区首条道路北辅路（后命名永福路）一期道路、排水工程开工，由湖南省永安建筑股份有限公司承建。

2003 年，园区全年完成税收 2082 万元。

▲ 2004 年

2 月 17 日 中共浏阳市委、浏阳市人民政府下发浏发组〔2004〕2 号文件，文件明确成立湖南浏阳工业园现代制造产业建设指挥部。

3 月 2 日 省委常委、长沙市委书记梅克保到浏阳制造产业基地调研考察。

5 月 24 日 湖南中烟工业公司烟草科技示范基地奠基。

12 月 20 日 浏阳市机构编制委员会下发浏编委发〔2004〕13 号文件，同意设立湖南浏阳制造产业基地管理委员会，负责浏阳制造产业基地的开发建设与管理工作。

2004 年，园区全年完成税收 2381 万元。

▲ 2005 年

3 月 7 日 浙江兆山新星集团浏阳水泥生产基地奠基，总投资 13.5 亿元。

3 月 18 日 浏阳现代制造产业基地管理委员会正式挂牌成立。

3 月 22 日 省委书记、省人大常委会主任杨正午到基地考察。

5 月 28 日 园区第一批拆迁安置抽签大会在永安镇政府六楼会议室举行，128 户拆迁户参加安置抽签。

6 月 6 日 浏阳现代制造产业建设投资开发有限公司向中国建设银行股份有限公司浏阳支行申请 4 年期借款 2000 万元，这是该公司获得的第一笔银行融资资金。

8 月 5—8 日 园区参加浏阳市委、市政府在广州东莞举行的投资项目推介会。

10 月 28 日 220 千伏从塘变电站动工建设。

2005 年，园区全年完成税收 4858 万元。

▲ 2006 年

2 月 20 日 园区管委会（永安镇）2006 年经济工作会议在省委“七三一”办公室召开。

5 月 8 日 浏阳市委书记易佳良到基地、永安镇调研。

5 月 13 日 长沙市机构编制委员会长下发编委发〔2006〕19 号文件，明确湖南浏阳现代制造产业基地管理委员会为副县级事业单位。

6 月 2 日 园区组团参加浏阳市招商局牵头在杭州市举行的首届浙商投资博览会。

6 月 20 日 中共永安镇党委下文，批准湘晖农业、富丽真金、中大机械、三合、博大机械、兆山水泥、义和车桥 7 家企业建立党支部。

6月28日 兆山水泥建成投产。

11月3日 浏阳河酒厂建厂50周年暨浏阳河名酒城基地立项庆祝大会在浏阳城区召开，该酒城选址基地南园，占地面积100公顷，计划投资15亿元，年产量10万吨。

2006年，园区完成税收12540万元。

▲2007年

5月23日 深圳市锦汕实业有限公司与基地签署招商合同，该公司在基地注册浏阳宏伊科技开发有限公司、浏阳市宏鑫置业有限公司。

6月4日 丛塘变电站投入运行。

9月14日 第一个工业房地产项目上海宏伊集团正式签约落户园区。

12月25日 园区首年发放失地农民老龄补助28.368万元，生产生活补助23.95万元。

2007年，园区全年完成税收11787万元。

▲2008年

1月7日 园区参加长沙科交会，设先进制造产业创业基地宣传推介专场。

1月24日 湖南遭遇50年不遇的冰雪灾害，园区部分企业厂房受损，工人上班困难，生产生活不同程度受其影响。

4月9日 众泰控股集团湖南江南汽车制造有限公司与园区举行意大利菲亚特整车装配项目落户签约仪式。

6月16—22日 在2008年湖南（上海）投资洽谈活动周上，园区与上海同济大学机械研究所、方圆回转支承股份有限公司、上海宏伊置业有限公司3家单位达成合作意向。

10月9日 按照浏阳市的统一部署，改留地安置为货币安置。

10月13日 第一届“制造产业杯”男子篮球赛在天福打叶复烤公司开幕。

10月15日 园镇分离，管委会搬迁至乐伯科技公司办公。

11月7日 园区在长沙举行“先进制造业创业中心推介会”，与15所高等院校的科研机构现场签订合作协议。

2008年，园区全年完成税收18037万元。

▲ 2009 年

3 月 6 日 鹏翔车架公司研发生产的农用流动式起重机举行试销首发式，该机填补了该类产品南方地区生产的空白。

4 月 8—9 日 园区组团参加“长株潭装备工业配套合作洽谈会”。

4 月 28 日 浏阳市家具行业商会举行成立大会，与会人员 600 多人。

9 月 22 日 国家再制造重点实验室主任、中国工程院院士徐滨士少将率国家发改委专家组到园区调研再制造产业情况。

12 月 11 日 国家工业和信息化部〔2009〕663 号文件明确园区为国家机电产品再制造试点单位中的“再制造产业聚集区”。

2009 年，园区全年完成税收 21073 万元。

▲ 2010 年

5 月 31 日 浏阳市永安镇污水处理厂一期工程竣工，选址捞刀河下游里仁村，总投资 2909 万元。

7 月 8 日 园区组团参加长沙市科技局主办的科交会，并在科交会场举办国家机电产品再制造产业集聚区专场推介会。

7 月 22 日 召开第一届工会会员代表大会，园区工会联合会成立。

10 月 12 日 园区参加“2010 年中国（长沙）科技成果转化交易会”，举办国家机电产品再制造产业聚集区推介专场活动。分别与广东明杰科技有限公司、江西轩辕春秋实业有限公司、深圳大族激光科技有限公司、广州金棠表面工程技术有限公司签约。

10 月 20 日 湖南林业（长沙）家具产业园挂牌。

12 月 14 日 园区主干道永阳路（纬二路）举行开工典礼。

2010 年，园区全年完成税收 25401 万元。

▲ 2011 年

1 月 20 日 园区首宗商住用地 XZXQ–09 地块公开拍卖，湖南泰平置业发展有限公司拍得，总价为 2660 万元。

4 月 1 日 新奥燃气在园区正式运行供气。

6 月 7 日 园区组队参加长沙市园区产业工人红歌赛，获得一等奖。

6 月 15 日 工会联合会承办、浏阳市总工会主办的“浏阳市建功‘十二五’、和谐奔小康劳动竞赛暨‘中大杯’焊工技能比赛”在中大公司举行，来自全市24家企业、42名焊工参加比赛。

6月30日　园区与永安镇共同举办“庆七一，红旗飘飘”广场文艺汇演。

7月23日　园区首家专业的再制造企业——湖南春秋再制造公司一期动工建设。

10月18日　召开企业工会建设大会，为86家规模企业工会集体授牌。

12月28日　华恒焊接股份有限公司研制的首个机器人——搅拌车后台焊接机器人下线。

12月30日　完成对2008年10月7日以后征地拆迁、土地报批、社保基金收取和缴纳情况的全面摸底造册，出台园区失地农民社保实施方案。

2011年，园区全年完成税收32647万元。

▲2012年

1月18日　设立园区“企业互助发展基金”，帮助企业化解融资难题。

1月23日　湖南省政府办公厅湘政办函〔2012〕187号文件明确园区为浏阳工业集中区。

2月27日　宇环公司与湖南大学共同研发的MTMCN8336—16全数控调整凸轮轴磨床获湖南省科技进步三等奖，同时入选2011年科技部国家重点新产品目录。

3月28日　园区管委会搬迁至创业服务大楼办公。

5月25日　《湖南省浏阳市工业集中区发展规划（2011—2020）》通过湖南省级工业集中区规划专家评审组的评审论证。

7月23日　管委会出台《关于调整基地失地农民老年生活补助标准》，新的补助办法于2012年7月1日起实施。规定人均不足0.13公顷耕地的失地农民老年补助由每人80元/月提高到280元/月，失地且拆迁的老年补助由原来的每人80元/月提高到480元/月，男女满70周岁者在以上基础上月增加20元，同时取消2007年7月1日实施的失地农民家庭生活补助100~150元和失地农民每人每年补助10元合作医疗个人缴纳基金。

8月28日　共青团湖南浏阳制造产业基地工作委员会换届选举和园区企业团组织集中成立大会举行。

11月20日　国家发改委组织的“长沙（浏阳、宁乡）再制造产业示范基地实施方案专家评审会”在园区举行，并通过再制造产业发展实施方案。

12 月 8 日 为 2008 年 7 月 7 日后拆迁的第一批拆迁对象 106 人发放失地农民社保存折。

2012 年，园区全年完成税收 35725 万元。

▲ 2013 年

3 月 26 日 园区管委会统一设置路名和门牌号牌。

3 月 28 日 举行园区成立 10 周年庆祝活动。活动包括主题座谈会、春贺庆祝大会、“十大精英企业、十大精英人物”双十佳评选、“摄影采风成果展”“我想上春晚”分赛区、园区文化关键语征集。

4 月 10 日 园区作为全国首家国家再制造示范基地参加第三届中国国际再制造峰会，党工委书记寻院豪在会上作题为《建设再制造产业示范基地的实践与思考》的发言。

6 月 14 日 园区建设的首个安置房源礼耕保障性房源第一期分配抽签举行，26 户参与抽签。

7 月 29 日 管委会出台《关于调整基地失地农民老年补助标准》，规定失地人均不足 0.2 亩耕地的，老年补助由每人 280 元 / 月提高到 400 元 / 月，失地且拆迁的，由原来的每人 480 元 / 月提高到 700 元 / 月，男女满 70 周岁者，在以上基础上再加 20 元 / 人，从 2013 年 1 月 1 日起执行。

9 月 9 日 长沙华恒机器人系统有限公司自主研发的叉车机器人焊接柔性生产线下线，焊接效率在原有单人单枪方式基础上提高 5 倍。

10 月 24 日 国家发改办环资〔2013〕2614 号文件批准长沙（浏阳・宁乡）再制造产业基地为“国家再制造示范基地”，该基地为“一体两翼”构架，浏阳现代制造产业基地为其“东翼”，规划控制面积 10.7 平方千米，5 年内拟筹资 64.52 亿元，聚集 68 家再制造企业，实现再制造工业产值 90 亿元。

11 月 27 日 长沙（浏阳・宁乡）再制造产业基地在长沙召开媒体通气会，正式通报长沙（浏阳・宁乡）再制造产业基地为国家再制造示范基地。

11 月 24 日 中国机械工业联合会组织的宇环数控机床股份有限公司“YHZD001 智能化双平面加工成套设备”等 4 项科技成果及新产品鉴定会在宇环数控公司召开，科技成果及新产品整体技术达到国际先进水平。

12 月 24 日 园区被授予“湖南省新型工业化产业示范基地”称号。

12 月 30 日 鹏翔星通汽车工程机械有限公司取得特种汽车生产资质，为浏阳第一家获得整车资质的企业。

2013 年，园区全年完成税收 41867 万元。

▲2014 年

2 月 25 日 苏州波特尼电气系统有限公司签约落户园区，公司注册资本 7000 万元人民币，总投资 2.5 亿元人民币。

2 月 28 日 在浏阳市行政中心友谊宾馆召开制造产业基地 2014 年经济工作会议，会议首次提出“十三五”规划期间实现千亿园区目标。

3 月 18 日 南园保障性住房启动建设，总投资约 2 亿元，规划建设 17 栋，共 7 万平方米，可安置 200 户拆迁户。

4 月 15 日 召开永安联合水厂建设研讨会，会议明确水厂选址在永安镇范围内，即工业新城经九南路以东、南二路以南，年底启动建设，总设计为 10 万吨 / 日，水源从株树桥长沙饮水工程引入。

5 月 27 日 一朵集团总部大楼落成并正式启用，总部基地一期工程占地面积 3.3 公顷，总投资 1.2 亿元。

6 月 18 日 2014“美丽浏阳”制造产业基地（上海）招商推介会在上海举办，5 个工业项目、2 个物流项目签约落户园区。

7 月 30 日 浏阳国际家具建材城启动一期建设，一期开发 6.6 公顷，800 多个门面，10 万多平方米的建筑面积，总投资 2.8 亿元。

9 月 4 日 举行园区新任党工委书记周剀就职见面会，浏阳市委组织部相关领导、原党工委书记寻院豪、班子成员及全体员工参加会议。

10 月 16 日 园区出台《关于加快园区总部经济发展的实施意见》（浏制管发〔2014〕26 号），对园区总部经济发展制定奖励政策。

2014 年，园区全年完成税收 52966 万元。

▲2015 年

3 月 17 日 园区政务服务中心挂牌成立，第一批入驻的部门有浏阳市住建局、国土局、住保局、环保局、国税局、地税局、工商局、人社局，以及园区申请授权的规划建设管理局、安监环保分局、招商合作局、产业发展局、社会事业发展局等部门及法律咨询、金融担保等中介机构，共 24 个窗口，实现“一站式”

办结。

6 月 26 日 园区（永安）首届房车展示交易会开幕。

8 月 15 日 湖南省家谐家具产业园有限公司携 300 余家家具企业签约落户园区。

8 月 18 日 投放 500 辆园区公共免费自行车。

8 月 19 日 浏阳国际家具城一期大市场开盘发售仪式举行。

10 月 15 日 湖南省人力资源和社会保障厅下文批准园区设立博士后科研流动站协作研发中心，并授予“博士后创新创业实践基地”。

11 月 15 日 举行华天大酒店开工建设揭幕仪式。

11 月 25 日 园区装备智能制造投资合作推介会在深圳举行。

12 月 11 日 园区与河间瀛州经开区签署再制造产业发展战略合作协议，双方加强再制造产业的信息互联互通，实现再制造资源共融共享。

12 月 18 日 产建投资公司发行首期企业债券 11 亿元。

12 月 21 日 全球最大酒店集团—温德姆集团签约入驻滨海新干线，由旗下的国际酒店知名品牌—华美达广场酒店冠名管理。

2015 年，园区全年完成税收 63815 万元。

▲ 2016 年

3 月 8 日 启泰信息传感物联网产业园举行开工奠基仪式，标志着国内首条高端压力传感器生产线在浏阳开建，该项目被列入省重点建设项目，也是产建投资公司首个代建厂房项目。

4 月 15 日 园区博士后科研流动站协作研发中心挂牌，3 位导师进站辅导。

5 月 19 日 在第十一届循环经济论坛上，园区获“中国循环经济十佳绿色发展园区”称号。

6 月 7 日 宇环数控、佳能泵业、华恒机器人产品被认定为“湖南省首台（套）重大技术装备产品”。

7 月 29 日 园区获批湖南省级高新区，并举行授牌仪式。

8 月 5 日 园区首个星级酒店—长沙滨海华美达广场酒店开业。

9 月 6 日 浏阳第一届家具展销会在浏阳国际家具城开幕，参展人数约 3 万人，展会期间成交金额突破 3 亿元。

9 月 27 日 通过现场竞演，博大中央广场获得园区首个邻里服务区承建权。

10 月 13 日　湖南人可食品股份有限公司在新三板挂牌，成为园区首家挂牌的企业。

10 月 27 日　国内首个工程机械再制造产业联合会——湖南省工程机械再制造产业联合会在园区成立。

10 月　南园保障性住房竣工。

12 月 11 日　百宜饲料与荷兰皇家帝斯曼签订战略合作协议。

12 月 12 日　博大机械、百宜饲料两家企业被认定为湖南省企业技术中心。

12 月 22 日　创新创业园一期完成建设。

2016 年，园区全年完成税收 72404 万元。

第一章 建置·地理

ESTABLISHMENT AND GEOGRAPHY

第一章 建置·地理

◆第一节 建 置

20 世纪 90 年代，改革开放进入全新阶段，东南沿海发达地区的园区工业经济发展模式已经成熟，并在全国各地得到复制。园区经济成为内地经济发展的新模式，并得到快速发展。2001 年中国成功加入世贸组织，中国出口业务发生革命性的变化，沿海经济也迎来了改革开放后的爆发期。东南沿海实体经济不断发展壮大，原先聚集在城市中心的企业因受用地限制，谋求向城外迁扩。此时，大力发展中西部经济成为国家战略，沿海企业开始向内地转移或飞地发展，逐渐把扩大再生产投向内地。

20 世纪 90 年代以前，花炮产业一直是浏阳经济发展的支柱产业。因花炮产业存有一定安全隐患，浏阳市委、市政府认为浏阳要实现工业强市的梦想，单靠花炮经济难以支撑。在区位交通方面，浏阳市相对闭塞，要实现兴工强市，打通一条浏阳市向外的通道势在必行。1995 年，浏阳市委、市政府举全市之力，打通浏阳对外的快速通道，319 国道长沙至浏阳段全面拉通，浏阳兴工强市的战略拉开序幕。

1998 年，浏阳市委、市政府就工业园区选址进行反复斟酌，在 319 国道旁的洞阳镇和永安镇划地为园，发展园区经济，并逐步进行开发。当时考虑到，永安镇离长沙较近，且居民相对洞阳镇集中，拆迁难度大，于是决定先在洞阳镇进行开发，发展生物医药特色产业，即为浏阳国家生物医药产业基地。5 年后，浏阳国家生物医药产业基地发展来势较好，形成一套开发园区的成功经验。而此时，长沙工程机械产业发展进入鼎盛时期，成为中国工程机械之都。永安镇紧邻长沙县，受长沙机械产业的辐射带动，永安镇早在 20 世纪 80 年代就成为工程机械、船舶加工的集聚地，零星分布加工作坊，并有少数形成规模企业。

为此，浏阳市委、市政府决定依托永安镇另建一个以现代制造业为特色的园区，即浏阳高新区，其前身为湖南浏阳制造产业基地。

园区开创之初，由浏阳制造产业基地指挥部负责园区的开发工作。指挥部的工作人员由市委、市政府从各相关部门和永安镇人民政府干部组成，由时任浏阳市委副书记任指挥长，并从市人大、市政府派驻两名领导任副指挥长，指挥部下设工作部门。2004 年 12 月 25 日，市委、市政府批准成立湖南浏阳制造产业基地管理委员会。2005 年 2 月 25 日，浏阳市委、市政府决定，制造产业基地管理委员会与永安镇人民政府按照“园镇合署，职能整合，精简效能，管理统一”的原则，实行合署办公，在永安镇政府大楼统一办公。2006 年 8 月 8 日，中共浏阳市委浏发组〔2006〕35 号文件明确，成立中国共产党浏阳制造产业基地工作委员会。党工委主要负责主持和处理园区党务及各项事务和重大事件。管委会主要负责处理园区经济发展及各项综合性的行政事务。

2008 年 6 月 12 日，浏阳市编制委员会发文明确，浏阳制造产业基地与永安镇人民政府建制单列，独立运行，实行不同的人、事管理体制。至此，浏阳制造产业基地完全实现了在党工委领导下单独行使园区事务的独立运行的机构和机制。管委会按照浏阳市编委“建制单列，交叉任职；人、事分开，职责分明；独立核算，资产明晰；统筹规划，以园带镇；优势互补，园镇互动”的原则，党工委、管委会下设机构进一步完善。

2013 年，为加快园镇发展，采取“园镇一体、产城融合”管理体制，园区管委会主任同时任永安镇党委书记，镇长任管委会副主任。2016 年，管委会主任兼任永安镇党委第一书记，永安镇党委书记、镇长在园区分别兼任党工委副书记和管委会副主任。在园镇深度融合的基础上，以领导交叉任职为推手，以“五共五同”理念为指引，在经济上独立运行，在行政领导上高度统一。“五共”即目标共向、决策共商、项目共建、难题共破、发展共进，“五同”即工作同心、规划同图、资源同用、建设同步、成果同享，最大限度整合园镇的人力、物力和财力，充分发挥园区的经济优势，做好镇域发展的坚强后盾。用好永安镇在社会管理等方面的组织优势，保障园区发展环境和谐稳定。通过园镇融合工作机制的实施，实现园镇同频共振、互利共赢，形成顶层设计、高位推动、齐抓共进的发展格局。

干部职工通过长沙市组织部和浏阳市组织部任命、人事部门招考引进、市直部门和永安镇抽调、政府雇员、外单位派驻和劳动派遣等方式入职园区，除劳务派遣外，其他干部职工均实行同工同酬的绩效管理。至2016年12月31日，有干部职工154人。

2003年3月21日，中共浏阳市委发文，成立以市委书记李亿龙任顾问、市长赵建强任组长的浏阳市工业新区领导小组。2003年3月28日，成立浏阳制造产业基地指挥部。至此，浏阳制造产业基地正式成立。

20世纪90年代，全国各地各种大小工业园区遍地开花。国土资源部对全国小微园区进行整顿，禁止地方滥建开发园区，不再批新的工业园区。浏阳作为当时的工业大市，新兴工业开发还远远不够。为适应国家政策的要求，浏阳市委、市政府学习研究了国土资源部的有关文件，认识到国土资源部是针对部分地方滥建工业园区造成不良后果而提出的，事实上浏阳园区开发还不够，而且具备条件。因此，认为在永安镇发展制造产业不能迟疑，将制造产业基地交由永安镇政府，按小城镇建设扩规的方式，建立制造产业基地，要求指挥部坚定不移地搞好现代制造产业基地的建设，并要求指挥部在开发过程中严格把关，杜绝圈地行为，同时严格执行国家政策，妥善安置失地农民，切实保护农民利益，维护社会稳定。

园区建设指挥部严格遵照浏阳市委、市政府的指示精神，精心组织，稳妥安排，务实推进。至2005年年底，园区共投入基础设施建设资金4.5亿元，建成面积2.8平方千米，建成区内，“三纵三横”的主干道全部硬化绿化，交错成网，水管电路基本到位，园区雏形基本形成。2006年5月13日，长沙市机构编制委员会发文，经中共长沙市委第十届191次常务会议决定，明确湖南浏阳制造产业基地管理委员会为副县级单位。2012年获湖南省政府的批准，成为湖南省工业集中区，正式进入省级园区行列。2013年，被财政部、工信部授予全国首批再制造产业示范基地——“长沙（浏阳、宁乡）再制造产业示范基地”，同年获批为湖南省新型工业化产业示范基地。2016年6月，获批湖南高新技术产业开发区，从此跻身高新技术园区行列。

◆第二节　地　理

地理位置　浏阳高新区位于浏阳市永安镇、319国道（长永段）两侧，是长沙进入浏阳的第一站，距离长沙市区27千米，距离浏阳市区25千米，距离黄花国际机场10千米。北面和东面依次与浏阳市沙市镇、北盛镇、洞阳镇相邻，西面和南面与长沙县相接。园区处长平盆地东北角，地势东、南较高，从这两个方向向捞刀河及其支流谷地倾斜，由冲积物组成的河流漫滩阶地，处于丘陵向平原的过渡地带。全境为冲积的丘岗平原区，地势高低起伏不大，坡度小于3°。

自然气候 园区属大陆亚热带季风性湿润气候，四季分明，春温多变，寒潮频多，夏热期长，严寒期短；雨季明显，夏秋多旱，年平均降雨量1562.5毫米，无霜期270天左右，植物生长季节长。

面积和人口 2003年8月14日，浏阳市规划设计院设计编制《永安镇总体规划（2003—2020）》，规划远期至2020年，其规划以永安镇集镇为主要城镇中心和浏阳高新区核心区进行开发建设。园区总规划面积36.6平方千米，人口5万人。2010年，园区建成面积6平方千米，人口约2.2万人。2016年，园区建成区面积8平方千米，人口约3.8万人。

第二章 园区规划

PARK PLANNING

第二章 园区规划

◆第一节　总体规划

园区将规划作为园区发展建设的指挥棒，根据园区发展需要，经过专家设计，专门机构评审论证，报上级批复，2003—2016 年先后经历 3 次规划修编，园区不断扩容提质，园区规划面积由 12.5 平方千米（含集镇）扩展到 36.6 平方千米。依据规划，园区加大对市政基础设施建设的投入，市政建设不断强化和完善。园区道路、供水、排水、供电、供气、电信、绿化、亮化、环境保护等进一步完善，发展骨架全面拉开，基础保障得到全面加强。随着入园企业的增多，产业定位逐渐清晰，主导产业更加突出，“两主一特”产业齐头并进，经济贡献率达到 80%，现代化园区的气息日益浓厚，特别是随着周边交通组织的完善和提升，这里成为创新创业的摇篮。

2003 年 3 月 17 日，浏阳市委、市政府召开规划工作会议，对园区规划进行专题研究，并同意委托上海同济大学规划设计院对工业新区进行总体规划，浏阳市规划院进行局部设计。《永安镇总体规划（2003—2020）（修编）》，以浏永公路为主轴，以园区为载体，以永安镇为依托，确定园区总规划面积为 12.5 平方千米（含集镇），近期控规开发 4.5 平方千米；远期人口规划 10.4 万人；以汽车配件、工程机械、食品行业、电子产品、纳米材料等产业为发展方向，用 3~5 年时间，全力打造一个产业优势明显，城市功能设施配套齐全，生态环境优美的现代制造新城，同年该规划获长沙市人民政府批复。

2007 年，随着入驻园企业的不断增多，管委会组织修订编制《浏阳制造产业基地总体规划（2003—2020 年）》，用地规模 2010 年控制在 12 平方千米以内，2020 年控制在 30 平方千米以内。规划范围为东至经八路，西至长沙县界，南至南三路，北至芦塘组团北环路；规划明确园区为浏阳工业新城的有机组成部分，以机械制造、高新技术及食品加工为主导产业。人口规模 2010 年控制在 5 万人左右，2020 年控制在 13 万人左右。规划要求园区在总体规划指导下做好下一级规划，并在规划区范围内实行统一规划管理，同时加强园区基础设施建设和生态环境和历史人文环境保护。同年，该规划获浏阳市人民政府的批复。

2010 年，园区委托长沙市规划设计院编制《湖南浏阳制造产业基地总体规划（2010—2030 年）》，规划明确园区总规划面积 36.64 平方千米，近期建设用地 10. 67 平方千米，远期建设用地 20.96 平方千米。规划区范围为东至永裕路、南临长沙县界、西至西环路、北靠捞刀河。近期（2015 年）规划城镇人口 3.7 万人，远期（2030 年）城镇人口 7.7 万人。产业定位为全国机电产品再制造试点园区，以先进制造业、再制造和临空产业为主导、其他产业协调发展的现代制造业基地，是浏阳市对接长株潭城市群“两型社会”建设综合配套改革试验区的重要组团，浏阳市工业新城的主要生产基地之一，并同意将湖南林业（长沙）家具产业园用地纳入园区规划区建设用地范围。2011 年，该规划获浏阳市人民政府批复。批复要求园区进一步加强基础设施、公共服务设施规划和建设，重视道路交通建设，统筹规划和建设好给水、排水、电力、电信、水利、燃气、垃圾处理等基础设施和教育、卫生等公共服务设施，加强防灾设施建设，建立包括消防、人防、防洪等综合防灾体系。同时，保护好生态环境，重点保护好捞刀河生态环境，加强生态绿化建设，把园区建设成为山水交融、环境良好、景观优美的园区。批复强调，园区总体规划是基地建设和管理的依据，规划区范围内的一切建设活动必须符合总体规划的要求，如有特殊原因需对规划局部修改变更的，需按有关程序进行审批。

◆第二节　控制性详细规划

2005 年，园区组织编制《湖南制造产业基地发展控制规划》，规划对期限范围、用地布局、产业空间、城市功能、产业人口规模等明确要求。浏阳市政府批复认为该控制性详细规划符合制造产业基地总体规划要求，布局合理，功能齐全，文本和图件达到应有深度，将制造产业基地东区功能定位为以制造产业为龙头，带动资本密集型和技术型相结合的优势产业发展，成为促进地方经济、社会、环境全面协调发展的生态型制造产业基地，规划区的规划总用地 269.62 公顷，采取“一心二轴三片区”的规划结构。

期限范围　规划期限为 2015—2030 年。近期为 2010—2015 年，远期为 2015—2030 年。规划区范围为东至永裕路、南临长沙县界、西至西环路、北靠捞刀河。规划明确园区总规划面积 36.64 平方千米，近期建设用地 10. 67 平方千米，远期建设用地 20.96 平方千米。

空间结构　城市总体用地布局：规划形成“一心、二轴、两组团、三片区”的方格网式空间布局结构。“一心” 指在永安镇区，以商业区、住宅区、城市公园为基础形成制造服务中心；“二轴”指沿三一九国道的交通联系轴和永和路的产业发展轴；“两组团”指 319 国道以南、永安大道以东的株陵居住组团，以及规划区东北部的临空后勤服务组团；“三片区”指株陵河以东、319 国道以北以先进制造业为主的工业片区，319 国道以南、长浏高速东南以再制造为主的工业片区和长浏高速西南以临空产业及其他配套产业为主的工业片区。

表 2-1-1　园区用地平衡一览表

序号	类 别		用地名称	用地面积（公顷）	占总用地比例（%）
1	R		居住用地	420.87	20.08
	其中	R1	一类居住用地	64.14	3.06
		R2	二类居住用地	356.73	17.02
2	C		公共设施用地	70.66	3.37
	其中	C1	行政办公用地	6.27	0.30
		C2	商业金融业用地	57.87	2.76
		C3	文化娱乐用地	4.28	0.20
		C5	医疗卫生用地	2.24	0.11
3	M		工业用地	992.51	47.34
	其中	M1	一类工业用地	305.95	14.59
		M2	二类工业用地	686.56	32.75
4	W		仓储用地	48.87	2.33
5	T		对外交通用地	58.87	2.81
	其中	T1	铁路用地	27.29	1.30
		T2	公路用地	31.58	1.51
6	S		道路广场用地	295.70	14.11
	其中	S1	道路用地	291.36	13.90
		S2	广场用地	1.58	0.08
		S3	社会停车场用地	2.76	0.13
7	U		市政公用设施用地	24.45	1.17
8	G		绿 地	184.49	8.79
	其中	G1	公共绿地	66.77	3.19
		G2	生产防护绿地	117.72	5.60
合计			建设用地	2096.42	100

产业发展规划　以先进制造、再制造、临空产业为支柱，第二、三产业协调发展的多元复合产业园区。产业定位为全国机电产品再制造试点园区，是浏

阳市对接长株潭城市群“两型社会”建设综合配套改革试验区的重要组团，浏阳市工业新城的主要生产基地之一。

2005—2010 年经济发展指标：工业总产值 140 亿元，年均递增 66.32%；全社会固定资产投资 5 年累计 52 亿元，年均递增 41%；社会消费品零售总额 14 亿元，年均递增 25%；GDP50 亿元，年均递增长 44.27%。

经济结构和效益指标：第一、二、三产业结构比例为 10 ∶ 58 ∶ 32；高新技术企业增加值占 GDP 的比重达到 20%；财政收入 6 亿元，年均递增 49.6%。

产业集群和科技创新指标：围绕“培育产业集群、构建产业链条、壮大核心企业、建设重大项目”的总要求，建设制造产业卫星重镇。到 2010 年，实现工业总产值 140 亿元，其中工程机械 40 亿元、汽车配件 30 亿元、白色家电 25 亿元、高新材料 20 亿元、环保建材 10 亿元、烟辅工业 10 亿元、传统产业 5 亿元。骨干企业和龙头企业中，年产值过 10 亿元企业 4 家，过 5 亿元企业 6 家，过亿元企业 30 家。到 2010 年，园区专利申请量突破 100 件，其中投入市场运用、推广 50 件以上，培育 20 个左右拥有自主知识产权的产品。

《湖南林业（长沙）家具产业园永安基地控制性详细规划》将家具园定位为：家具研发设计、加工制造、博览交易中心。规划区范围北为长浏铁路（规划中）、西至新河路、东至经九路、南至开元路，规划建设用地总面积 188. 78 公顷。

城市性质和功能定位 综合考虑园区的现状区位、产业发展以及生态资源等因素，确定园区的城市性质为全国机电产品再制造试点园区，浏阳市对接长株潭城市群“两型社会”建设综合配套改革试验区的重要组团，浏阳市工业新城的主要生产基地之一，以先进制造业、再制造、和临空产业为主导，其他产业协调发展服务于长株潭城市群的制造业中心。城市主要承担产业基地、生态基地、宜居基地、活力基地、循环经济基地等功能。

社会发展和生活指标 规划以发展战略和规划期内的人口规模为依据、以经济社会系统的快速、可持续发展为目标，同时结合园区经济发展水平和用地条件，合理地确定城镇用地规模。规划区总用地规模约 36.64 平方千米，其中近期建设用地约 10.67 平方千米，远期建设用地约 20.96 平方千米。近期人口为 3.7 万人，远期人口为 7.7 万人。每年新增就业岗位 8000 个，农村劳动力（包括区域外）转移就业年均 2500 人以上；人口自然增长率控制在 5‰以内；高中阶段教育普及率达 90%，高等教育入学率达 50%；制造产业基地（永安镇）人均 GDP36000 元以上。城镇居民人均可支配收入达到 18600 元，年均递增 13%；农村居民人均可支配收入达到 7000 元以上，年均递增 10%；城市化水平达到 65% 以上。

资源和生态环境指标 城镇空气环境污染指数年均值保持在 94 以内；城镇污水处理率达 70%；建成区绿化覆盖率达 40%，人均公共绿地面积 9.5 平方米，区域内森林覆盖率达 54%。

◆第三节　专项规划

专项规划包括道路交通、绿地系统、电力、污水处理、市政设施、综合防灾等。

道路交通规划　对外交通规划包括铁路与轨道交通系统规划、高速公路与国道规划、客货运站场规划等。内部交通规划则构筑“七纵五横”的结构性道路网主骨架体系。“七纵”是指西环路、永安大道、大安路、永和路、坪头路、丰裕路、永裕路；“五横”是指永阳路、永泰路、319 国道、南二路、南环路。这 12 条道路构成组团间联系便捷的主干交通网络，组团内部的交通流由次级主干路及次干路系统承担。

绿地系统规划　充分利用园区内的自然环境优势，突出生态园区的特色，把园区建设成为山水交融、环境优美、充满田园风光的现代化工业园区。规划绿地面积 184.49 公顷，占总用地的 8.79%，人均绿地面积 23.96 平方米。绿地系统以“一心三带”的结构组成。“一心”是指以金龟湖公园和黄花机场后勤基地周边自然山体结合形成的城市绿心；“三带”是指沿新河、株陵河、礼耕河的沿河景观带。

电力规划　2012 年 8 月，园区组织湖南省电力勘测设计院编制《湖南浏阳制造产业基地电网规划报告》。规划范围为园区所辖区域，即西至西环路，北靠捞刀河，东至永裕路，南临长沙县，总面积 36.64 平方千米。电压范围为 220 千伏、110 千伏、10 千伏及以下电网。规划基准年为 2011 年，规划水平年为 2015 年，并适当展望 2020 年电网发展情况，园区饱和负荷密度按 15 兆瓦 / 平方千米考虑，各级电网规划逐年进行，中低压配电网重点规划 2013—2015 年。规划的基本思路：规划以 220 千伏、110 千伏、10 千伏电网的骨干网架结构为规划重点。根据园区近期报装的大用户、城市用地性质及饱和负荷密度，进行负荷预测，在此基础上分析产业基地电网供电负荷及变电容量平衡，提出 220 千伏、110 千伏布点规划，并拟定合理的主网架方案，为园区电网建设与改造提供可操作性和前瞻性的指导。在 110 千伏及以上变电站布点规划的基础上，完成 10 千伏电网网络规划，注重中压配电网的分区，注重主干网架的优化，注重各变电站之间主干网架的联络，为上一级电网提供有力的转供负荷的支持。为避免“重设备改造、轻网络优化”的倾向，尽可能提高配网建设资金的使用效率。为做好电网规划与市政规划的衔接，争取区内土地利用最优化，本规划对变电站站址、线路走廊进行规划，以便城市规划建设时提前预留必要的变电站站址和电力线路路径通道，确保电网项目的顺利实施，保证园区近、远期安全可靠用电的需要。

污水处理规划　近期至 2010 年，远期至 2020 年。其中，污水规划范围为北至捞刀河、南至南三路、西至永安镇区、东至经 8.5 路，总纳污水面积 32.24

平方千米；雨水规划范围为捞刀河四条支流建新河、礼耕河、株陵河和洞阳河所形成的汇水区，共 48.74 平方千米。规划区内的永安镇区排水采用截流式合流制，其他区域采用完全分流制。按近期污水量 1.12 万吨 / 日，远期污水量为 4.74 万吨 / 日，规划污水管道最大埋深控制在 7.3 米，最大埋深管段长度约 360 米，绝大部分污水管道埋深控制在 3~5 米，少部分污水管道埋深为 5~6 米。一般雨水管的覆土按 1.4 米控制，雨水管道最大埋深控制在 6 米，最大埋深的管段长度约 130 米，绝大部分雨水管道埋深控制在 2~4 米。规划按二级处理等级建一座占地面积 4.5 公顷，采用循环式活性污泥法，近期污水处理规模 1.5 万平方米 / 日，远期处理规模 4.5 万平方米 / 日。根据这一规划，包括建设一座 4.5 万平方米 / 日污水处理厂和污水管网、污水提升泵站、雨水管网、3 座渍泵站。

市政设施规划 给水工程方面，规划区采用统一给水系统，呈环状布置，根据规划区内的场地标高分区供水，给水管网供水压力要求能满足市政管网最不利点 0.1 兆帕的要求；排水工程方面，采用雨污分流制的排水制度，集中和分散相结合的污水工程布局方式；雨水工程利用自然地形，高水高排、低水低排；电力规划考虑产业远期用电需求，保留兆山专变，规划 110 千伏石磁变扩容至 3×50 兆伏安，另在再制造业片区新增一座 110 千伏产业园变，在荷花片区设置一 110 千伏荷花变；信息工程规划根据电话用户预测，新增规划 1 处电信局（作汇接局）占地面积 1 公顷，同时增设 3 个模块局，各占建筑面积 200 平方米，模块局容量控制在 1 万 ~3 万门左右，服务半径 1.5 千米，模块局附设于各单体建筑内；邮政规划保留现状邮政局所外，占地面积 1 公顷，另规划 3 处邮政所，各占建筑面积 200 平方米，与电信模块局毗邻而建。

综合防灾规划 主要从防洪与排涝、消防、人防、抗震、救灾疏散通道与场地等 5 方面进行专项规划。2007 年 10 月，园区委托浏阳市规划设计院编制了浏阳制造产业基地排水专项规划。该规划在 2006 年 11 月《浏阳市工业新城总体规划方案 ~ 远景发展构想图》《浏阳市工业新城总体规划方案简要说明》《湖南省浏阳市永安镇浏阳产业园防洪规划工程报告》和《浏阳制造产业基地各片区控规》等规划的基础上编制。2009 年 6 月，园区组织编制《浏阳制造产业基地防洪治涝规划》得到长沙市水利局的批复，同意园区防洪规划采用 50 年一遇，治涝标准采用 10 年一遇最大 24 小时暴雨 24 小时排干标准。同意园区按大围堤（即一个防洪保护圈）进行防护，规划防洪堤线总长 9.68 千米，保护区面积 13.87 平方千米。

◆第四节　规划管理

随着长株潭城市群协调发展的推进，自主创新能力逐步增强，以核心技术、关键技术研发为着力点，着力建设先进装备制造业基地、电子信息产业基地、文化创意产业基地和高效率、高品质的组合型城市地区，为全国“两型社会”建设提供示范。园区紧邻长沙，处于临空经济腹地，面临新的区域性经济发展机遇，园区需站在新的高度，以新的姿态谋求新的发展。

国家层面和地方政府对园区发展的要求。工信部出台进一步做好国家新型工业化产业示范基地创建工作的指导意见，旨在通过开展示范基地创建，提高工业园区发展水平、促进产业集群转型升级，同时也是加快产业结构调整、推动工业发展方式转变的重要举措。

省级层面，湖南省人民政府出台《关于加快产业园区体系建设的意见》（湘政发〔2011〕25号），提出“两型引领、三量齐升、布局集中、用地集约、产业集聚”的总体要求，要求全面推进产业园区化、园区专业化、发展两型化、管理科学化，使园区经济总体实力和综合竞争力迈上新的台阶。并提出以现有产业园区为依托、产业转型升级为主线、政策创新为手段，开发建设一批产业集聚、企业集中、土地集约的工业地产项目，形成一批规划布局合理、产业定位明确、建设规模适度、功能配套齐全的新型产业园区。为响应国家、省市产业新政策，园区必须切实行动起来，在拓宽产业发展路径、提高园区运行效率等方面有所突破，推进园区实现创新和跨越发展。

长沙市新一轮城市总体规划修改工作已经完成，并得到国务院批复。该规划修改方案将园区纳入远期协调发展规划范围，从产业、交通及区域性重大设施等方面对园区发展提出了相应的要求。浏阳市城市总体规划修改方案已通过专家评审，将包括经开区和高新技术产业开发区在内的金阳新区纳入城市规划区范围。园区作为金阳新区的重要组成部分，与现状永安镇区之间有着各种紧密的关系，原来编制的永安镇总体规划、园区总体规划等难以适应和满足指导园区建设的要求，需要通过新一轮的城市规划制定符合发展实际和长远要求的方案，处理好城区、园区、镇区之间的关系，通过产业、用地、交通、设施等之间的统筹与协调，指导园区实现高质量发展。

管理机构 规划建设管理局负责园区总体规划、控制性详细规划及各项规划的编制与修订；负责组织园区内基础设施建设项目的规划设计及初步设计评审；核发园区内基本建设项目的“一书两证”：（建设项目选址意见书、建设用地规划许可证、建设工程规划许可证）；负责园区内建设工程验线及批后规划管理；负责园区的规划执法，查处园区违章建筑等；负责园区内基础建设项目的审查、登记、办理；审查报建手续及核发工程施工许可证；负责建筑工程施工管理和协调。园区的规划建设管理工作按照“提高认识、着眼长远、注重规划、突出特色、服务发展”5个方面抓好园区规划管理工作，不断提升科学规划的质量和水平，加强规划批后管理和规划执法力度，维护园区建设秩序。

建设工程自放线后进入批后管理程序，批后管理责任人到现场参与放线定位，发放建设工程批后管理告知书和依法建设保证书，发现违法建设行为，进行依法处理。建设工程施工至主体封顶时，批后管理责任人进行主体检查。发现未按建设工程规划许可证的规定进行建设的，责令限期改正或立案查处。建设工程竣工后，督促建设单位申报竣工验收。

对于违法建筑，规划执法人员进行每日巡查，并限期整改或强制拆除。2007 年，组织对德邦重工的围墙、三合汽配的临时建筑等违规建设进行限期拆除，对已建项目的雨污管线进行全面检查并提出整改措施。2009 年，通过城管、国土、公安等各部门联合执法，先后依法强拆了乌龟塘边的违章私宰生猪窝棚、土地庙等违章建筑，处理了礼耕村景竹组彭万涛违规建房、浩博农庄生活垃圾乱倒在纬二东侧路边等违法违规行为 26 例，下发责令停工通知单 7 份、责令改正通知书 18 份、询问调查通知书 8 份，相关函件 15 份，巡查台账记录 143 人次。2010 年，先后完成富丽真金、新义和厂区门前摩托车整治行动，查处了金意油脂、成农饲料工地乱倒建筑渣土和污染路面、丰裕一汽修厂在经四路路口产业基地招牌上乱写广告等行为 72 次。2011 年，依法拆除礼耕村聚龙山庙私建香火炉、永鑫家园刘某某和胡某某两户私建围墙等违法建筑，依法处置了永鑫家园私人建房等违法建设。查处葡萄园、长沙县公路局养路工班等建筑。2012 年，检查百宜、苏德武等企业及村民违法建设 20 宗，责令整改完成 15 宗，依法强行拆除违法建筑 1 次。对众达等 22 个在建企业项目进行雨污管线建设工作的监督检查，其中 20 家企业整改落实到位，三合、搅拌站 2 家企业因企业停产等问题暂未整改到位。2013—2016 年，园区规划建设管理局、城管分局、永安镇建管站实行联合执法，加强日常巡逻，共依法强行拆除违法建筑 21 处。

规划范围 根据城乡规划法和城市规划编制办法相关要求，该次分区规划确定永安镇行政范围为规划区范围。但考虑园区与毗邻的浏阳经开区之间在产业、用地以及交通和设施等方面的统筹、协调发展关系，将浏阳城市总体规划确定的金阳新区规划范围作为本次规划分析、研究的协调区范围，并将平汝高速公路以西区域作为重点协调区域。

规划区范围：永安镇行政界线范围，面积 112.2 平方千米。

协调区范围：总体规划确定的金阳新区规划区范围，涉及永安、洞阳及永盛 3 个乡镇大部分区域，面积 309.8 平方千米；平汝高速公路以西区域为重点协调区，面积 121.6 平方千米。

规划期限 考虑与上位规划的衔接要求，本次分区规划期限分近期、远期两个阶段：近期：2016—2020 年；远期：2021—2030 年

规划依据

1.《中华人民共和国城乡规划法》（2008 年）

2.《城市规划编制办法》（建设部 2006 年）

3.《湖南省实施〈中华人民共和国城乡规划法〉办法》（2015 年）

4.《湖南省城市规划编制审批管理办法》（1997 年）

5.《城市道路交通规划设计规范》（GB50220–95）

6.《城市用地分类与规划建设用地标准》（GB50137–2011）

7.《城市居住区规划设计规范》（GB 50180—93）(2002 年版)

8. 国家、省市关于工业园区建设要求及其他相关城市规划标准、规范

9. 湖南省人民政府关于加强工业区管理的通知

10. 中共湖南省委湖南省人民政府关于进一步促进产业园区发展的意见（湘发〔2009〕4 号）

11. 湖南省人民政府关于加快产业园区体系建设的意见（湘政发〔2011〕25 号）

12.《湖南省开发区调区和扩区暂行办法》湘政办发〔2011〕15 号

13.《长沙市城市总体规划（2003—2020）》（2014 年修订）

14.《浏阳市总体规划（2001—2020 年）》（2016 年修订）

15.《长沙市城乡一体化发展规划》

16. 永安镇土地利用总体规划（2006—2020）

17.《浏阳市工业新城总体发展规划（2009—2030）》

18.《浏阳市永安镇总体规划》

19. 湖南浏阳制造产业基地产业发展“十三五”规划

20. 湖南浏阳制造产业基地控规汇编

21. 产业园区管委会和永安镇提供的其他文件、会议资料等

规划原则：一是统筹协调原则。规划强调贯彻“科学发展观”和“五个统筹”指导思想，对产业发展的方向及现有工业用地空间布局进行优化，充分发挥土地使用价值，按照不同产业和项目的特点，确定地块的功能和发展方向，同时明确合理的用地开发顺序。按照规划要求，高标准进行基础设施的配套建设，做到大配套一次到位，小配套围绕项目建设，减少重复建设。协调产业、国土、城镇等部门规划之间的规划，按照多规合一的指导原则，破解多规矛盾。合理引导城、镇、园协调发展，注重生态环境保护，统筹协调经济、社会、环境等各个发展层面之间的矛盾。二是创新发展原则。大力推进园区的体制创新、发展模式创新和管理创新，支持其加快技术创新中心和高新技术孵化器建设，鼓励重点企业设立国家级、省级企业技术中心，搭建产学研联合创新平台，集中精力加强关键技术、共性技术研究，提高原始创新、集成创新和引进消化吸收再创新能力，把园区打造成区域性技术创新集聚区。三是“两型”引导原则。以“两型”社会建设为基本指导思想，按照建设节约型城市的要求，坚持开发节约并重、节约优先。按照减量化、再利用、资源化的要求，大力推进节能、

节水、节地和节材，加强资源综合利用。依托再制造产业的良好基础，提高资源利用效率，加大节能减排的科技投入，形成资源与经济的良性循环，全面推进循环经济发展。四是产城融合原则。坚持产业与城镇发展相互促进、有机融合的原则，产业园区是产业发展的载体，产业的发展在带来人口就业安排、区域经济快速发展的同时，也带动了城镇功能完善、土地开发和新区规模的扩张，促进新型城镇化发展和城镇建设，城市的发展又反补工业的发展，因此产城融合是必然趋势。五是集聚发展原则。产业集聚是吸引人口聚集，发挥集聚效益，繁荣地区经济，推动城市化进程的重要环节。规划应为第二产业的发展规划足够空间，引导有共同指向的产业向特定区域集聚，促进优势产业相对集中，整合各种资源，延伸产业链，壮大产业实力，形成稳定、持续的竞争优势集合体；发挥产业园区的辐射、带动功能，加大功能整合力度，以优势产业（产品）链为纽带，积极发展关联性强、集约水平高的产业集群和特色鲜明的区域产业品牌，促进区域经济和城镇发展。

规划审批　根据《浏阳工业新区现代制造产业园规划管理办法》，园区总体规划报省人民政府审批通过。园区控制性详细规划报浏阳市人民政府批复。园区修建性详细规划由浏阳市规划管理局审批。2003—2016 年，先后组织浏阳工业新城总体规划、永安镇区规划、万家工业小区规划、新河安置小区规划、礼耕安置小区规划进行评审并得到上级部门的批复。

2004 年，为神六机械、湘甬钢结构、石佳铝材等 43 个项目及个人办理建筑工程规划许可证正、副本合计 43 本。

2005 年，为中烟公司、永安房产公司、博大、宇环数控等 85 个项目及个人办理建筑工程规划许可证正、副本合计 85 本。

2006 年，办理裕和食品、骏昇机械等 8 个项目的建筑工程规划许可证副本；为雅特办理了建筑工程规划许可证正本。

2007 年，办理汉龙、污水处理厂等 11 个项目的建设用地规划许可证（副本），办理了万里扬、引水工程等 13 个项目的建设用地规划许可证（正本），办理中钢、烟草仓库等 10 个征地项目建设用地规划许可证，办理诚源电器、科菱泵业等 19 个项目的建筑工程规划许可证（副本），办理德邦重工、环达环保等 4 个项目的建筑工程规划许可证（正本）。

2008 年，为环达环保、义和车桥、恒佳铝材、德邦、富丽真金等 26 个项目及个人办理建设用地规划许可证副本及批复；为三合汽配、海得威、科美、宇环数控等 14 个项目办理建设用地规划许可证正本。

2009 年，为五新重工、运想科技等 12 个项目办理建设用地规划许可证副本及批复，合计面积 678620.5 平方米；为五新重工一期、湖南民航置业有限公司等7个项目办理建设用地规划许可证正本，合计用地面积为752575.93平方米。完成了浏阳河酒业、人人家、宏伊工业厂房等21个项目的施工图审查，并办理建筑工程规划许可证副本，累计建筑面积261830.62平方米，审批新奥燃气管线共计8294米；组织奥斯凯等12家企业竣工验收，并核发建筑工程规划许可证正本，累计建筑面积122816.84平方米，管线共计48897.5平方米。在村民建房手续审批中，联合国土、镇城建等单位为坪头村330户村民办理建房证。

2010年，审批办理汇丰车桥、成农饲料等9个项目规划用地许可证副本，合计面积约55.6万 平方米，为金树林、亚明电子等8个项目审批办理了规划用地许可证正本，合计面积约23.9万平方米。对金树林、天为等企业施工图纸进行审查，并办理了25家次建设工程规划许可证副本，共计建筑33.5654万平方米；对永鑫家园及镇区共47户私人建房施工图纸进行审查，并办理了建设工程规划许可证副本，共计建筑1.5853万平方米；组织了人人家、天为等16家次规划验收，并办理了建筑工程规划许可证正本，共计建筑面积18.6587万平方米。办理私人建房工程规划许可证正本2户，共计建筑面积0.1417万平方米；审批村民建房158户，审批新奥燃气管线共计1200米。

2011年，为湖大艾盛、旺达交通等15个项目办理规划用地许可证正本，合计面积约31.25万平方米；为浏阳河酒业、大隅液压等企业办理建设工程规划许可证副本30家次，建筑面积9.5151万平方米，办理正本12家次，共计面积12.7231万平方米；为桂花苑私人建房办理了97家次建设工程规划许可证副本，面积1.9359万平方米，办理正本40家次，共计面积1.44万平方米。

2012年，完成19宗用地征地报批工作，办理用地批复及建设用地规划许可证副本，共计用地面积约566141.16平方米；为远东、青特等10个项目办理了建设用地规划许可证正本，共计用地面积约570880平方米；为新奥燃气和兴迈通信审批燃气及弱电通道；配合融资部、经发局做好融资、国土报批工作。为一朵等18家企业办理了建设工程规划许可证副本；组织了22家企业规划竣工验收并办理了建设工程规划许可证正本；为桂花苑等小区住户办理建设工程规划许可证正副本65本。

2013年，为海洋胶囊、鼎盛投资、明盛投资等40个项目及个人办理建设用地规划许可证副本及批复；为奥斯凯、百宜饲料、海洋汽配等69个项目及个人办理建设用地规划许可证正本。

2014年，为大禹、博大、华润投资、产建投资等31个项目及个人办理建设用地规划许可证副本及批复；为博大、佳能泵业、海洋胶囊、湖南艾盛等82个项目及个人办理建设用地规划许可证正本。

2015年，为波特尼、法泽尔、汇湘轩等46个项目及个人办理建设用地规划许可证副本及批复；为互利达、今朝、蒙达等106个项目及个人办理建设用地规划许可证正本。

2016年，为华恒、启泰、金丰林等78个项目及个人办理建设用地规划许可证副本及批复；为创新创业园、金鸿顺、长丰沙发等157个项目及个人办理建设用地规划许可证正本。

第三章 园区建设

ZONE CONSTRUCTION

第三章 园区建设

◆第一节 道 路

园区依托省会长沙大交通优势，坚持全方位、多层次、全领域的开放格局，发挥园区的地域优势，大力推进道路交通建设，加快西进长沙、东入浏阳的步伐，全面提升融城“桥头堡”的作用。

外围道路 园区紧邻黄花国际机场，是国内离机场最近的园区，在航运方面优势明显。园区周边铁路交通便利，分别有京广铁路、武广高铁、沪昆高铁、渝长厦铁路、石长铁路东延线和蒙华铁路，可快速融入全国铁路网之中。高速公路与园区内网无缝对接，长浏高速从园区南部东西向穿越，在永安设高速出入口，与319国道相连，并可快速汇入平汝高速。至长沙无费快速通道形成“一纵两横”的结构体系：纵线永裕路向南延伸接金阳大道、向北延伸接开元大道和规划长沙北横线，承担规划区南北组团及长沙的交通联系。横线开元大道从北部贯穿家具园，向西经长沙星沙与长沙市区北三环相接，向东达浏阳市区，承担园区北部组团东西向与长沙、浏阳的交通联系；横线金阳大道从南部贯穿规划区，向西经长沙星沙与长沙市区远大三路—盼盼路相接，向东经浏阳经开区与浏阳市对接，承担园区南部组团东西向与长沙和浏阳的交通联系，在园区新河南路、永和南路和永裕南路设立交互通口。

规划区范围内涉及一条城际铁路，两条轨道交通线。长浏城际铁路在规划区内沿永泰路走线，并在大安路设永安站，在经九路设金阳站。长沙轨道交通3号东延线将轨道3号线沿开元大道东延，并设置丰裕站和家具园站两个站点。长沙轨道交通6号东延线将轨道6号线沿永泰路东延，并设置永安站、坪头站和金阳站3个站点，其中金阳站考虑与长浏城际铁路金阳站合并建设。

园内道路 按照快速路、主干路、次干路、支路四级道路等级的要求，推进园区道路网系统建设。2003—2016 年，投入约 10 亿元完成约 25 千米道路建设。完成 319 国道园区段、永阳路、永泰路、永明路、新河路、永和路、永裕路、捞刀河路等主干道建设，极大地缩短融城借力的时空距离。同时，基本完成所有主干道和支路的提质改造，园区交通路网得到完善，区位优势进一步提升，形成“一纵两横”快速路和“八纵十横”主干路网骨架。“一纵”快速路：永裕路；“两横”快速路：开元大道和金阳大道。“八纵”主干路：西环路、新河路、永安大道、大安路、永和路、坪头路、经八路和经九路。“十横”主干路：兴业路、家具大道、爱阳路、丰盈路、卢水线、腾程路、永泰路、永阳路、319 国道和督正路。

2003—2004年,园区以“二区三路”建设为重点,投入约1亿元建设了永和路、永阳路、北辅线三路一期工程,永阳路向东拉长2千米,永和路向北延伸0.5千米,北辅路向东延伸 2 千米，全面启动新河路 0.8 千米，丰裕北路路 1 千米，共计 6.3 千米的主干道建设，并延伸新河南路，拉通光明北路，完成永安集镇与园区的对接。2005 年，投入 4.8 亿元硬化道路 75428 平方米，“三纵三横”基础构架已成形。2006 年，投入 2.1 亿元完成永阳路路东延一期路基工程和永阳路与鼎盛路西连集镇的桥涵工程，“三纵三横”道路已成构架，水电畅通、绿化亮化已见雏形。通过 3 年的建设，园区东西延伸、南北拓展框架基本形成。

2007 年，投入 1.5 亿元硬化道路 2.8 万平方米。启动永泰路路基工程，永和路北拓至永泰路，基础建设快速向东西延伸、南北拓展。2008 年—2010 年，永阳路西接东延，永和路北延，永泰路一期与福星路硬化工程的对接，建成区内主干道相互联通，形成“一大环两小环”的园区道路网络。

2011—2012 年，完成永泰路东延西接、永和路南延、永裕路、北辅路、鼎盛路 5 条道路硬化 2800 米，桥涵 2 座，基本实现“四纵九横”大环线交通路网。到 2013 年，东西走向的道路 4 条：永福路、鼎盛路、永阳路、永泰路；南北走向的道路 7 条：永明路、大安路、永镇路、永和路、坪头路、丰裕路、永裕路。其中永阳路东与经开区对接，可往江西，去浏阳；西与永安镇永安大道相通，可经永安集镇往西去长沙、星沙，向东到镇头、株洲；另外，园区南北走向的永和路、大安路北起永丰路，经永丰路可上开元大道，通星沙、去江西；永和路南与浏永高等级公路相交，可经浏永高等级公路上高速，去黄花机场和长沙市区，亦可穿过浏永高等级公路直达园区南园，再上金阳大道，直通长沙市区。

园区内已建道路总长 21.8 千米。

2014 年，按照"道路成网、地块成片、绿化成带"的要求，整体推进基础设施建设，完成金阳大道的征地拆迁，开工建设学苑路、永和南路、捞刀河路等 15 条道路，拉动了永和路、永裕路、永泰路等主干道，提质改造永阳路和永裕路，园区交通路网得到完善，区位优势进一步提升。2015 年，完成道路建设工程 13 个，全长 9430 米，包括永裕路、永阳路路面改造、永明路(西接村道–捞刀河)、永裕路南北延、丰裕路南北延等。2016 年，全年完成永和南路等道路工程共计 12 条、合计完成 9.2 千米，其中沥青路面改造工程 4.6 千米。完成 319 国道一期（永安收费站—人人家）提质扩改工程。完成新河南路西半幅水稳层、新河南路与金阳大道接线工程、永新路（永安大道至株陵河）道路工程、家具城石膏路路基填筑 2.4 千米；另外完成南园安置房小区道路 1 千米。

道路命名　建园初期，新建道路都是按照道路走向，以经、纬编号称名，如经一、经二，纬一、纬二等。2012 年，园区管委会成立道路命名小组，结合园区和永安文化特点为园区道路命名。通过广泛征集意见，提出了建议方案，最后考虑到园区的创建和发展凝聚了永安镇全镇各村之力，为表纪念，采取以每村村名冠一条路名，其他各路根据特征分别进行命名，经浏阳市地名委员会浏地复〔2012〕2 号文件批复。据此，园区管委会制作并安置道路名牌、企业（单位）门牌，于 2013 年 3 月 26 日印发浏制管发〔2013〕6 号文件，就道路命名及设置文件送各企业及有关单位。至此，园区道路取消原来按走向设定的名称，正式采用法定名称。

表 3–1–1　道路名称一览表

道路名称	位　置
永和路	南起长安路，北至捞刀河路，全长 3930 米
永阳路	西起永安大道，东至永裕北路，全长 4340 米
长安路	西起新河南路，东至永裕北路，全长 5350 米
永明路	南起永福路，北至捞刀河路，全长 1657 米
大安路	南起永福路，北至捞刀河路，全长 1682 米
永镇路	南起永福路，北至永丰路，全长 1682 米
丰裕南路	北至永新路，全长 1494 米

续表 3-1-1

道路名称	位 置
永裕北路	南起 319 国道，北至永泰路，全长 1830 米
丰裕北路	南起永福路，北至永泰路，全长 1460 米
永泰路	西起永安大道，东至永裕北路，全长 4442 米
永裕南路	南起长安路，北至 319 国道，全长 1603 米
坪头北路	南起永福路，北至捞刀河路，全长 2357 米
坪头南路	南起长安路，北至 319 国道，全长 1510 米
永新路	西起永安大道，东至芦塘路，全长 3360 米
芦塘路	西起永新路，东至永裕南路，全长 3584 米
督正路	西起新河南路，东至永裕南路，全长 5465 米
永胜路	西起督正路，东至坪头南路，全长 3405 米
龙井路	西起新河南路，东至永佳路，全长 1352 米
兆丰路	西起新河南路，东至永和路，全长 2150 米
水山路	西起永安大道，东至坪头北路，全长 2739 米
新河南路	南起兆丰路，北至 319 国道，全长 2286 米
永康路	西起新河南路，东至建新路，全长 442 米
永佳路	西起新河南路，东至兆丰路，全长 2495 米
建新路	南起兆丰路，北至督正路，全长 2057 米
永隆路	南起兆丰路，北至督正路，全长 1703 米
永福路	西起永明路，东至西潮北路，全长 3445 米
鼎盛路	西起永安大道，东至永裕北路，全长 4244 米
永旺路	南起永盛路，北至督正路，全长 330 米
株陵路	南起督正路，北至永新路，全长 657 米
荷华路	西起丰裕南路，东至永裕南路，全长 792 米
礼耕北路	南起永福路，北至永明路，全长 388 米
礼耕南路	南起督正路，北至永新路，全长 521 米
西湖北路	南起永阳路，北至永泰路，全长 780 米
西湖南路	南起荷华路，北至永新路，全长 1157 米

表 3-1-2　礼耕小区街道名称一览表

序号	编号	命名	起点	终点
1	X1	礼和街	坪头北路	礼耕北路
2	X2	礼耕街	同升巷	礼耕北路
3	X3	李家巷街	同升巷	礼耕北路
4	X4	福星街	同升巷	大塘巷
5	x5	聚龙街	同升巷	礼耕北路
6	x6	旭日巷	坪头北路	同升巷
7	Y1	同升巷	鼎盛路	聚龙街
8	Y2	同福巷	鼎盛路	聚龙街
9	Y3	大元巷	鼎盛路	聚龙街
10	Y4	大塘巷	礼耕街	聚龙街

表 3-1-3　株陵小区街道名称一览表

序号	编号	建议名	起点	终点
1	X1	珠陵街	环珠街	朝阳路
2	X2	合塘街	环珠街	朝阳路
3	X3	七星街	环珠街	掌珠街
4	X4	友宾巷	环珠街	七星街
5	Y1	万载巷	合塘街	永新路
6	Y2	元倍巷	合塘街	永新路
7	Y2.5	舗倍巷	街背	合塘街
8	Y3	九龄巷	合塘街	永新路
9	Y4	掌珠街	合塘街	永新路
10	Y4.5	蛙鸣巷	珠陵街	合塘街
11	Y5	芳邻巷	珠陵街	永新路
12	Y6	喜居街	珠陵街	永新路
13	Y7	善邻巷	珠陵街	友宾巷
14	Y7.5	睦邻巷	匝道	合塘街
15	Y8	环珠街	匝道	永新路

道路养护 2004年6月永安环卫公司成立，公司的服务范围覆盖永安集镇和园区，原园区聘请的7名工人同时归属该公司。2006年8月，园区与该公司正式签订环卫承包合同，明确由该公司承担园区的环境卫生、绿化维护、路灯管理、市政维修等工作。2008年，永安环卫公司更名为浏阳永安新诚清洁服务有限公司，继续由该公司承担园区道路环境卫生、绿化维护、垃圾转运等工作。2010年，园区道路辅助设施得到加强，同年完成永和路口等3处交通标识，设立了公交亭、消防栓、垃圾箱。2015年，园区完成绿化面积2.2万平方米，铺设人行道5.9万平方米，安装路灯410盏。园区整体呈现道路成环、开发成片的景象。2016年，全年铺设永阳路（长沙银行段）、丰裕北路（永泰路—永福路）等7条道路的人行道、非机动车道共计5.2万平方米；安装永阳路、丰裕北路等路段路灯201盏；新建或改造永阳路交丰裕北路等5处电子警察。完成芦塘路（株陵小区—福安路）等6个市政工程设计，建设面积12.16万平方米。

◆第二节 供 水

水厂建设 为确保园区企业、居民和建设单位用水需求，管委会设立了供排水部。园区用水主要来自永安供水公司，该公司成立于1992年，1994年水厂开始运行，其设计日供水量为1.5万吨，高峰期集镇用水量近7000吨。

2003年，园区创建后，为保障园区用水需求，2007年，建设一体化水处理设施一套，水厂达到供水规模1.5万吨/日，管网大多采用镀锌管。永安供水公司的水源为捞刀河，按规程定时对供水水质进行监测。2009年，增配河水在线控测监控系统和TA88微量元素检测仪。建园初期基本上能满足园区用水的需要。但随着入园企业的增多和用水量的增加，2012—2016年，每到夏季用水高峰期，出现供水不足和水管老化爆裂的现象。

2013年，为解决永安镇、园区、浏阳工业新城等地区的缺水瓶颈和农村人口饮水不安全问题，根据浏阳市委常委会2013年第七次会议精神，由永安供水公司为项目法人，新建永安联合水厂，水源取自长沙株树桥引水工程永安分水口。联合水厂设计总规模为8万吨/日，其中一期为5万吨/日，设计概算投资1.47亿元，2015年年底完成水厂一期工程建设。因受319国道改造的影响，管网一直未能铺设，直至2016年仍未能供水。永安供水公司供水面积9平方千米，供水管网覆盖园区并辐射到心源、永新、礼耕、水山、芦塘、坪头、永安社区，供水用户 8620 户，其中企业 224 户，供水人口 5.2 万人。

供水管网建设　供水管网建设由管委会根据园区建设进程的需要，与永安供水公司分片逐段签订相应的施工合同依次进行建设。2003 年，为了园区初创的急需，铺设临时管道。2004 年铺设北辅路主管，增加一台 75 千瓦发电机组，新建了日配水量 9000 吨的增压泵房。2005 年，增设一台 55 千瓦电机水泵和一台加氧机，改造更新提水 P400 的主管 1.5 千米。2006 年，园区管委会召开企业供水、用水有关问题的协调会议，明确 50 万元以下的供水工程由供水公司负责，50 万元以上的供水工程由社会事业发展局组织公开招标，永安供水公司可参与竞标，并享有同等条件下的优先权。会议还决定主管道如人为损坏，由损坏者出资维修。如是自然灾害因素损坏由管委会与永安供水公司各担负 50% 的维修费用。企业内部管道维修，由企业自行承担，永安供水公司可受托维修，但不得垄断。会议明确供水价格执行市（县）以上人民政府定价。

2007 年，完成株树桥引水工程永安段建设。2008 年，新增两套一体化水渠设备和一台加矾混合器，同时铺设了永和路（永阳路—永泰路）和永阳路（永和路—坪头路）的 P400 主管共 5.7 千米。2009 年，供水公司完成制水场地的净化、绿化工程，扩建提水泵房，增加两套 75 千瓦潜水泵，将提水能力提升了 5000 吨水 / 日。2010 年，全年完成了永阳路、百宜、农旺、中钢、华京等多个供水管线建设项目，共计完成供水管网建设约 1000 米。2015 年，完成丰裕北路（凯中至永泰路）供水管道工程、永泰路（长礼路至黄花后勤基地）供水管道安装工程等新建、迁改线路约 7 千米。2016 年，完成永新路（S103 至芦塘路）等供水管道约 9.2 千米。

表 3-2-1　2003—2016 年供水工程一览表

施工时间	工 程 项 目
2003 年 10 月	株陵商贸小区（新河路安置区、光明南路、株陵商贸小区）
2003 年 1 月	制造园几家企业及永福路、永和路、永阳路临时供水
2004 年 6 月	永安大道—产业园、加压泵房（一期供水）
2005 年 6 月	桂花小区—浙江兆山新星集团浏阳水泥有限公司（桂花居民小区）
2005 年 6 月	万佳工业小区供水管道安装与供水

续表 3-2-1

施工时间	工 程 项 目
2005 年 12 月	株陵小区二期住房安置区
2005 年 7 月	永阳路西段、大安路施工用水管
2006 年 11 月	株陵小区三期住房安置区管道安装与供水
2006 年 10 月	兆山水泥厂供水
2006 年 1 月	永福路供水主管
2006 年 3 月	产业基地纬鼎盛路、永镇路中路、湘鹰鞋业至晶天科技
2006 年 3 月	改造与安装永安中路供水管道
2006 年 8 月	文象科技公司（永生路）
2006 年 6 月	神六机械制造有限公司（大安路与鼎盛路交叉路口管道）
2007 年 4 月	永镇路北延段供水管道工程
2007 年 1 月	浏阳河酒业生产基地供水管道
2007 年 4 月	从塘 220 千伏变电站供水工程
2007 年 5 月	绿化用水供水
2008 年 12 月	大安路至永安大道管道安装合同
2008 年 1 月	永和路北延段（永阳至永泰）供水管道
2008 年 8 月	永阳路（永和路—西湖路）管道
2008 年 8 月	株陵安置小区四期临时供水
2009 年 5 月	浏阳河酒业生产基地新河基地、安置小区供水管道
2009 年 5 月	鼎盛路宏鑫家园供水管道安装工程
2009 年 5 月	三源国际厂外供水管道安装工程
2007 年 11 月	浏阳河国际名酒工程指挥部自来水临时供应
2009 年 9 月	浏阳河国际名酒城基建工程临时供水
2009 年 11 月	人人家味业有限公司
2009 年 10 月	安装浏阳市宏伊科技开发有限公司供水及供水管道
2009 年 11 月	永安科技园—中烟工业有限公司引入工程
2009 年 12 月	安装北辅路至华金公司供水管道
2009 年 12 月	安装指路组自来水入户主管
2010 年 8 月	安装湖南摩登皮具有限公司供水及供水管道
2010 年 8 月	安装维修制造基地消防栓

续表 3-2-1

施工时间	工 程 项 目
2010 年 9 月	株陵小区五期续建供水工程
2011 年 1 月	安装永福北侧管道、改造经五路交叉口管道
2011 年 6 月	安装湖南金色农华科技有限公司供水管道
2011 年 8 月	改造基地永中路供水管道
2012 年 3 月	安装湖南鑫飞达材料有限公司供水管道
2012 年 2 月	安装永泰路（永镇—坪头路）供水管道
2011 年 12 月	产业园创业服务中心供水开户工程
2012 年 5 月	安装长沙神久供水及供水管道
2012 年 5 月	安装湖南湖大艾盛汽车零部件装备制造有限公司供水管道
2012 年 10 月	浏阳市宏鑫置业有限公司供水工程
2013 年 3 月	礼耕安置小区 A1、A2 的供水
2013 年 8 月	永裕北路供水工程
2013 年 9 月	永泰路供水工程
2013 年 11 月	永阳路供水工程
2013 年 12 月	完成长礼路的供水改道工程
2014 年 10 月	南园保障性住房 A1—A3 栋供水
2014 年 12 月	芦塘路（永新路至永和南路）供水工程
2015 年 3 月	永泰路（长礼路至永裕北路）供水工程
2015 年 10 月	丰小区大安路（永泰路至水山路）供水工程
2015 年 12 月	二水厂至永裕路与 G319 交叉口供水主管工程
2016 年 3 月	家具城供水工程
2016 年 3 月	家谐家具园孵化基地一期供水工程
2016 年 5 月	创新创业园供水工程
2016 年 8 月	建新安置区供水工程
2016 年 8 月	永裕北路供水工程
2016 年 10 月	新河南路供水工程
2016 年 11 月	坪头北路供水工程
2016 年 11 月	永和南路（永社公路至金阳大道）供水工程
2016 年 12 月	南园保障性住房供水工程

◆第三节　排　水

污水处理设施建设　园区按照排水专项规划启动排水设施建设，2005 年，污水总纳污水面积 32.24 平方千米、雨水面积 48.74 平方千米。2006 年，园区选址里仁村，与湖南恒凯环保科技投资有限公司签订《永安镇污水处理厂建设—运营—移交（BOT）合同》。2007 年 7 月，湖南省建筑设计院完成《永安镇污水处理厂工程可行性研究报告》。2008 年 3 月，湖南省发展和改革委员会〔2008〕216 号文件批复，为减轻浏阳市永安镇（浏阳制造产业基地）对捞刀河的污染，加强该镇环境基础设施建设，促进产业基地可持续发展，同意建设浏阳市永安镇污水处理厂工程，该工程按照统一规划设计，分步实施的原则进行。工程规划总规模为 6 万吨 / 日，其中一期建设规模为 2 万吨 / 日；采用 DSTE 污水处理工艺，主要建设内容包括厂区污水处理构筑物和设备，城市污水收集系统工程以及其他附属辅助工程等，截污主干管按设计总规模一次建成。2008 年 12 月 25 日，成立普通合伙企业浏阳市永安镇污水处理厂。2009 年 8 月破土动工，工程总占地面积 68933 平方米。一期建设厂区投资 2909.05 万元，主管网建设 6800 延长米，投资额 4760 万元，共投资 7669.05 万元。2010 年 5 月 31 日该工程完成一期工程建设，2011 年 5 月试运行。2012 年 10 月 18 日，浏阳市环境保护局下发文件（浏环验〔2012〕22 号），文件明确该项目经长沙环境保护职工技术学院和湖南省环保监测中心站的监测，结果达到国家规定的相关标准，同意该项目通过建设项目竣工环境保护设施阶段性验收。

污水处理厂采用以厌氧为主、好氧生化为辅的新型污水处理系统。整个工艺流程由预处理、生化处理、沉淀消毒处理和污泥处理四部分组成。根据园区发展定位，不引进污水中含有第一类污染物的企业，污水排放水质按国家《污水综合排放标准》（GB8978—1996）中三级标准衡量。污水处理厂出水纳污水体为捞刀河永安段，水质执行国家《地表水环境质量标准》（GB3838—2002）中的Ⅲ类标准，要求处理后排入该河段的出水符合《城镇污水处理厂污染物排放标准》一级排放标准的 B 类。

环保部门对永安镇污水处理厂进、出口废水进行定期监测，对污染因子 PH、SS、CODCR、BOD5、石油类、氨氮、TP 进行现场监测，污染因子 pH、SS、CODCR、BOD5、石油类、氨氮、TP 的平均处理效率分别为 69.67 %、78.16 %、75.48 %、40.43 %、58.17 %、32.08 %。对照《城镇污水处理厂污染物排放标准》监测期间，该污水处理工程出口废水所测 pH、SS、CODCR、BOD5、石油类、氨氮、TP7 个指标日均浓度均未超过相应的标准限值。

表 3-3-1　质量控制样品考核结果一览表

序号	质控方式	分析项目	分析结果	标准值及不确定值	评价结果
1	明码标样测试	CODcr	187mg /L	185 ± 8mg /L	合格
2	明码标样测试	氨氮	1.19mg /L	1.19 ± 0.06mg /L	合格
3	明码标样测试	总磷	0.84mg /L	0.817 ± 0.035mg /L	合格

表 3-3-2　密码平行样分析结果一览表

序号	质控方式	分析项目	分析结果	明码样品结果	相对偏差		评价结果
					实际值	评价标准	
1	他控	CODcr	23.4mg /L	23.4mg /L	0%	≤ 20%	合格
2	他控	氨氮	4.53mg /L	4.56mg /L	0.3%	≤ 10%	合格
3	他控	总磷	0.85mg /L	0.86mg /L	0.6%	≤ 10%	合格

表 3-3-3　废水监测结果一览表

监测点位	监测时间	分析项目	分析结果			日均排放浓度
污水处理厂总排口	2012 年 5 月 9 日	pH 值	7.2	7.4	7.5	7.2~7.5
		CODcr（mg /L）	23.4	19.5	27.3	23.4
		BPD5（mg /L）	5.35	5.03	5.25	5.21
		悬浮物（mg /L）	19	14	17	16.7
		氨氮（mg /L）	5.55	4.62	4.56	4.91
		总磷（mg /L）	0.83	0.85	0.86	0.85

污水管网建设　产建投资公司工程管理部负责排水工程建设，排水管道严格按规范进行雨污分流的设计与建设。2010 年，完成污水管线 3 个标段和株陵、礼耕两河排污支管共 6700 米的管线建设，实现企业的排污口与园区的污水支管

全部对接，污水处理厂开始试运行。2011 年，铺装完成污水主干管线共 24.71 千米，主干管、支干管全部是钢筋砼管沿路管道则用 HDPE 双壁波纹管。园区各企业的雨水、污水管道均分别接入相邻道路的雨水、污水管道，东西两片各道路的雨水管道分别就近通向礼耕河、株陵河，经两河注入捞刀河。企业废水经污水处理厂后排入污水管，至 2011 年各企业设置污水排放口指示牌。2012 年，完成污水主管网建设 2000 米。2013 年，建成污水主干管线共 24.71 千米，园区在株陵河和礼耕河沿线布置了两条污水支干管，园区道路、企业分别接入礼耕河、株陵河支干管，由支干管沿河而下接入捞刀河主干管，进入污水处理厂。2014 年，园区完成污水主管铺设 600 米。2015 年，园区完成污水主管铺设 860 米。2016 年，完成污水主管铺设建设约 1.1 千米。

表 3-3-4　园区主要道路雨水管道建设一览表

单位：米

道路名称	管道规格（直径）								合计
	300	400	500	600	800	1000	1200	2000	—
永福路	583	0	2083	560	190	0	0	0	3416
鼎盛路	0	960	1262	928	308	0	0	0	3458
永阳路	1416	1116	926	2460	826	690	0	456	7890
大安路	314	0	510	120	190	0	0	0	1134
永镇路	495	0	740	368	329	0	0	0	1932
永和路	768	0	514	362	780	0	0	0	2424
芦塘北路	0	98	28	0	282	0	0	0	408
光明南路	112	18	36	0	0	0	126	0	292
合 计	3688	2192	6099	4798	2905	690	126	456	20954

表 3-3-5　园区主要道路污水管道建设一览表

单位：米

道路名称	管道规格（直径）							暗渠	合计
	300	400	500	600	700	800	1000	—	—
永安大道	812	—	60	452	—	1856	—	—	3180
永安西路	602	—	—	206	—	1412	—	—	2220
光明南路	—	8	422	616	—	66	—	198	1310
市场路	380	—	170	200	—	—	—	—	750
永中路	138	88	688	—	—	—	—	—	914
新建路	310	—	92	208	—	918	—	—	1528
永福路	—	164	722	1485	—	—	—	—	2371
鼎盛路	—	404	2044		—	—	—	—	2448
永阳路	—	208	1966	3170	50	—	66	382	5842
大安路	—	172	396	198	—	—	—	—	766
永镇路	—	84	404	198	—	—	—	—	686
永和路	—	192	290	663	—	561	—	—	1706
芦塘北路	—	30	274	—	—	—	—	—	304
合计	2242	1350	7528	7396	50	4813	66	580	24025

河道治理　园区规划范围内主要有捞刀河、礼耕河、株陵河、新河。捞刀河在园区的北部，对沿捞刀河的治理主要采取防洪与景观打造相结合，对其左岸修筑防洪大堤，堤防西起上张家塅，经铁炉塅、文昌阁、曹家湾、杨家屋场，梁家屋场，至牌楼屋向北与上新屋相连；东起岸山背，经礼耕学校、沿 319 国道至樟树坡，形成封闭的防洪保护圈，并对保护范围内的 4 条河流加以河道整治。

礼耕河在园区东部，全长 4200 米；株陵河在园区西部，全长 2500 米。都自南向北注入捞刀河。新河位于永安集镇范围。2009 年，园区制定《浏阳市永安镇浏阳工业新城防洪规划》，规划对园区防洪总体布置提出了方案。该方案堤线总长度 9.68 千米，新建自排涵闸 3 处，整治河道长度 12.49 千米，该方案避免了沿新河、株陵河、礼耕河两岸的筑堤拆迁任务大和挖压占地数量多的困难，同时结合工业新城的市政建设对新河、株陵河、礼耕河进行整治，枯水季节可利用上游水库的蓄水满足工业新城区内的冲污要求，同时保障城区内生活用水的需求。

2011 年，园区整治河道 2772 米。2012 年，完成 2 条河道、4 个标段的河道改造工程约 3000 米。2013 年，园区河道改造中，东区雨水排向礼耕河，西区排向株陵河，由株陵河和礼耕河排往捞刀河，株陵河全长 2500 米，礼耕河全长 4200 米，两条河道全部改造成型，改造成型共 24.82 千米。2014 年，清理河道 400 米。2015 年，加快河道整治及排水工程，完成株陵河河道、新河河道、红旗地块排水工程、青特排水工程 4 个，共计 2900 米。2016 年，完成新河污水管道及河道整治工程项目等河道建设约 1100 米。河道两岸均以块石砌好了挡土墙岸，并且栽植了树木，进行绿化。

◆第四节　供　电

变电站　建园之初，园区主要依靠原永安镇石塅变电站（110 千伏）供电，年供电量 325.123 万千瓦时。随着入园企业的迅速增加，用电需求量大幅增长，2007 年，园区 22 万伏变电站投入运行。为了适应园区发展的需要，2009 年，投资 1 亿多元新建占地面积约 30 亩 220 千伏的丛塘变电站，基本解决园区用电紧张的局面。2015 年，完成丛塘变至南园（至永和路）10 千伏电缆出线工程、南园低压用电工程（1~3）、永和路至 319 电缆入地工程、丰裕北路（凯中至永泰路）供水管道工程、永泰路（长礼路至黄花后勤基地）供水管道安装工程等新建、迁改线路约 7 千米。2016 年，完成共安装供水管道约 9.2 千米，供电线路约 10.5 千米。2005~2016 年，永安供电所先后为园区新架 10 千伏供电线路 6 条，线路总长度 69.757 千米，安装配电变压器 151 台，容量为 76.375 兆伏安，其中企业专用变压器 116 台，容量为 66.91 兆伏安，主供园区路灯照明和企业基建临时用电。公用变压器共 35 台，容量为 9.465 兆伏安。

电网架设　2004 年，园区企业由石塅变架产业 III 回供电，年供电量为 325.123 万千瓦时。2010 年，全年完成黄花机场、永阳路、永泰路和株陵河等 3000 多米的电力线路架设工程。2014 年，完成长礼路线杆改迁、泰平桂花城低压线路改线工程、鼎盛路（丰裕路至永裕路）高低线路架设工程等 25 个供电工程，新架设长度约 6000 米，改造迁移线路约 2000 米，并将丛塘变电站至国际建材家具城的电力线路建设纳入省电力总公司的规划，保障了园区企业和居民生产生活用电。2015 年，完成从塘变至南园（至永和路）10 千伏电缆出线工程、南园低压用电工程（1~3）、永和路至 319 国道电缆入地工程。2016 年，完成供电供电线路约 10.5 千米。

表 3-4-1 园区供电线路一览表

名称	所属变电站	建设年份	总长度千米	主线线径	分支线线径	供电半径（千米）	变压器台数	容量兆伏安	性质
产业 I 回线	石塅变	2004	16.416	LGJ–240	LGJ-120/150	6.7	51	20.085	公用
产业 II 回线	石塅变	2004	15.286	LGJ–240	LGJ–240/150	3.5	35	18.32	公用
产业 III 回线	石塅变	1996	1.383	LGJ–240	—	1.4	1	0.63	专线
制造 I 回线	丛塘变	2009	11.72	LGJ–240	LGJ–120/50	3.2	40	17.585	公用
制造 II 回线	丛塘变	2009	4.9	LGJ–240	LGJ–120/50	2.46	10	5.575	公用
纬二线	丛塘变	2009	5.297	LGJ–240	—	2.2	9	11.565	专线
纬三 I 回线	丛塘变	2012	4.922	JKLYJ–240	JKLYJ–240/120	2.1	1	0.5	公用
纬三 II 回线	丛塘变	2012	5.653	JKLYJ–240	JKLYJ–240/120	2.1	4	2.115	公用
永安新城线	丛塘变	2013	4.18	JKLYJ–240	—	2.3	—	—	公用
平均值		—	7.7507	—	—	2.88	—	—	—
合计		—	69.757	—	—	—	151	2.115	—

◆第五节 供 气

园区 2008 年 12 月编制《浏阳制造产业基地及永安镇天然气利用工程可行性研究报告》，该燃气工程规划确定气源来自长沙门站到黄花工业园的次高压管道，采用忠武线天然气。2009 年 1 月，长沙新奥燃气有限公司成立浏阳分公司，并与园区签订协议，从星沙引入园区，一期工程完成投资 8000 万元，共建管网 44 千米，设计日供气 48 万立方米。2010 年，完成永阳路、永泰路等燃气管道铺设 1500 米。2011 年 4 月 1 日正式供气，日供气约 1.5 万立方米，燃气供应得到有力保障。到 2014 年，共开通 20 家企业、5 个商业地产，日供气 2 万立方米。至 2016 年，燃气基本做到随路铺设，日供气 2.5 万立方米。

◆第六节　通信邮政

园区通信网络服务主要由中国移动浏阳分公司、中国联通浏阳分公司、中国电信浏阳分公司及浏阳市国安广电宽带网络有限责任公司提供。

2003 年，中国移动浏阳分公司加大永安镇范围内的信息覆盖和项目服务，截至 2016 年，在园区建 2G/4G 通信基站 129 个，铺设管道超过 7000 千米，杆路 1.8 万皮长千米，建设光纤宽带端口 15.8 万个，基础通信设施总投资金额 11 亿元。中国移动浏阳分公司建立集产品应用创新、行业方案整合、ICT 建设实施、售后服务保障为一体，端到端的运营体系和专业团队，全方位为政府、企业及个人提供通信服务。其中，有可供数据传输的互联网专线、数据专线及物联网；有可供广告宣传的视频彩铃、云 MAS 短信平台；有可供办公的集团固话、云视讯、移动办公云、移动 OA、和密话、和对讲；并拥有新型信息化技术 IDC、移动云（云安防、云存储、云主机），几十种信息化产品为园区企业提供全方位的安全、可靠、便捷的综合信息化智慧解决方案。

中国联通浏阳分公司 2003 年在园区启动管道、杆线及基站建设。截至 2016 年，中国联通浏阳分公司在园区共建有 2G/3G/4G 通信基站 97 个，建设及购买的管道约 2000 千米，杆路 5600 皮长千米，建设光纤宽带端口 5 万个，基础通信设施投资金额累计约 4 亿元，为园区企创造“基础通信 + 互联网”的资本运营模式，提供各类数据专线、高速互联网专线、聚焦云计算、大数据、物联网、人工智能等。

中国电信浏阳分公司在 2003 年园区创建时开始管道及杆线施工。2004 年建立户外机房，装机容量 1024 门，ADSL 容量 96 户；2005 年，建立永安及产业园区小灵通基站 17 个，为市内城区外第一批小灵通信号覆盖区域。至 2016 年，中国电信在园区建 2G/4G 通信基站 65 个，建设及购买的管道超过 5000 千米，杆路 1.3 万皮长千米，建设光纤宽带端口 15 万个，基础通信设施投资金额累计超过 7 亿元，为园区企业提供各类数据专线、高带宽互联网专线、天翼云数据平台、物联网、大客户网管、全球眼、新型信息化技术 IDC 等服务。

浏阳市国安广电宽带网络有限责任公司 2003—2016 年共计投入各项建设资金 3500 多万元，其中广播电视主干管道及网络建设 2100 多万元，线路总长 4000 余千米；小区广播电视信号覆盖 800 万元，覆盖 8 万人；“天网”视频监控 600 万元，监控点位 169 个。

2003年园区创建至2016年，永安邮政支局全面负责园区的邮件、报纸、杂志的投递工作。2008年，圆通速递公司在园区创建永安营业部，开启了园区的快递历史。到2014年，日派送包裹达400余件，该公司实行“全年不休”服务。汇通快递公司于2012年进入园区，到2014年达到日派送包裹150余件，发出300余件。到2016年，进入园区和永安集镇的快递公司有中通、申通、韵达、顺丰、迅达、天天、国通等10余家，快递公司的迅速发展极大地加快物资的流通，方便了企业和群众。

◆第七节　绿　化

园区绿化主要包括礼耕河、株陵河及道路两旁的绿化。礼耕河绿化带总长420米，两岸各宽5米；株陵河绿化带总长370米，两岸各宽21米。主干道中，永和、永裕、永阳、永泰4条路两旁绿化带宽6.5米，永福路靠浏永高等级公路一侧两旁绿化带宽28米，其他道路两旁绿化带宽2米。绿化工程建设及维护均通过招标，交付第三方公司完成。2003—2016年，完成绿化建设面积约50万平方米，绿化品种主要有香樟、桂花树、红檵木等。

2009年，规划局接手永福路、永阳路、鼎盛路、永和路、永镇路、大安路等路段16万多平方米的绿化维护工作，引进绿化维护队伍。2010年，共完成福星路、北辅路绿化和永阳路、福星路亮化工程。2014年，园区完成1.3万平方米的绿化施工。2015年，全年完成绿化维护总面积21.1万平方米，绿化建设（补栽）面积2.2万平方米。和截至2016年，共完成绿化工程面积约35.5万平方米。

表3-7-1　绿化面积一览表

序号	项 目 名 称	绿化面积（平方米）
1	永泰路北侧（再制造旧件回收中心段）绿化铺装工程	7100
2	大安路—鼎盛路东北角绿化景观工程	3730
3	永阳路波特尼绿化	3300
4	远东传动轴外绿化工程	2777

续表 3-7-1

序号	项目名称	绿化面积（平方米）
5	湖南浏阳制造产业基地永泰路人行道及绿化工程	28000
6	湖南浏阳制造产业基地永阳路绿化工程	12000
7	永阳路南侧（永安大道—永明路）南侧（不含树池量）绿化	3100
8	湖南浏阳制造产业基地永裕北路（永泰路—G319 路段）绿化工程	25000
9	永裕北路与 G319 交叉口	4073
10	坪头北路（永阳路—永泰路）路段绿化带	3400
11	永明路（永阳路—永泰路）西侧绿化工程	700
12	大安路（永阳路—永泰路）绿化改造工程	800
13	永泰路（大安路以西段）绿化工程	2300
14	永泰路（永明至永镇路）绿化工程	3700
15	永泰路（礼耕河—永镇路）两侧绿化改造	8000
16	G319 国道（长永高速入口至永裕北路）提质改造主线工程	44000
17	长浏互通绿化提质改造	40000
18	永和北路（G319—柳家小区）绿化提质改造	58000
19	永阳路（波特尼至坪头北路）段内侧企业退让绿地整理复绿工程	2831
20	永阳路滨海地块、永明路、永泰路、永裕北路等地块草籽复绿	72000
21	鼎盛路（丰裕北路段—永裕北路段）绿化工程	7600
22	丰裕北路（永泰路段—浏北路段）绿化工程	4600
23	永阳路（坪头北路段—丰裕北路段）绿化提质项目	5600
24	坪头北路（北延永泰路段—坪头中学段）市政项目	4000
25	福安路一段（永新路段—芦塘路段）市政项目	3000
26	永和北路（柳家安置小区—永丰路段）市政项目	10000
合计		354611

◆第八节　服务设施建设

政务服务配套建设　园区创业服务中心总投资4800万元，共6层，办公面积6000平方米，2012年3月投入使用，为管委会各部门集中办公场所。为优化审批服务，投入100多万元对创业服务中心一楼进行改造，建成政务服务中心，2015年3月17日正式投入使用。政务服务中心设创业服务中心一楼是管委会内设二级机构，总面积400余平方米，有员工25人。入驻窗口单位12家，分别为商事登记、规划建设、产业服务、施工许可、环境保护、不动产登记、“五险”办理以及外贸服务、商务旅游、会计事务所等服务机构。截至2016年年底，承接经济管理权限229项，大厅可办理有关行政审批和服务类事项137项，行政审批速度得到大幅提升，极大地方便了企业办事。

生产配套服务建设　为促进集约节约用地，加大中小企业孵化培育，园区首个中小企业孵化基地——宏伊工业园2012年建成投入使用，对达不到供地要求和需采取租赁，项目为投资3.2亿元建设的工业标准厂房，主要面对工程机械和汽车制造产业提供厂房租赁，建成8.6万平方米的单层重型工业标准厂房和12000平方米多层轻型工业标准厂房，以及6500平方米的员工服务区。截至2016年，入驻企业15家。

2016年，产建投资公司收购德邦重工工业园，占地面积8万平方米，对其进行了全面装修改造，对外进行租赁。为加大项目孵化，2016年4月，启动创新创业园的建设，创新创业园是园区落实省政府“135”工程，实现创新与创业、孵化与投资相整合的创新创业基地，项目总占地面积约300余亩，总建筑面积约20万平方米，总投资12亿元，包含多层厂房、单层标准重工厂房、企业总部大楼、创新创业中心、展示中心、信息服务中心、配套商业、倒班公寓等。项目分3期建设，一期为2栋多层厂房，约7万平方米；二期为5栋多层及单层标准厂房，共约7万平方米；三期为企业总部大楼及配套辅助设施，努力将创新创业园打造成“双创”示范基地和智能制造孵化中心。

园区首家世界500强企业普洛斯物流2012年签约落户园区，在园区注册的公司为普洛斯物流的下属全资子公司长沙市普永仓储有限公司，项目占地面积200亩，总建筑面积14余万平方米，集市场信息、现代仓储、配送、多式联运、市场展示及交易功能为一体的现代物流中心，2016年年底建成使用。普洛斯物流项目采用“提拔建筑系统”，在亚洲属首个采用这种结构的项目。

生活配套服务建设 为补齐生活配套短板，园区大力发展现代服务业，不断完善生活配套设施，2005年建成园区首个安置小区株陵安置小区，该小区占地面积16万平方米，由园区统一规划，均为拆迁户的自建房，共建74栋，安置拆迁户573户，近3000人。2013年，园镇投入1658万元对小区进行了提质改造，是湖南省委省政府为民办实事新农村建设示范村的重点支持工程。自建房安置小区还有桂花苑和柳家小区。2013年，建成首个园区建设的安置房礼耕安置小区，安置拆迁户120户，礼耕安置小区位于永安镇礼耕村，共计保障性住房9栋，总建筑面积43200平方米，其中住房360套、综合用房120套，可安置拆迁户120户。截至2016年12月31日，安置拆迁户105户，其中农业户98户、非农业户7户，涉及农业安置人口404人。南园安置小区位于永安镇永新社区，共有保障性住房17栋，总建筑面积72000平方米，其中住房600套、综合用房200套，可安置拆迁户210户。截至2016年12月31日，安置拆迁户36户，其中农业户32户、非农业户4户，涉及农业安置人口130人。

在完善安置小区的同时，大力发展商业地产。黄花机场后勤基地项目（大鹏湾）充分利用地形地貌，依山建屋，引水成湖，建高档别墅204栋，该项目于2011年正式投放市场。2012年，由上海宏伊集团投资开发的凯旋豪庭步行街启动建设，这个项目是园区最早引入和建设的商业地产项目，项目总占地面积78.5亩，主要为商铺、住宅和酒店。博大中央广场是永安本地老板投资建设的，占地面积57亩，投资4亿元。项目采用国际顶级的商业设计理念，广场街铺利用高差巧妙设计，通过电梯、连廊等交通组织引导人流动向，无缝接驳负一层、一层、二层空间，实现“三首层”商业空间，层层都是“临街”铺。博大中央广场是园区城市商业配套的精品之作，不仅引入了全球七星级酒店管理品牌“洲际酒店”，全国家居连锁品牌“红星美凯龙”成功入驻，致力打造成为集家居、家用、家文化为一体的综合性生活广场。海滨华美达广场酒店是园区首家按照五星级标准打造的酒店，总占地面积为120亩，一期用地15亩，投资9800万元建设一栋18层的商住楼和一栋星级标准的酒店。华美达广场酒店由全球最大酒店集团温德姆集团旗下国际知名品牌酒店华美达广场冠名管理。华润新都汇项目由长沙市国资委控股子公司湖南长教投资置业有限公司和湖南湘贤科技有限公司开发建设，总占地面积63.7亩，总建筑面积188281平方米。项目分二期开发，其中一期建筑面积126752平方米，由1#栋19层酒店、2#栋22层商业公寓楼（其中1~4层为商业裙楼，5~22层为公寓）、3#及5#栋为24层住宅和配套商业（其中 1~2 层为社区底商，3~24 层为住宅）、4# 栋为 6 层商业及办公楼，二期建筑面积 61529 平方米，工程由 6# 栋 23 层住宅、7#、8# 住宅及配套商业（其中 1~2 层为社区底商，3~24 层为住宅）组成。设置车位 851 个，其中地上车位 130 个、地下车位 721 个。

为提升教育质量，扩大办学规模，2016 年，园区与浏阳一中实现合作办学，投资 1 亿元建设浏阳一中高新区实验中学。学校由原永安中学和坪头山中学合并优化组建而成，是一所由浏阳市政府财政全额拨款，浏阳高新区和浏阳市教育局共同举办，浏阳一中领办的全日制公立初级中学。校园占地面积 90 亩，校舍建筑面积 23400 平方米，办学规模 36 个教学班，建设总投资 1 亿元。学校设计 28 个教学班，容纳学生 1800 人，教职工 100 人。学校确立“以人为本，立德树人”的办学思想、“培养现代文明人”的办学目标和“文化立校、依法治校、名师兴校、质量强校”的发展策略，提出“尚真尚善，日进日新”的八字校训，着力打造“真善教育”品牌。

◆第九节　土地平整

2004—2005 年，完成道路、企业用地等重要项目的平地工程土石方约 70 万立方米，平地 54.1 公顷。2006 年，三源国际、万里扬等重要项目的平地工程、株陵安置小区第一、二期工程和第三期平地工程完成土石方约 100 万立方米，平地 35.3 公顷。2010 年，完成第 4、6、7 地块、创业服务中心共计 12 块地块的平地工作，共计 41.3 公顷，土方挖方方量约 21 万立方米、填方方量约 30 万立方米。2011 年，完成 20、21、23、25、26 等 18 块土地平整 54 公顷，调运土方约 50 万立方米。2012 年，完成工业房地产、青特等 15 块土地平整项目，调运土方约 40 万立方米。2013 年，园区累计平整大小地块 156 处，共 384 公顷（为企业用地面积）。2014 年，完成 15 个地块 80 公顷的平地工程，及时保证了项目用地。2015 年，园区在实现 18 个项目清零的基础上，完成创新创业园、永和南路、普洛斯等平地 120 公顷。2016 年，园区克服全年雨水偏多、项目工期短、任务重等困难，完成蒙达一、二期、今朝、三一、汇湘轩、石墨烯等平地工程，全年共完成平地项目 16 个，平地面积 94 公顷。

第四章

土地征用与拆迁安置

NONEATTRACT INVESTMENTS FROM OVERSEAS

第四章 土地征用与拆迁安置

◆第一节 土地征用

工作机构 2003 年 9 月，园区指挥部成立征地拆迁安置工作领导小组和征地拆迁咨询服务中心，组建现代制造园征地拆迁工作协会，配合园区指挥部开展征地拆迁工作。2008 年 1 月，浏阳现代制造产业建设投资开发有限公司下设征地拆迁安置部，负责园区征地、拆迁、迁坟、安置和被征地农民社会保障工作以及协调周边涉园村（社区）关系，掌握被征地农民动态，化解征拆、安置矛盾纠纷，并协助完成土地报批的勘查、定界工作。

土地征拆 2003 年 7 月 23 日，浏阳市人民政府出台《浏阳工业新区制造产业园规划范围内征地补偿安置实施细则》，对园区征地拆迁范围进行了明确，包括永安镇株陵、福星、和丰、礼耕、民生、红旗、永明、永安、石函、荷花等村，征地面积为 20 平方千米。征地用地补偿按照被征用土地的原用途给予补偿，征地补偿费包括土地补偿、安置补助费和地上附着物及青苗补助费。耕地按照该土地被征用前 3 年平均年产值标准的 7 倍补偿。茶园、果园、经济地及其他林地的为该土地邻近水田补偿标准的 30%~100%。水塘、渠、坝等农田利用地按该土地邻近水田补偿标准补偿。征用水库为该土地邻近水田补偿标准的 60%。其他未利用地，按征用邻近水田补偿标准的 20%。农村民宅以及乡镇、村公共设施、公益事业、企业用地按邻近水田补偿标准补偿。至 2004 年 5 月，园区指挥部征地 195.3 公顷，拆迁房屋 196 栋，征地、拆迁、青苗、地上附着物补偿费全部一次性付清。

为解决园区初创阶段资金缺口较大、周转困难的问题，浏阳市人民政府同意执行《浏阳市现代制造产业园征地补偿分期凭证支付管理办法》，该办法规定在签订征地协议后，即办理征地补偿款支付手续，其中 40% 当即支付现金，30% 以 3 年期凭证支付，30% 以 5 年期凭证支付。在实际运作时，各村民组均经过全体村民会议讨论通过，并全体签字同意这一支付办法。

2005 年，征用土地 364.5 公顷。其中，水田 183.3 公顷，旱土 26.3 公顷，菜土 79 亩，水塘 5.3 公顷，宅基地 10.8 公顷，用材林地 46 公顷，荒土 7.2 公顷，道路 4.7 公顷，空闲地 18.4 公顷，经济林 26.5 公顷，涉及 16 个村民小组。2005 年 3 月 7 日，浏阳市人民政府出台浏政发〔2005〕4 号文件（以下简称“4 号文件”），较之原执行的浏政发〔2003〕20 号文件有较大的调整。按照文件要求，以地籍图确定的地类等级为依据，按一、二等类别补偿，以 18600 元 / 亩为基准，人均耕地与对应倍数综合价低的，按 18600 元 / 亩计算，人均耕地与对应倍数综合价高的，则按实际对应倍数补偿，同年共付征地款 8200 万元。

2003—2016 年，共计征地 1223.7 公顷，拆迁房屋 1349 栋，涉及 7 个村（社区）、53 个组，建有西湖公墓山和桂花公墓山，园区征收的坟墓都迁往公墓山。最近 3 年，随着建设项目增多，园区征拆力度不断加大、成果不断扩大，2014 年，征地 44.8 公顷，拆迁房屋 145 栋，迁坟 236 座，实现 11 个重点项目清零。2015 年，征地 107.2 公顷，拆迁房屋 169 栋，迁坟 274 座，实现 18 个重点项目清零。2016 年，征地 124.3 公顷，拆迁房屋 204 栋，实现 13 个重点项目清零。

园区在征拆过程中严格落实上级政策，做到“三个同步”：征地和国土报批同步；公告拆迁与协议拆迁同步；拆违与强拆同步。强化“三项举措”：实行分项目分片包干负责；坚持征拆政策和计算方式结果公开；坚持政策的刚性和特困群众人情关怀到位。

2003—2016 年获批土地一览表

表 4-1-1

序号	项目名称	审批文号	征收面积（公顷）	
			共计	其中耕地
1	2003 年第六批次	〔2003〕政国土字第 796 号	17.9375	12.3583
2	2003 年度八批次	〔2004〕政国土字第 796 号	23.9934	16.9731
3	2003 年度十四批次	〔2004〕政国土字第 37 号	17.3464	13.7492
4	湖南省人人家味业公司生产基地	〔2004〕政国土字第 273 号	18.6662	8.3769
5	长沙义和车桥有限公司新建汽车车桥加工装配生产线	〔2004〕政国土字第 582 号	3.3159	20679

续表 4-1-1

序号	项目名称	审批文号	征收面积（公顷）	
			共计	其中耕地
6	永安镇城市建设投资开发责任有限公司新建永安镇经一路工程	〔2004〕政国土字第725号	1.2877	1.2489
7	浏阳葆林电工新材料有限公司新建电器开关生产线工程	〔2004〕政国土字第725号	206517	2.2382
8	湖南神六机械制造有限公司新建汽车车架微型客车车身工程机械生产线工程	〔2004〕政国土字第725号	4.4441	3.7329
9	长沙鑫邦工程新材料技术有限公司新建柔性电磁波屏蔽材料生产线工程	〔2004〕政国土字第725号	4.9695	2.026
10	长沙万佳铝材有限公司扩建3000吨铝管生产线工程	〔2004〕政国土字第725号	2.1721	0
11	伟豪投资有限公司独资兴办湖南浏阳华鸿打火机制造有限公司	—	3.7917	2.9394
12	湖南宇田重工有限公司新建ds干式桩机螺杆真空泵及液压静力桩机生产线	—	6.6708	4.0695
13	湖南晶天科技实业有限公司新建饲料添加剂生产线工程	—	7.2591	4.1705
14	湖南湘甬钢结构有限公司新建厂房工程	—	4.1388	3.5392
15	浏阳市天福打叶复烤公司生产线	〔2004〕政国土字第1064号	4.1762	2.6427
16	2004年度十一批次	〔2005〕政国土字第399号	30.6396	19.5008
17	2005年度三批次	〔2005〕政国土字第465号	9.1479	5.1369
18	2004年度十二批次	〔2005〕政国土字第809号	2.28037.	15.5638
19	2005年度二批次	〔2006〕政国土字第1416号	34.6653	26.6628
20	2005年度十一批次	〔2006〕政国土字第1460号	22.9175	13.0772
21	2005年度一批次	〔2006〕政国土字第1511号	22.1664	20.7811
22	2006年度十七批次	〔2006〕政国土字第1670号	8.6302	6.91
23	2005年度十批次	〔2007〕政国土字第1149号	32.7638	24.952
24	2006年度十二批次	〔2007〕政国土字第1150号	32.9938	20.9566
25	长沙迪普机械科技有限公司厂房建设	—	3.3877	2.5818
26	长沙胜源瓷业有限公司厂房和特种陶瓷生产线	—	4.3846	4.2115

续表 4-1-1

序号	项目名称	审批文号	征收面积（公顷）	
			共计	其中耕地
27	湖南阳光伟业节能科技有限公司厂房	〔2008〕政国土字第846号	306717	3.6262
28	浏阳市一鑫汽车零部件有限公司年产一万台专用车架、5000台特种车架生产线	—	1.868	0.4375
29	湖南伏沃环保设备有限公司消声、除尘设备生产线	—	1.3333	0.3932
30	长沙德利钢材有限公司钢材加工和方管生产线	—	1	0.3465
31	长沙恒大万里扬变速器有限公司厂房建设	—	7.1032	3.3817
32	浏阳帝现代制造产业建设投资开发有限公司浏阳市永安镇经路工程第二期	—	3.488	1.7168
33	永安镇污水处理厂	〔2009〕政国土字第957号	2.9815	2.8851
34	浏阳市2007年度6批次	〔2009〕政国土字第958号	22.4272	14.8431
35	湖南省宝哥儿食品有限公司厂房建设	〔2010〕政国土字第634号	4.0388	3.1239
36	浏阳中泰生命科技有限公司保健品生产线	—	1.0655	0.7568
37	湖南中铁五新重工有限公司浏阳制造产业基地起重机、台车等工程机械产品生产厂房	—	7.0324	5.4032
38	浏阳市土地储备中心永新统征开发用地	—	1.778	1.5009
39	浏阳市土地储备中心永安统征开发用地	—	0.3688	0.3443
40	浏阳市永安镇浏永加油站建设	—	0.3595	0.3515
41	浏阳市2008年度1批次建设用地	〔2010〕政国土字第号	33.0816	17.0718
42	湖南运想重工科技有限公司年产100套高空作业平台生产线项目	〔2010〕政国土字第号	4.6658	4.123
43	长沙彩纳钢模板有限公司厂房建设项目	—	2.2103	2.0617
44	湖南瑞克液压油缸有限公司液压油缸厂房	—	3.2954	2.1349
45	长沙大力神液压工程有限公司厂房建设项目	〔2010〕政国土字第号	206614	2.169
46	湖南省华京粉体材料有限公司钼基高性能减摩材料、高温高级润滑脂生产线	—	3.1608	2.7648

续表 4-1-1

序号	项目名称	审批文号	征收面积（公顷）	
			共计	其中耕地
47	长沙市农旺工程机械有限公司农用流动式起重生产线项目	—	3.347	3.177
48	浏阳市永安镇礼耕村礼耕安置小区	〔2012〕政国土字第650号	5.0616	4.743
49	浏阳市永安镇石化设备生产线等四个项目	〔2012〕政国土字第1520号	25.216	19.6993
50	浏阳市永安镇七条村级公路路网打捆项目	〔2012〕政国土字第2426号	19.1257	13.299
51	浏阳市专业化办公家具生产线等三个项目	〔2013〕政国土字第706号	13.2478	0.18
52	浏阳市工程机械再制造等六个工业项目	〔2013〕政国土字第708号	18.5055	14.6716
53	浏阳市食品香料香精生产线、食品甜味剂生产线两项目	〔2013〕政国土字第1283号	10.7698	5.6374
54	浏阳市三一工程机械再制造等四个工业项目	〔2013〕政国土字第1284号	15.0076	7.6806
55	浏阳制造产业基地永新安置建设项目	〔2013〕政国土字第1285号	5.6055	4.2381
56	浏阳市车桥、特种车研发制造等六个工业项目建设用地	〔2014〕政国土字第696号	21.2805	12.7965
57	浏阳市焊接机器人生产线等五个工业项目建设用地	〔2014〕政国土字第697号	23.4699	10.1419
58	浏阳专业汽车五金配件生产线等五个工业项目建设用地	〔2014〕政国土字第1680号	23.2346	10.407
59	浏阳制造产业基地经三路续建工程等五个道路项目建设用地	〔2014〕政国土字第1969号	9.9359	6.0697
60	浏阳市浏永加油二站项目	〔2014〕政国土字第1970号	0.5337	0.3897
61	浏阳制造产业基地永丰安置等两个项目建设用地	〔2014〕政国土字第2002号	3.3626	2.8354
62	浏阳市汽车电器生产线等三个工业用地打捆	〔2015〕政国土字第174号	10.0093	7.8864
63	浏阳市永安镇捞刀河片区道路工程第二期项目建设用地	〔2015〕政国土字第536号	6.1052	4.5452
64	浏阳制造产业基地龙槐安置小区等三个安置项目用地	〔2015〕政国土字第711号	4.7268	2.9827
65	浏阳市现代物流仓储项目用地	〔2015〕政国土字第712号	10.2934	8.0047
66	浏阳市永安镇集镇开发 7、8 号地块用地	〔2015〕政国土字第1514号	4.7602	3.4547
67	浏阳制造产业基地经五路续建工程等六个道路用地	〔2015〕政国土字第1789号	8.4956	4.291
68	浏阳市 2014 年度第四批次建设用地	〔2015〕政国土字第2257号	40.4671	28.8395

续表 4-1-1

序号	项目名称	审批文号	征收面积（公顷）	
			共计	其中耕地
69	浏阳市汽车线束生产线建设等九个工业项目建设用地	〔2015〕政国土字第 2258 号	40.787	26.1386
70	浏阳市国际家具市场	〔2016〕政国土字第 186 号	13.7435	0
71	浏阳市自动化设备生产制造等两个工业项目	〔2016〕政国土字第 579 号	9.3902	7.4507
72	浏阳市永安镇永和安置小区项目用地	〔2016〕政国土字第 902 号	2.6106	0.2383
73	浏阳市永安镇集镇开发 9、10、11 号项目用地	〔2016〕政国土字第 904 号	2.1196	2.1196
74	浏阳市工程机械液压系统再制造等七个项目（浏阳市 2012 年度增减挂钩二片区建新区项目）	〔2016〕政国土挂字第 12 号	26.9122	10.1205
75	浏阳市汽车悬架系统部件生产线等三个工业项目	〔2016〕政国土字第 2023 号	9.9295	4.5682
合计			842.9673	538.5705

◆第二节　拆迁安置

安置政策　园区高度重视被征地、拆迁农民的生产生活安置，严格落实上级有关政策，依法依规对征拆户进行安置。2004 年，成立安置工作领导小组，统筹考虑被征地农民的住房安置、就业安置、生活保障、医疗保障等问题，让被征地、拆迁农民工作在园区、生活在社区。

1999 年 6 月 25 日，长沙市政府出台《长沙市征地补偿安置条例》。2000 年 3 月 16 日，出台《长沙市征地补偿安置条例实施办法》（长沙市人民政府令第 60 号），文件要求被征地农民采取留用土地安置，由被征地的农村集体经济组织按批准的建设用地指标和规划要求留出生产、生活用地，利用所留土地和征地补偿费用统一安置农民生产和生活。对于留用土地的农村集体经济组织应依法办理有关用地、报建手续。征地补偿包括土地补偿费、安置补助费和地上附着物及青苗补偿费。

2005 年 3 月 7 日，浏阳市人民政府印发《浏阳征地拆迁补偿和安置办法》（浏政发〔2005〕4 号文件）。

2008 年 2 月 27 日，《长沙市征地补偿实施办法》（长沙市人民政府 103 号令），该办法自 2008 年 4 月 1 日起施行。同年 10 月 9 日，浏阳市人民政府出台《浏阳市征地补偿安置实施办法》（浏政发〔2008〕12号文件）。这一办法相对于以往的有关政策的一个重大变化是改留地安置为货币安置，提高了补偿标准。

2010年7月2日，长沙市人民政府出台《〈关于执行征地补偿标准〉的通知》（长政函〔2010〕96）。

2011年3月18日，浏阳市人民政府出台《浏阳市征地拆迁安置保障性房源建设分配办法》（浏政办发〔2011〕8号）。

2011年5月26日，浏阳市人民政府批复同意园区北园多层保障房源安置方案（浏政函〔2012〕203号）。

2012年4月5日，浏阳市人民政府办公室出台《浏阳市国有土地上房屋征收奖励和补助办法》和《浏阳市国有土地上房屋征收临时安置费标准》（浏政办发〔2012〕3号），进一步规范浏阳市国有土地上房屋征收与补偿活动和做好浏阳市国有土地上房屋征收与补偿工作，切实维护被征收人的合法权益。

2014年3月27日，浏阳市人民政府出台《浏阳市征地补偿安置实施办法》（浏政发〔2014〕8号）。

2015年5月13日，浏阳市人民政府出台《浏阳市被征地农民纳入社会保障范围实施办法》的通知（浏政办发〔2015〕9号）。

2015年9月17日，浏阳市征地拆迁补偿工作领导小组办公室出台《关于进一步加强被征地农民社会保障有关工作的通知》(浏征拆组办发〔2015〕3号)。

2015年11月23日，浏阳市人民政府出台《浏阳市征收集体土地货币安置区保障性房源分配和指标回购暂定办法》（浏政发〔2015〕13号）。

2016年1月11日，浏阳制造产业基地管委会出台《浏阳市征收集体土地货币安置区保障性房源分配和指标回购暂行办法》（浏制管发〔2016〕1号）。

安置办法

1. 住房安置。2003年7月10日，园区出台《拆迁户安置办法（试行）》，该办法明确了对户籍在园区范围内的拆迁户，按一户一基的原则，统一规划、自行建设。按照上级征地、拆迁有关政策，被征地拆迁房屋的村民，可选择留用地重建安置或货币安置。选择留地安置的，须符合土地利用总体规划和城市、集镇、村庄规划。选择货币安置的，其合法建筑按照保留房屋补偿标准作价收购，补偿后不得再划地重建。留用地重建安置，按被征地总面积的6%~8%的标准预留生产用地指标，以村民小组为单位进行核算，以村为单位集中利用，并依法办理有关用地、报建手续。留用地生产用地指标，只限本农村集体经济组织使用。2003—2010 年，为地基安置，共安置 463 户，建成的有株陵安置小区、柳家安置小区和永丰安置小区，另规划龙槐和指路保障性住房，分别可安置 68 户和 96 户。

2008 年，浏阳市人民政府出台《浏阳市征地补偿安置实施办法》（浏政发〔2008〕12 号），改留地安置为货币安置。2011 年 6 月，园区出台《湖南浏阳制造产业基地征地拆迁安置保障性房源建设分配实施细则》，进一步规范保障性住房的分配条件和步骤等。2011—2016 年，为保障性房源安置，建成的保障性房源有礼耕保障性住房、南园保障性住房和建新保障性住房，安置 432 户拆迁户（360 平方米），提供房源 1728 套。南园安置小区（新株陵小区）提供住房 600 套，安置 200 户拆迁安置户；礼耕安置小区共 9 栋，提供住房 360 套，安置 120 户拆迁安置户；建新安置小区一期共 6 栋，提供住房 204 套，安置 68 户拆迁安置户，二期共 4 栋，提供住房 132 套，可安置 44 户拆迁安置户。

2015 年 11 月 23 日，浏阳市人民政府出台《浏阳市征收集体土地货币安置区保障性房源分配和指标回购暂行办法》（浏政发〔2015〕13 号），符合保障性房源安置的被征地农户（以户为单位），自愿放弃购买保障性房源的，园区平台公司按享有保障性房源购买指标的人口数以 15.8 万元 / 人的标准进行回购。2016 年，园区 270 余户选择了指标回购，共兑付资金 21287 万元，主要购买博大、滨海新干线和华润新都汇 3 个商业楼盘的商品房，政府给予一定补贴。

2. 就业安置。2003 年，园区建设指挥部成立失业人员跟踪服务制度，建立创业服务指导中心，组建村级劳务有限公司，组织被征地农民承担园区企业建设中的土、石方、原材料的装运，附属工程的施工等力所能及的劳务，借此既解决被征地农民就业需要、园区企业用工需求，又能化解矛盾，保障被征地农民收入。为帮助支持被征地农民自主创业，园区执行浏银联〔2004〕27 号《浏阳市下岗失业人员及失地农民小额担保贷款实施办法》。2004 年 1 月，园区成立浏阳现代制造产业基地管委会劳动保障所，接受浏阳市人力资源和社会保障局和园区管委会双重领导。2010 年 10 月 3 日，更名为永安镇人力资源和社会保障服务站。该机构其中一项重要工作职能就是培训和指导被征地农民就业。自建园开始，园区便实行征地拆迁与就业安置同步，对被征地拆迁的农民进行技能培训，然后推荐到园区企业就业，截至 2016 年，在园区就业的永安当地居民大约 4000 人，基本做到充分就业。

2003 年 11 月，园区组织第一期被征地农民就业培训，开设钳工、焊工、车工等专业课程，参加培训的有65名被征地农民，大部分到驰中车架、车架二厂、中大公司等企业就业。

2006年，举办农民培训班13期，培训农民916人次，涉及焊工等7个专业全部安排上岗，就业率100%。

2008年，园区不断提升就业上岗率和企业队伍素质，在长沙市园区中推介经验。

2010年5月，社会事业发展局邀请浏阳第一职业学校相关负责人，在坪头村部召开农民工就业培训动员大会，与会农民160余人。会议宣布将采取把培训学校引进园区，把培训班办到企业的模式，加大农民就业培训力度。

截至2013年，园区组织被征地农民各类培训57期，参加培训人数3956人次，受训者大多上岗就业，少部分凭借学到的技术自谋出路，至此被征地农民得到充分就业或创业。2014—2016年，未再针对被征地农民举办技能培训班。

表4-2-1　园区2003—2013年被征地农民培训情况一览表

年度（年）	培训内容	参训人数	就业人数
2003	电焊、钳工	65	47
2004	电焊、钳工	123	102
2005	管理、电脑、电焊	321	278
2006	财务、电焊、钳工	916	623
2007	管理、美容、电焊、钳工	541	433
2008	缝纫、电脑、电焊、电工	426	386
2009	营销、电焊	431	332
2010	缝纫、电焊	162	155
2011	电工、钳工、焊工、车工	300	288
2012	中、高级焊工、电工	249	167
2013	电工、钳工、焊工等	422	401
合计		3956	3212

3.社会保障。园区重视被征地农民养老、治病和困难救助工作。园区管委会在开始征用土地时，就制定了被征地农民养老保障办法、养老保障制度。以

2008 年 10 月 7 日为界，此前的征地拆迁户，除留地安置外，园区建立失地农民老龄补助基金，实行“园保”。2011 年 12 月，启动社保政策。至 2016 年，共计发放老龄补助 2957.16 万元，上缴社保资基金 4.38 亿元。

老龄补助 为切实保障被征地农民生活保障，在 2007 年国家还未启动养老保险时，园区列支专项资金用于老龄补助。2007 年，园区管委会出台《失地老龄农民生活补助办法（试行）》（浏制管发〔2007〕24 号）、《失地农民生产生活补助办法（试行）》（浏制管发〔2007〕23 号）和《失地农民合作医疗基金个人缴纳部分补助办法（实行）》（浏制管发〔2007〕25 号）3 个文件，对被征地农民实施“三补”政策，即老龄补助、生产生活补助、合作医疗补助。老龄补助标准为 80 元 / 月 (女满 55 周岁、男满 60 周岁)，生产生活补助为每户 100 元 / 月 (拆迁户为 150 元 / 月)，合作医疗补助为每人 10 元 / 年。

随着园区的发展，对老龄补助、生产生活补助、合作医疗补助进行相应的调整。自 2012 年 7 月 1 日开始，“三补”政策调整为老龄补助，失地人均不足 0.13 公顷（0.2 亩）耕地的，老年补助由每人每月补助 80 元提高到 280 元 / 人 / 月；失地且拆迁的提高到 480 元 / 人 / 月。男女年满 70 岁的，在以上标准上再增加 20 元 / 人 / 月。同时，取消 2008 年 7 月 1 日实施的“失地农民生产生活补助（100 ~ 150 元 / 人 / 月）”和“失地农民合作医疗基金个人缴纳部分 10 元 / 人 / 年”的补助。2013 年对老龄补助进行调整，男满 60 岁、女满 55 岁的被征地农民每人每月补助 400 元，70 岁以上再加 20 元。被征地且拆迁的按被征拆农民，男满 60 岁、女满 55 岁每人每月 700 元，70 岁以上再加 20 元。

为规范老龄补助的申领、发放工作，保证申请、申报有序，发放准确及时，园区管委会制定《失地农民生产生活补助及失地老龄农民生活补助申请发放工作制度》，制度规定补助经村委会、村民小组审查后，张榜公示 5 天，每半年发放补助一次。截至 2014 年 7 月，发放“三补”资金 2053.08 万元。2015 年，发放老龄补助 612.95 万元。2016 年，发放老龄补助 612.7 万元。

表 4-2-2　浏阳高新区失地农民“三补”发放情况表

单位：元

年份	老龄补助	生产生活补助	合作医疗	合计
2007 年	283680	180900	58648	523228
2008 年	1284750	815300	57530	2158180
2009 年	1067740	840300	49250	1957290
2010 年	1013500	859890	55350	1928740
2011 年	992500	902010	53430	1947940
2012 年	2552010	467570	0	3019580
2013 年	2112060	0	0	5976520
2014 年 1–7 月	3019380	0	0	3019380
合计	12325620	4065970	274208	20530858

说明：1. 生产生活补助失地农民（男 45 周岁、女 40 周岁）每户补助 1 人。2. 老龄补助（男 60 周岁、女 55 周岁）2007 年 1 月 1 日至 2012 年 6 月 30 日每人每月 80 元。2012 年 7 月 1 日开始，“三补”调整为老龄补助，失地老人每人每月补助 280 元，补助 524 人；失地又拆迁老人每人每月补助 480 元，补助 388 人。共补助 912 人。2013 年，补助标准分别提高到每月 400 元、700 元，70 岁以上另加 20 元，共补助 977 人。3. 合作医疗补助自 2007 年起执行，2012 年停止发放。

社会养老　2011 年 12 月，园区正式启动失地农民社保工作。2012 年，为礼耕村新胜组、大元组发放第一批失地农民社保存折 106 人。

2012 年，全年先后召开村组会议 28 次，编印和发放 500 多份宣传册；为 2008 年 10 月 7 日前征地、2008 年 10 月 7 日后拆迁的对象完成第一、二、三批共计 375 人的社保工作，存折已于 12 月底发放到位。启动了 2008 年 10 月 7 日后征地对象的社保工作，完成坪头村刘家、和平、樟树等 13 个组 1800 多人的资料收集、审查、上报，2008 年 10 月 7 日后征地对象的社保工作基本实现清零。

2013 年，发放 3 批共 1093 名对象的社保存折，办理 286 名退休人员的相关手续。指导新巷组、枫树组等采取按征地款比例筹集资金，以息固本的形式入股基地产建投资公司，补贴未纳入社保的对象，克服社保政策按照征地面积比例确定参保人数的制约瓶颈。

2014 年，加快社保办理，完成 24 个村民小组共 1508 人的资料上报，为 880 个对象办理了社保公示手续。落实老龄补助，为 950 余名农民发放老龄补助 610 多万元。虽然持续开展大征拆、大建设，未出现一例因征拆、社保等问题导致的越级上访。2007—2014 年上半年，共为失地农民发放各项补助 2053.0858 万元。

2015 年，园区依法依规落实农民社保，收集、审核 1551 人社保资料，发放社保存折 881 本，公示 851 人，上报 700 人，为 931 名失地农民发放老龄补助 612.95 万元，全年缴纳农民社保资金 1.9 亿元，做到应保尽保。

2016 年，园区为 1757 人发放老龄补助 612.7 万元，为 848 人社保存折发放。公示 660 人社保资料。缴纳社保资金 1.4 亿元，全力保障项目建设有力有序推进。

第五章

招商引资

INDUSTRY OVERVIEW

第五章 招商引资

◆第一节　招商政策

园区运用国家、省、市及园区的各项优惠政策，采取税收减免、土地款补贴、租赁补贴、厂房代建等多种方式和渠道，吸引投资者到园区投资兴业。以下为招商引资文件政策核心条款摘录。

2006 年 2 月 17 日，园区召开“税收奖励政策工作会议”

会议决定“对引进企业（所得税）实行前两年全免，后三年减半的优惠政策”。对公司性、项目性的具体奖励标准：浏阳市外引建筑安装营业税按 3.3% 计算营业税，免征 2% 个人所得税；市外引进的增值税其他地方收入部分全部返还给纳税企业或奖励给引进个人；市外引进的在制造产业基地注册登记的企业或公司所得税免征，增值税其地方收入返还部分全部奖励给纳税企业或引进人。

2010 年 7 月 8 日，管委会出台《关于促进企业发展、推进产业建设的奖励规定》（浏制管发〔2010〕11 号）

该规定分别对于园区内招商引资、支持企业加快发展、加快发展再制造产业和加快发展永安家具园产业四个方面作出奖励规定。

一、招商引资奖励规定

（一）对“购地型”的下列企业，奖励其投产之日起 3 年内所上缴生产经营性税收的园区留成部分的 50%：1. 国际、国内知名或在本行业排前 3 名、产能在 5 亿元以上的企业；2. 汽车、农机、工程机械整机及核心部件（一级配套件，如发动机、底盘、电子控制系统总成等）生产企业，设计建设规模产能在 3 亿元以上的；3. 固定资产投资在 1 亿元以上（含 1 亿元）的；4. 固定资产投资在 5 亿元以上的企业、国际国内 500 强企业或汽车、农机、工程机械整车生产企业（地产项目除外），另按“一事一议”的方式商议；5. 在园区购地，投产 3 年内年均纳税≥15 万元 / 亩、12 万元 / 亩、9 万元 / 亩的企业，5 年内园区逐年分别返还购地款的 100%、50%、30%。

（二）对暂不符合在基地购地条件或者暂不在基地购地，而在园区内租赁标准厂房和写字楼的企业，享受以下待遇：

1. 租用标准厂房的一般工业项目按下列标准给予租赁补贴：

表 5-1-1　租用标准厂房的一般工业项目租赁补贴标准一览表

每 1000 平方米生产经营性税收（万元）	补贴厂房租金比例（%）
20	10
40	20
60	40
80	60
100	70

2. 凡税源关系和统计口径在园区而租用基地内写字楼的贸易、会计、法律、金融、人才、广告、物流等生产性服务业或技工贸型项目，享受以下待遇。

表 5-1-2　生产性服务业或技工贸型项目优惠等级一览表

当年纳税（万元）	奖励纳税的地方收入部分的百分比（%）
50~500	40
500~2000	50
＞ 2000	60
＞ 5000	另议

3. 中小型科技创业企业。（1）创业扶持。注册资金不低于 3 万元的，可申办科技型企业；注册资金 50 万元以下的科技型公司注册资本允许在一年内分两期注入，首期注册资本不低于 50%。省级以上科技部门认定的高新技术成果、专利权、商标可作为无形资产参与项目投资，入股比例最高可达 35%(另有约定的除外)。（2）对留学人员或产、学、研项目的创业扶持。出国留学人员或学院产、学、研项目持有人可利用技术专利、科技成果来园区标准厂房自办、

合办科技企业、股份制企业，还可通过个人或境外注册来园区标准厂房投资，并确保来去自由。（3）院士项目。院士项目落户园区或在园区成立院士工作站、博士后工作站的，通过一事一议方式给予特殊奖励。

（三）总部经济奖。1. 生产、研发、贸易企业将总部设在园区，其产生的税收（主要指贸易、技术服务、咨询、消费，含引税部分）在 1000 万元以上的，一次性奖励法定代表人或者高管团队 40 万元；2000 万元以上的，一次性奖励高管团队 80 万元。2. 通过收购上市公司把上市公司的总部或重要生产基地放在园区的，通过一事一议给予特殊奖励。

（四）招商中介奖。1. 凡成功引进年度产值过亿元或生产经营性纳税过 500 万元企业的中介人或组织，一次性奖励 5 万元；2. 成功引进年度产值过 10 亿元或生产经营性税收过 3000 万元企业的中介人或组织，一次性奖励 50 万元；3. 成功引进世界 500 强，年度税收达到 5000 万元企业的单位或个人一次性奖励 100 万元。

表 5-1-3　园区第三产业投资补助标准一览表

项　目	营业面积（平方米）	每平方投资额（元）	补助标准（元 / 平方米）	最高限额（万元）
购物中心、仓储式卖场	≥ 10000	≥ 2100	30	< 100
商贸仓储、连锁经营配送中心	≥ 20000	≥ 1000	30	< 100
连锁超市	5000 ~ 10000	≥ 1500	40	< 35
	2000 ~ 5000	≥ 1200	35	< 15
商品交易市场	≥ 10000	≥ 1000	25	< 40
	3000 ~ 10000	≥ 900	30	< 20
精品百货、国内外著名品牌专卖、特许经营	≥ 2000	≥ 1500	100	< 50
	≥ 200	≥ 2400	300	< 20
酒家	≥ 4000	≥ 2400	50	< 50
特色菜馆	≥ 300	≥ 1800		5 ~ 10
餐饮连锁	≥ 500	≥ 1500	60	< 10
工厂直销口中心	≥ 1000	≥ 1200	50	< 15
休闲娱乐场所	≥ 1000	≥ 1200	50	< 10

续表 5-1-3

<table>
<tr><th>项 目</th><th>营业面积（平方米）</th><th>每平方投资额（元）</th><th>补助标准（元 / 平方米）</th><th>最高限额（万元）</th></tr>
<tr><td>宾馆酒店（三星）</td><td rowspan="3">≥ 1000</td><td rowspan="3">≥ 1200</td><td rowspan="3">50</td><td>＜ 30</td></tr>
<tr><td>宾馆酒店（四星）</td><td>＜ 50</td></tr>
<tr><td>宾馆酒店（五星）</td><td>＜ 100</td></tr>
<tr><td>其 他</td><td>500 ～ 1000</td><td>500 ～ 1200</td><td></td><td>3 ～ 10</td></tr>
<tr><td>汽车 4S（3S）店</td><td colspan="3">新建符合汽车品牌销售实施管理办法的</td><td>20（10）</td></tr>
</table>

2012 年 4 月 10 日，管委会出台《关于加快城市建设及促进第三产业发展的奖励规定》（浏制管发〔2012〕14 号）

凡 2012 年 1 月 1 日至 2012 年 12 月 31 日新建、扩建、升级改造且符合园区规划要求的商业超市、高级酒店、特色餐饮、综合娱乐等三产投资项目，按下列标准给予相应的投资补助。

（一）国内、省内知名品牌商务连锁酒店、四星级酒店、五星级酒店项目，一次性分别奖励 50 万元、300 万元、400 万元。开业后前三年经营性税收园区留成部分按年度以奖励的形式全额返还给企业。

（二）国内、省内知名品牌餐饮机构类项目，营业面积在 500~1000 平方米的，一次性奖励 15 万元；营业面积在 1000 平方米以上的，一次性奖励 30 万元。开业后前三年经营性税收园区留成部分按年度以奖励的形式返还给企业。

（三）国内、省内知名品牌商场、超市类项目，营业面积在 1000~2000 平方米的，一次性奖励 10 万元；营业面积在 2000 平方米以上的，一次性奖励 20 万元。开业后前三年经营性税收园区留成部分按年度以奖励的形式返还给企业。

（四）加盟专业院线的影院项目，一次性奖励 30 万元。开业后前三年经营性税收园区留成部分按年度以奖励的形式返还给企业。

（五）国内、省内知名品牌足浴、茶座、咖啡厅、酒吧、KTV 等休闲娱乐项目，且投资额在 100 万元以上，营业面积 500 平方米以上的，一次性奖励 5 万元。开业后前三年经营性税收园区留成部分按年度以奖励的形式返还给企业。

2012 年 5 月 15 日，管委会出台《关于支持长沙领航投资合伙企业发展的奖励办法》（浏制管发〔2012〕20 号）

一、管委会向通过本基金融资的领航公司合伙人提供贴息扶持。

1. 年纳税额 1000 万元（含）以上的企业享受贴息比例为 40%；

2. 年纳税额 500 万元（含）~1000 万元的企业享受贴息比例为 30%；

3. 年纳税额 200 万元（含）~500 万元的企业享受贴息比例为 20%；

4. 年纳税额 100 万元 ~200 万元的企业享受贴息比例为 15%。

计算方式为贴息金额 = 到位资金（用于园区）× 同期人民银行基准利率 × 期限 × 贴息比例。

二、专项扶持捆绑：优先支持参与本基金的企业申请中小企业发展资金、科技创新资金等各部门的专项资金或奖励。

三、风险补偿及融资奖励：管委会在年融资额（用于园区部分）7‰的框架内视情况向本基金提供风险补偿；在 3‰的框架内视情况给予基金融资贡献奖励。

2013 年 1 月 25 日，管委会出台《关于加强招商引资，推进产业发展的若干规定（试行）》（浏制工发〔2013〕5 号）

第二章 工业企业（项目）引进 第二条 投资规模在 5000 万元以上或产能规模需在 3 亿元以上的项目方可安排用地，同时年亩平税收需在 10 万元以上，投资强度需在 160 万元以上。第三条 园区基准地价为 25 万元 / 亩。如投产 3 年内缴纳税收年均 30 万元 / 亩以上的、20 万元 / 亩以上的、15 万元 / 亩以上的，由园区在 3 年内逐年分别返还购地款的 100%、50%、30%。 第四条 重特大项目实行一事一议。第五条 暂不符合供地条件的企业可以在园区租赁标准厂房，且根据其税收贡献，享受以下规定。

表 5–1–4　园区租赁标准厂房补贴标准一览表

每 1000 平方米年生产经营性税收（万元）	补贴厂房租金比例
50	10%
60	20%
70	30%
80	40%
90	50%
100	60%

第六条 租用园区写字楼的生产性服务业或技工贸型项目，其税源关系和统计口径设立在园区的，按当年税收贡献进行奖励；当年税收在200~500万元（含500万元），按实现税收地方收入部分的40%奖励给企业；当年税收在500~1000万元（含1000万元），按实现税收地方收入部分的50%奖励给企业；当年税收在1000~2000万元以上，按实现税收地方收入部分的60%奖励给企业；当年税收在2000万元以上，实行一事一议。

第三章 三产项目引进 第七条 国内、省内知名品牌商务连锁酒店、四星级酒店、五星级酒店项目，一次性分别奖励50万元、300万元、400万元。开业后前三年经营性税收园区留成部分按年度以奖励的形式全额返还给企业。第八条 国内、省内知名品牌餐饮机构类项目，营业面积在500~1000平方米的，一次性奖励15万元；营业面积在1000平方米以上的，一次性奖励30万元。开业后前三年经营性税收园区留成部分按年度以奖励的形式返还给企业。第九条 国内、省内知名品牌商场、超市类项目，营业面积在1000~2000平方米，一次性奖励10万元；营业面积在2000平方米以上的，一次性奖励20万元。开业后前三年经营性税收园区留成部分按年度以奖励的形式返还给企业。第十条 加盟专业院线的影院项目，一次性奖励30万元。开业后前三年经营性税收园区留成部分按年度以奖励的形式返还给企业。第十一条 国内、省内知名品牌足浴、茶座、咖啡厅、酒吧、KTV等休闲娱乐项目，且投资额在100万元以上，营业面积500平方米以上的，一次性奖励5万元。开业后前三年经营性税收园区留成部分按年度以奖励的形式返还给企业。第十二条 金融机构购买或租用办公、营业用房的，按每平方米500元的标准给予一次性资金补助；购地自建办公、营业用房的，土地价格按照基准地价的80%优惠供地。

第四章 再制造项目引进 第十三条 投资5000万元规模以上的再制造企业（项目）方可安排用地，供地价格按基准地价下调10万元/亩，地价返还可同等享受第三条规定。第十四条 不符合供地条件的再制造企业（项目）可租赁园区标准厂房和写字楼，由园区每月每平方米补助3元，之外还可同等享受第六条规定。第十五条 国际、国内知名再制造企业（项目）或公共平台建设项目由党政联席会实行一事一议。第十六条 已入园企业参加省级以上部门、国家级再制造协会组织的各类展览的，展位费由管委会补贴40%（凭正式发票由管委会认定）。

2014年12月24日，管委会出台《关于鼓励园区企业创新转型发展的实施意见》（浏制管发〔2014〕34 号）。

第一条 税收。对年纳税 200 万元以上且年亩平税收 6 万元以上（与基地签订招商引资合同中，约定的年亩平税收高于 6 万元的，按合同约定执行）的企业实行奖励。

第二条 产值规模。鼓励企业做大做强，实现规模发展，对产值规模增长较快的企业予以奖励。

第三条 科技。鼓励企业加大科技投入、加强自主研发，以科技创新促发展，对企业科技创新予以奖励。

第四条 人才。为提高园区企业家人才队伍素质，加大人才引进力度，特对企业人才工作予以奖励。

第五条 品牌创建。鼓励企业强化品牌战略意识，积极争创省级以上品牌，对获得省级以上品牌的企业予以奖励。

第六条 要素保障。为强化发展要素的保障，更好发挥金融、人力资源、公共服务等要素对园区发展的促进作用，特对提供优质服务的相关单位予以奖励。

2015 年 1 月 18 日，管委会出台《招商引资中介人奖励暂行办法》（浏制管发〔2015〕6 号）

一、奖励条件

（一）中介人介绍的招商引资项目，需在园区注册为具有独立法人资格的企业，且满足以下条件：从签订招商合同之日起 2 年内，外资企业实际到位资金 500 万美元（含）以上、内资企业实际到位资金 5000 万元（含）以上并形成等值固定资产（土地款以合同实际约定的土地价格为准）。

（二）新引进的项目应为符合国家、省、市鼓励的战略性新兴产业、现代服务业项目，或为世界 500 强（以当年权威机构发布的榜单为准）及国内行业龙头企业投资的各类项目，房地产项目除外。

二、奖励标准

（一）奖励类别

1. 外资类：新引进境外资金的项目，制造业类项目按固定资产投资实际到位资金的 0.3‰、市场类项目（含仓储物流项目）按固定资产投资实际到位资金的 0.2‰计算奖金。

2. 内资类：新引进市外境内资金形成固定资产投资的项目，制造业类项目按固定资产投资实际到位资金的 0.2‰、市场类项目（含仓储物流项目）按固定资产投资实际到位资金 0.1‰计算奖金。

（二）境外资金以实际到位资金为基数，按实际到位之日国家外汇管理局公布的外汇兑换率折算；市外境内资金以相关部门认定的形成固定资产额为基数，流动资金不在计奖之列。

2015 年 7 月 10 日，管委会出台《关于加快再制造产业发展的意见》（浏制管发〔2015〕29 号）

1. 购地型再制造项目按摘牌地价的 20% 予以奖励，奖励资金在厂房建设完成正负零和竣工时各拨付 50%。

2. 购买标准厂房的再制造项目按购置价的 20% 予以奖励，奖励资金在项目投产后分三年拨付。

3. 租赁型再制造项目按每月每平方米 5 元予以奖励，从项目投产后的第一月开始，时限 24 个月。

◆第二节　招商服务

园区坚持项目既要引得进又要留得住，还发展得好的理念，始终把服务贯穿于招商工作全过程之中，在简政放权、企业服务、提升效能、优化基础设施配套等方面，营造便捷规范、务实高效、开放包容、勤政廉洁的创新创业环境，将园区打造成浏阳的环境特区、人才特区、资本特区和科技特区。

优化政务服务环境。2003 年，园区制定《项目服务管理办法》，该管理办法明确“入园企业项目服务全部归口浏阳工业新区现代制造产业园项目服务部统一管理，项目服务部统一代表园区为入园企业提供服务”。凡入园企业项目立项等有关手续“均由产业园项目服务部全程代理一条龙服务，并确保进园区投资建设开发者应享受的全部优惠政策的兑现”，办法还承诺“入园企业项目由产业园项目服务部全程代理服务承办的，45 天内手续办理到位，报省级行政审批的项目 60 天内手续全部到位”。2015 年 3 月，园区成立政务服务中心，采取“见章盖章、两章同效”的原则，市直各相关部门将审批服务事项充分授权给分局或窗口，中心共设有 12 个服务窗口。2016 年，104 项浏阳市级行政职权授权到位，实现项目从工商注册、立项审批、规划评审、环评、施工许可等开工前的“一站式”审批事项办理，以及企业建成投产前的水电气等相关服务。同时，为企业职工的社保办理，交通出行、企业用工需求、企业上市、法律咨询、财务托管、进出口业务等提供服务。中心还兼顾园区的优化经济发展环境工作，企业和群众通过“12345”市民热线、“83836200”园区政务热线和民意调查等方式以及微信群反映的问题和意见，政务中心全部以工单派送形式协调各部门进行处理，为企业建设和投产扫除障碍，减少开工成本，护航企业发展。

推行“保姆式”企业服务。针对每个落户项目，招商合作局制定建设进度“时间安排表”，并派专人负责在建项目的全程跟踪调度，根据项目需要制定倒排时间进度安排表，定期开展调度会，对照时间节点，督促各项工作落实、现场解决各类问题，确保项目的顺利投产达效，并对企业金融需求、厂房定制等提供全面服务。对于已投产的企业，园区建立领导干部联系企业制度，一名领导联一片，一名干部联一家企业，对所有企业实施“保姆式”服务。结合企业特点，制定个性化的帮扶方案，在科技创新、管理升级、市场开拓、平台申报、教育培训、矛盾协调、安全环保、宣传推介等方面，及时提供咨询和服务，做到即时服务，确保全天候、全要素贴身跟进。建立企业服务群，企业有任何问题均可在群里反映，相应的部门负责人立马做出回应，形成“立马就办”的优良作风，营造了“零障碍、低成本、高效率”的发展环境。

打造全要素产业服务。围绕产业培育，做好顶层设计，实施规划引领。园区制定并实施了“十二五”“十三五”发展规划、智能制造成套装备实施方案、再制造三年行动计划、园区转型提质三年发展行动计划等一系列政策，为产业发展指明方向，提供了政策保障。搭建服务平台，完善产业链条。建成院士专家工作站和博士后科研工作站，建设了以创新创业园，再制造旧件回收物流中心、产业发展中心、清洗拆解中心、再制造检测鉴定中心，以及家谐家具孵化园为支撑的创新创业体系；成立金融服务中心、人才交流服务中心，为企业提供资金保障和智力支持。加大典型培育，推进示范带动。鼓励企业创建国家、省市示范企业，鼓励企业参与园区示范企业创建，通过培育智能制造、再制造示范企业，促进企业由传统企业向现代企业转型，产业由传统制造产业向智能制造产业转型，园区由配套园区向高新技术区转型。

提供便捷的生产生活服务。园区没有母城依托，生产生活配套一直是园区发展的短腿。为此，园区围绕“园镇一体”，加快推进产城融合。按照“景区的环境，城区的管理，园区的实力”的要求，加快基础设施建设，构建了七纵五横交通路网，实现内外大循环。加大水、电、气及通信网络等供给，强化基础保障能力。优化交通出行、物流配送、医疗教育等，开通了园区至长沙市区、浏阳市区的通勤车及园内公共自行车、共享单车等，引进了普洛斯、万科工业地产，建设永安医院、浏阳一中高新区实验中学、通程商业广场以及黄花机场后勤基地、滨海新干线、博大中央广场、华润新都汇等高档住宅。品牌酒店有温德姆华美达广场、洲际酒店、华天大酒店入驻。在 10 余年的发展过程中，浏阳高新区始终致力于主动为企业排忧解难，想企业之所想、急企业之所急，大力优化投资兴业的软硬环境，让企业家在园区放心、安心、舒心地扎根园区。

◆第三节　招商举措

2003–2005 年，初创起步阶段，招商工作门槛较低，凡是投资在 1000 万元以上的工业项目，只要合法合规，均会极力促成，以形成企业集聚，尽快做大园区。

2006–2008 年，迅速发展阶段。园区明确建设制造业为特色的园区目标，确定工程机械和汽车及零部件为主导产业，招商要求入园企业亩平投资不低于 100 万元，税收产出不低于 5 万元。招商工作逐渐注重控制供地规模和项目的产出效益，亩均税收增至 10 万元、20 万元。2008 年，园区目建设与招商，规划引导经营性土地增值，培植新税源，推行标准厂房招商。

2009–2013 年，调整发展阶段。园区工程机械制造产业和汽车及零部件产业初具规模，园区的交通区位逐步改善，招商引资工作主动权开始显现，园区坚持招大引优、宁缺毋滥的原则，重点引进优质企业。

2014–2016 年，转型发展阶段。园区基本形成智能装备制造产业、汽车及零部件两大主导产业和再制造特色产业，同时新能源、新材料、生活消费品、家具等其他产业逐步发展，构起主业突出、多点支撑的产业发展格局，由传统的制造产业向高新技术产业转型。招商策略围绕产业链，明确招商引资“三三六原则”，即投资强度不得低于 300 万元 / 亩，税收不得低于 30 万 / 亩，产值不低于 600 万元 / 亩。其他不符合供地条件的，但发展潜力好的引导其入驻标准厂房。

参会招商　自建园区以来，园区积极组团或派员广泛参加国家举办的“广交会”“高交会”，参加省、长沙市举办里组织的“湘交会”“沪洽周”“港洽周”等商务活动，积极推介园区，捕捉项目信息，促成项目落户。2008 年 11 月，参加湖南省委、省政府在长沙高新技术产业开发区麓谷会展中心举办的“2008

中国（长沙）科技成果转化交易会”，向科研院所、创业投资公司、上市公司、科技中介公司、投融资机构推介园区。2011 年 8 月，参加“中国（长沙）国际工程机械配套件博览会”，推动园区企业与三一工重、中联重科等龙头企业更广范围、更深层次的配套。2014 年 10 月，参加中国科交会，促进科技项目进一步在园区转换。2015 年 3 月，参加第五届中国再制造峰会；10 月，园区在 2015 中国循环经济发展论坛上作主题发言。2016 年 6 月，园区在第十一届中国循环经济发展论坛上发言，宣传推介园区经验。

办会招商 至 2010 年，园区开始承接和主办大型招商活动，进一步扩大园区知名度和影响力，吸引优质项目落户。2010 年 10 月，与浏阳市科技局、浏阳市招商局联合承办“2010 年中国（长沙）科技成果转化交易会”，在再制造专场推介会上与湖南赢家有限公司、江西省轩辕春秋实业有限公司、湖南龙光科技有限公司 5 个项目签约。2014 年 6 月 18 日，承办 2014“美丽浏阳”制造产业基地（上海）招商推介会，现场签约昆山华恒焊接、法泽尔动力再制造等企业，涉及机器人自动化先进制造、再制造、汽车零部件、现代商贸物流等行业。2015 年 11 月 25 日，在深圳举办智能装备制造投资合作推介会，与东莞安达自动化、深圳市安防协会等项目签约。该次投资合作推介会通过“引资、引技、引才”相结合的方式，着力打造产业集群，实现全产业链的延伸和发展。

以商招商 建园之初，园区招商的主要途径是“敲门招商”。园区经过 10 余年的沉淀和入园项目的不断增多，园区以优质服务招商获得良好的口碑宣传，通过园区入驻企业现身说法推介园区，以商引商，形成引来一个、带来一批“滚动发展”效应。2015—2016 年，湖南广佳汽车饰件有限公司、深圳市银宝山新长沙汽车零部件生产项目、日本刈钣车件制造项目、湖南汉科德科技有限公司、纳川汽车零部件制造有限公司等 10 余个项目，均通过园区企业或合作公司牵线搭桥落户园区。

小分队招商 浏阳高新区选派招商干部组成招商小分队，由领导带队，有针对性赴长三角、珠三角、京津冀等地推介宣传园区，加大招商力度和密度。2010—2016 年，每年赴外地招商 50 次以上。

驻点招商 2015 年 5 月，设立园区驻深圳招商联络办公室（驻深办），通过驻深办加强项目对接，并与广东省湖南商会、湖南省政府驻广州办事处形成战略合作协议，与省驻沪办、驻京办、浙江省湖南商会、广东省电子学会 SMT 专委会、东莞市电子信息产业协会、深圳长沙商会建立良好合作关系，并做好与浏阳市、园区的外联工作，驻深办成为园区对外联系的招商窗口。

创新项目入驻模式 推行多种项目进驻合作模式，如供地自建、先租后买、园区代建等。为减轻企业流动资金压力，缩短建厂时间，园区采取定制厂房、以购代建的模式引入企业。近年来，启泰传感物联网产业项目、新泉汽车零部件项目、银宝山新等项目均采取了代建厂房模式落户园区。搭建多样的产业承接平台，园区自建的 20 万平方米的创新创业园，主要承接智能制造企业。5 万平方米的德邦工业园，主要承接汽车零部件企业。5 万平方米的人人家国际食品科技园，专业承接高端食品加工企业。10 万平方米的家具产业园标准厂房，专门承接家具生产企业、物流企业入驻。

◆第四节　招商成果

园区始终坚持招商引资为第一要务，举全园之力抓招商。在 2003—2016 年，园区引进项目 252 个，合同引资 252.17 亿元。

表 5-3-1　2003—2016 年招商引资情况一览表

序号	年份	引进企业个数（个）	合同引资金额（万元）
1	2003	12	22400
2	2004	14	44535
3	2005	14	89800
4	2006	18	98500
5	2007	17	69200
6	2008	14	64007
7	2009	13	54082
8	2010	15	58000
9	2011	15	84000
10	2012	8	38140
11	2013	8	35340
12	2014	23	315520
13	2015	39	1102650
14	2016	42	445550
合计		249	2521724

表 5-3-2　浏阳高新区 2003—2016 年引进重点企业一览表

序号	项目名称	投资单位名称	签约时间（年）
1	富丽真金寝具生产项目	台湾富丽真金寝具有限公司	2003
2	博大科技汽车零部件项目	长沙博大科技有限公司	2003
3	中大机械制造项目	湖南中大机电设备有限责任公司	2003
4	人人家味业基地项目	湖南省人人家食品有限公司	2003
5	乐佰有机营养食品项目	湖南晶天科技实业有限公司	2003
6	湘晖农业项目	浏阳湘晖农业技术开发有限公司	2003
7	金湘化工设备生产项目	长沙金湘化工设备有限公司	2004
8	义和车桥汽车配件生产项目	诸城市义和车桥有限公司	2004
9	环达环保项目	湖南环达环保有限公司	2004
10	神六工程机械制造项目	湖南省浏阳市驰中汽车车架制造有限公司	2004
11	佳能制泵项目	长沙佳能制泵有限公司	2005
12	众和汽车电器配件生产项目	长沙众和汽车电器配件有限公司	2005
13	海韵汽车配件生产项目	长沙海韵汽车零部件有限公司	2005
14	铝硅复合带、铝合金复合箔带生产项目	长沙长铜铝业销售有限公司	2005
15	高低压电器成套设备生产项目	长沙光源电器成套厂	2005
16	高效磨削设备及汽车关键零部件生产项目	湖南宇环科技机械有限公司	2005
17	生物、电力陶瓷生产项目	湖南精诚特种陶瓷有限公司	2005
18	金属材料加工项目	浏阳市德利钢材有限公司	2006
19	汽车零部件项目	山东诸城义和车桥有限公司	2006
20	输变电产品项目	湖南景明电力器材有限公司	2006
21	特种油缸及液压机生产项目	长沙大隅液压工程机械有限公司	2006
22	粉体材料生产项目	长沙华京粉体材料有限公司	2006
23	工业标准厂房及配套设施开发建设项目	上海宏伊置业有限公司	2007
24	生物柴油生产项目	长沙金意环保能源有限公司	2007
25	永昌汽车零部件生产项目	河北永昌密封件有限公司	2007
26	钝化铝管生产项目	长沙恒佳铝业有限公司	2007

续表 5-3-2

序号	项目名称	投资单位名称	签约时间（年）
27	农作物种子生产项目	湖南金色农华种业科技有限公司	2008
28	起重机、台车等工程机械产品生产项目	湖南中铁五新钢模有限责任公司	2008
29	百宜饲料生产项目	湖南百宜饲料科技有限公司	2009
30	电子科技产品生产项目	长沙亚明电子科技发展有限公司	2009
31	石化设备生产销售及安装项目	长沙恒泰石化设备制造有限公司	2009
32	工程机械耐磨材料生产线项目	湖南省大禹科技发展有限公司	2010
33	液压管项目	长沙大力神液压工程有限公司	2010
34	工业泵项目	长沙佳能通用泵业有限公司	2010
35	冲压件生产项目	东莞龙光电子集团有限公司	2010
36	烟叶复烤生产基地项目	湖南中烟工业公司	2010
37	汽车零部件制造项目	湖大艾盛汽车零部件装备制造有限公司	2011
38	长沙众达电缆制造项目	长沙众达电缆制造有限公司	2011
39	天宏泵业项目	湖南天宏泵业制造有限公司	2011
40	华联高档厨房设备项目	湖南华联机械设备有限公司	2011
41	互力达烟辅涂料	长沙互力达环保材料科技有限公司	2011
42	工程机械第二生产基地项目	湖南德邦重工机械有限公司	2011
43	车桥生产项目	青特集团有限公司	2011
44	食品香料香精项目	湖南省汇湘轩食品科技有限公司	2011
45	电机整流子生产项目	深圳市凯中精密技术股份有限公司	2012
46	现代物流仓储设施开发项目	普洛斯投资管理（中国）有限公司	2012
47	铼产品加工生产项目	长沙高新技术产业开发区凯利达新材料有限公司	2013
48	电力金具生产、有色金属制造加工项目	湖南长铜铜业有限公司	2013
49	湖南一朵生活用品有限公司生产基地项目	湖南一朵生活用品有限公司	2013
50	汽车线束生产项目	苏州波特尼电气系统有限公司	2014

续表 5-3-2

序号	项目名称	投资单位名称	签约时间（年）
51	卷取机及矿山设备制造和再制造项目	湖南楷润冶金设备制造有限公司	2014
52	长沙哈镘数控机床项目	长沙哈镘数控机床有限公司	2014
53	发动机再制造	长沙市法泽尔机械设备有限公司	2014
54	日用品生产项目	香港永兴塑胶有限公司	2014
55	浏阳国际家具城项目	湖南裕容商业发展有限公司	2014
56	汽车零部件制造项目	信质电机股份有限公司	2014
57	机器人系统项目	长沙华恒机器人系统有限公司	2014
58	“芙蓉王”全配方烟叶输出复烤专线项目	浏阳天福打叶复烤有限责任公司	2014
59	自动化设备项目	东莞安达自动化设备有限公司	2015
60	物联网终端技术开发应用与相关配套设备制造项目	湖南金丰林印刷包装机械科技有限公司	2015
61	制药装备产业化项目	长沙今朝科技股份有限公司	2015
62	湖南一朵生活用品有限公司生产基地项目	湖南一朵生活用品有限公司	2015
63	家具制造产业孵化园一期项目	湖南省家谐家具产业园有限公司	2015
64	传感物联网产业项目	湖南启泰信息技术有限公司	2015
65	袁创总部经济项目	湖南袁创超级水稻技术有限公司	2015
66	新能源电池（材料）生产项目	湖南蒙达新能源材料有限公司	2015
67	三一工程机械产品再制造项目	三一工程机械有限公司	2015
68	新泉汽车饰件生产项目	江苏新泉汽车饰件股份有限公司	2016
69	长沙星耀机械制造及加工项目	长沙星耀机械制造有限公司	2016
70	长丰汽车零部件生产项目	湖南长丰汽车内装饰有限公司	2016
71	欢颜家居整装及物流配送基地项目	湖南欢颜新材料科技有限公司	2016
72	综合金融电商物流产业园项目	苏州立中实业有限公司	2016
73	精密机械部件生产项目	长沙旺达精密机械加工有限公司	2016
74	再制造发动机零部件及检测鉴定中心项目	湖南法泽尔动力再制造有限公司	2016

续表 5-3-2

序号	项目名称	投资单位名称	签约时间（年）
75	PVC 压延膜及电商家具生产项目	浏阳唯涛塑料制品有限公司	2016
76	纳川汽车起动机和发电机再制造项目	长沙纳川工贸有限公司	2016
77	智能医疗护理床生产项目	湖南奥飞智能医疗器械股份有限公司	2016
78	汽车零部件、塑胶制品、模具项目	长沙市银宝山新模具科技有限公司	2016
79	刈钣车件制造项目	刈钣车件制造（上海）有限公司	2016
80	湖南长丰汽车沙发有限公司汽车座椅、天窗生产项目	湖南长丰汽车沙发有限责任公司	2016

第六章 产业发展

INDUSTRY OVERVIEW

第六章 产业发展

◆第一节　产业结构

园区在永安镇原有汽车零部件制造业的基础上，通过招商引进和培育发展先进装备制造业。截至 2013 年，初步形成以装备制造业、汽车及零部件制造业为主导、再制造业为特色的产业格局。其中先进装备制造业中的代表性企业有宇环数控、五新重工、华恒机器人、佳能通用泵业等。汽车零部件制造业中的代表性企业有博大机械、义和车桥、波特尼线束、信质电器、凯中电气、瑞楚等。园区于 2013 年获得湖南省新型工业化示范基地称号，再制造产业不断发展壮大，于 2013 年获批为国家再制造产业示范基地，代表性企业有轩辕春秋、法泽尔再制造等。

园区在政府招大引强、优化结构的政策引导下，精密加工、烟辅材料、健康食品、生活用品、仓储物流、商业地产等非主导产业也渐成规模，有力地支撑了园区经济。南方水泥、百宜饲料、长沙恒佳铝业、湖南景明电力器材、湖南永安建筑、长沙义和车桥、一朵生活用品、一朵天下、普洛斯物流、宏伊集团等 70 多家知名企业日益壮大。与此同时，园区加大对永安本地传统家具产业的扶持，再次启动家具园建设，着手家具产业集中发展，同意永安镇本地家具商在开元东路建设浏阳国际家具城。至此，形成主导突出，多点支撑的发展格局，亿级企业方阵随之而迅速扩大。截至 2016 年，有企业 300 余家，其中规模以上工业企业 113 家、智能制造示范企业 34 家。实现规模工业总产值 350.6 亿元，财税 13.5 亿元，新引进项目 42 个，在省级园区中处于领先地位。

先进装备制造产业　先进装备制造产业是园区的主导产业之一，主要包括工程机机械类、工程机械配件类、机床类、通用设备类、专用设备类、仪器仪表类等，产品包含工业机器人、高精密度数控机床、高扬尘矿山流体输送水泵、港口自动装卸设备、挖掘桩工机械、自动化设备、工业机器人等处于行业领先水平的先进装备制造，代表性的企业有华恒机器人、宇环数控、五新重工、中大机械、鹏翔星通、佳能泵业等 40 余家为代表的先进装备企业。其中宇环数控磨床技术达到世界一流水平，是中国数控机床行业的领头羊。华恒焊接机器人成功替代进口产品，是自动化焊接生产线的私人定制商。长沙佳能泵业自主研发的中国矿山无人值守系统为国家安监局部门指定的矿山救援设备。中铁五新的港口自动化起重设备为智能码头建设的首选产品。中大机械的大吨位压路机为国内首创，广泛应用于国家西部开发重点工程。鹏翔星通是浏阳本地唯一具有专用整车生产资质的企业，公司专注于中小型专用汽车的研发生产与销售，服务于广大农村及新型城镇化建设。产品涵盖湿喷机械手（湿喷台车）、臂架泵（搅拌天泵）、车载泵、混凝土输送泵、搅拌拖泵、地泵、随车吊、汽车吊、半挂车、侧帘箱、混凝土搅拌运输车、烟花爆竹运输车、洒水车、垃圾运输车、房车等各类车型。2016 年，该产业实现产值 123.76 亿元。

汽车及零部件产业　汽车及零部件产业是园区最早形成的产业集群。20 世纪 80 年代末，永安依托长沙工程机械产业的兴起，主要为工程机械生产配套零件，并形成一定规模。园区创建之前，永安镇有汽车配件工厂 9 家，其中年产值 3000 万元以上的有 3 家。园区以之为基础，加大产业集聚，围绕汽车配件产业招商。后因工程机械行业逐渐走下坡路，部分企业从做工程机械配套转而做汽车零部件配套，特别是 2010 年以后，随着长沙市汽车工业的快速崛起，园区汽车零部件产业迅速壮大。到 2016 年，除了原有的博大机械、浏阳车身、鹏翔车架等企业外，引进培育了义和车轿、永昌汽车零部件、凯中电气、湖大艾盛、青特车桥、波特尼、瑞楚、鸿顺、银宝山新等 32 家优质汽车零部件企业，分别与奔驰、三菱、大众、菲亚特、福田、日产、日立、比亚迪、博世集团等知名整车企业及全球知名汽车零部件供应商配套。产品包括除发动机、轮胎、变速箱等产品外，包含了车架、车桥、油缸、传动轴、座椅、电源、线束以及汽车内饰件等所有品种。2016 年，该产业产值为 90.75 亿元。

再制造产业　再制造产业是园区 2009 年开始发展的特色产业，也是顺应国家绿色循环经济而着力发展的新兴产业。建立 4.5 平方千米的再制造专区，形成工程机械及零部件、汽车零部件、数控机床三大细分再制造领域。在着力引进再制造企业的同时，同步推进再制造公共平台的建设，拟建再制造回收物流中心、清洗拆解中心、信息跟踪服务中心、再制造生产配套中心、发展中心、检测检验中心六大平台。园区作为长沙的“一体两翼”的东翼，在长沙市的领导下，率先申报国家再制造产业示范基地。2013 年，园区获批全国首家国家再制造产业示范基地的园区，也是由国家发改委、工信部两部委联合授予的唯一的国家再制造产业示范基地。至 2016 年，园区聚集了三一再制造、轩辕春秋、法泽尔动力等 22 家再制造企业。再制造产品涉及泵车、挖机、桩机、港口机械等工程机械以及数控机床、空调和液压油缸、发动机等汽车零部件，当年该产业实现产业产值 35 亿元。

消费品产业 生活消费品产业是园区优化产业格局，推进多点支撑发展的有力举措。以天赋复烤、湖南一朵集团、康氏卫生用品、人人家集团、富丽真金床上用品等为代表的消费品产业得到快速发展。天福复烤是湖南中烟打叶复烤基地，是园区的纳税大户。湖南一朵集团依托其强大的带动能力，实现了造纸、包装、母婴用品等上下游产业的发展，2016 年成为同类国产品牌全网销量前三甲，并带动上下游发展。湖南省人人家味业有限公司利用上下游关联产业的优势，着力打造食品工业园，2016 年在新三板挂牌。湖南富丽真金家纺有限公司是一家集设计、生产、销售于一体的现代化大型家纺企业，公司传承家纺文化，打造百年品牌，高品质的产品一直风行于宝岛内外。2016 年，该产业产值 85.7 亿元。

家具产业 家具产业是永安的传统产业，在本地聚集了上千家家具生产及原材料厂家，有从业人员上万人，形成了家具产业集群，尤以“湘派软体家具”著称，被誉为“家具之乡”。2014 年，永安镇被指定为长沙市大型家具建材专业市场政府外迁承接地。为推进永安家具产业转型升级，实现集群化、规模化、品牌化发展，园区成立了家具产业园投资开发有限公司，负责家具产业园的整体规划建设，总规划面积 3000 亩，前期投资 30 亿元。采取“政府引导，市场运作”的模式，2015 年承接黎托家具产业转移，并启动了浏阳国际家具城的项目建设，由湖南裕容商业发展有限公司具体运营。截至 2016 年，项目已完成一期 10 万平方米家具商贸城，进驻商户 300 余家，品牌 800 余个，荣获 2015 年度中国十大最具投资价值市场，并争取湖南省第四届家具博览会于 2017 年在园区召开。

现代服务业 由于园区没有母城依托，现代服务业一直是园区发展的短板，园区坚持“园镇一体、产城融合”的发展策略，大力发展现代服务业，着力完善生产生活配套服务。优化交通出行、物流配送、医疗教育等，开通了园区至长沙市区、浏阳市区的通勤车及园内免费公共自行车，引进了普洛斯、平安、凯轩等物流公司，建设永安医院、浏阳一中高新区实验学校、通程商业广场以及黄花机场后勤基地、滨海新干线、博大中央广场、华润新都汇等高档住宅。品牌酒店温德姆华美达广场酒店、洲际酒店、华天大酒店入驻。根据浏阳市委、市政府的决策，承接工业新城核心区（金阳新区核心区）的建设，规划建设文体中心、高档住宅、星际酒店、学校医院、城市综合体及市民公园。

产业规模 园区通过招商引进和培育，至2016年，有企业169家，其中工业企业126家、规模企业113家，实现企业总产值3795280万元、工业总产值3653764万元、规模工业产值3506315万元，实现税收35725万元，园区在湖南省级以上园区综合排名中位于第28位。

表6-1-1 2003—2016年企业数一览表

年度（年）	企业（个）	工业企业（个）	规模企业（个）
2004	50	36	20
2005	59	45	28
2006	72	57	37
2007	86	69	43
2008	98	78	54
2009	107	84	66
2010	125	105	78
2011	138	110	79
2012	169	126	81
2013	184	141	86
2014	200	151	92
2015	233	180	98
2016	284	214	113

表 6-1-2　2003—2016 年企业总产值一览表

单位：万元 增减：%

年度（年）	企业		工业企业		规模企业	
	总产值	增减	总产值	增减	总产值	增减
2003	70691	—	52856	—	23405	—
2004	81065	14.7	62165	17.6	39261	67.7
2005	124029	53.0	100579	6108	68579	74.7
2006	161916	30.5	138935	38.1	110790	61.6
2007	253074	56.3	233564	68.1	205311	85.3
2008	365850	44.6	349122	49.5	318130	55.0
2009	522874	42.9	503100	44.1	458300	44.1
2010	800923	53.2	762423	51.5	709303	54.8
2011	1092678	36.4	1060128	39.0	999278	40.9
2012	1467035	34.3	1413855	33.4	1338255	33.9
2013	1934040	31.8	1874301	32.6	1782775	33.2
2014	2500496	29.3	2426187	29.4	2326549	31.7
2015	3161886	26.4	3030895	24.9	2910845	24.1
2016	3795280	20	3653764	20.6	3506315	20.1

表 6-1-3　至 2016 年总产值过亿元企业一览表

序号	企业名称
1	长沙义和车桥有限公司
2	湖南百宜饲料科技有限公司
3	长沙恒佳铝业有限公司
4	湖南和鑫包装材料有限公司
5	湖南一朵生活用品有限公司
6	湖南金德意油脂能源有限公司
7	湖南景明电力器材有限责任公司
8	湖南中铁五新重工有限公司
9	长沙天为工程机械制造有限公司
10	湖南瑞铨冶金有限公司

续表 6-1-3

序号	企业名称
11	长沙佳能通用泵业有限公司
12	长沙青特车桥有限公司
13	湖南鹏翔星通汽车有限公司
14	湖南德邦重工机械有限公司
15	浏阳红旗重型车架有限公司
16	湖南中大机械制造有限责任公司
17	长沙方圆回转支承有限公司
18	湖南省神六机械制造有限公司
19	长沙亚明电子科技发展有限公司
20	湖南省亚明高压电线电缆有限公司
21	长沙诚源电器成套有限公司
22	长沙迪普机械科技有限公司
23	湖南浏阳南方水泥有限公司
24	浏阳永安汽车车身有限公司
25	湖南省湘晖农业技术开发有限公司
26	湖南金湘化工设备有限公司
27	长沙金树林工业材料有限公司
28	湖南省人人家味业有限公司
29	长沙博大机械零部件有限公司
30	湖南轩辕春秋工程机械再制造有限公司
31	湖南富丽真金家纺有限公司
32	湖南海洲机械制造有限公司
33	长沙华恒机器人系统有限公司
34	长沙昌佳自动化设备有限公司
35	长沙海韵汽车零部件公司
36	湖南天联复合材料有限公司
37	浏阳方圆液压有限公司
38	长沙文象环保科技有限公司
39	湖南环达环保有限公司

续表 6-1-3

序号	企业名称
40	湖南龙光科技有限公司
41	长沙大力神液压工程有限公司
42	湖南众益管业有限公司
43	长沙鸿瑞卫生用品有限公司
44	长沙远翔机械制造有限公司
45	长沙波特尼电气系统有限公司
46	长沙永昌车辆零部件有限公司
47	湖南华邦粉末材料有限公司
48	长沙彩纳钢模板有限公司
49	长沙安靠电源有限公司
50	湖南汇湘轩生物科技股份有限公司
51	长沙奥斯凯汽车零部件有限公司
52	宇环数控机床股份有限公司
53	长沙众和汽车电器有限公司
54	浏阳乐佰有机营养有限公司
55	湖南优力特重工有限公司
56	长沙德利钢材有限公司
57	湖南鑫飞达铝幕墙有限公司
58	长沙惠洋实业有限公司
59	长沙成农饲料有限公司
60	长沙恒泰石化设备制造有限公司
61	浏阳市振兴铸造有限公司
62	浏阳天福打叶复烤有限责任公司
63	长沙瑞楚精密机械有限公司
64	湖南浏阳河国际名酒城有限公司
65	湖南湘贤科技有限公司
66	浏阳市三鑫车架有限公司
67	湖南瑞克液压油缸有限公司
68	湖南省华京粉体材料有限公司

◆第二节　产业服务

产业政策　园区从企业的转型创新、企业上市、平台建设、人才引进、知识产权、筹融资等给予全方位的支持。长沙市出台《长沙工业园区转型提质发展三年行动计划》《长沙智能制造三年行动计划》《知识产权补助实施细则》《关于支持发展创客空间的若干意见》《加快发展企业研发中心的若干意见》等政策后。浏阳市出台了《浏阳市政府关于支持高新技术产业园区建设的若干意见》《浏阳市兴工强市三年行动计划（2016—2018）》《浏阳市科学技术奖励办法》《浏阳市知识产权补助办法》《浏阳市科技发展专项资金及科技计划项目管理办法》等政策。园区在市县两级出台政策的基础上，出台《园区转型提质发展三年行动计划》《鼓励园区企业创新转型发展的若干意见》《关于加快再制造产业发展的意见》《智能制造产业发展政策》《高端人才引进政策》等政策，为园区创新发展提供政策支撑。

科技创新　自建园以来，园区一直重视科技创新，持续集聚创新资源，着力推进产学研合作。

注重科技创新投入，园区出台《关于鼓励科技创新加快产业发展的实施意见》《关于鼓励园区企业转型提质发展的若干意见》等政策，鼓励企业加大科技投入，加强自主研发，以科技创新促发展。对企业科技创新平台建设、高新技术企业认定、知识产权认定等予以奖励，加大对科技创新的政府引导扶持力度。园区企业十分重视研发，2016 年投入约 7 亿元用于科技创新，研发投入占销售收入的 2%，超过国内平均水平。申请专利 269 件，同比增长 47%，增速位居全省园区前列，累计承担国家火炬计划重点项目 5 项，获批国家重点新产品 8 件。创新型人才集聚开发区，科研成果众多。截至 2016 年，园区有专业研发人员 2400 余人，其中高级职称专家 150 余人。

注重科研平台建设，园区把搭建各类科技创新平台作为增强企业科技创新能力的切入点，积极争取国家、省、市的扶持政策，努力优化科技资源配置，大力推进创新研发平台建设。截至 2016 年，园区有工程技术中心、企业技术中心等科技研发平台 62 家，其中省级以上科研平台 6 个、市级以上科研平台 16 个。建成院士工作站 4 个，引进两院院士 4 人。如宇环数控建成“省级工程技术研究中心”“省级企业技术中心”双中心和谭建荣院士工作站。

注重政产学研合作，为充分发挥平台作用，及时沟通高校院所的科研成果信息，了解企业所需，园区不断创新产学研合作机制，探索一条行之有效的校企合作工作路径。第一步进行院系初访，摸清院所的研究方向和特色专业；第二步选定企业进行摸底调查，并组织双方座谈；第三步组织企业访问院所，达成相关合作意向，并持续跟进，促进高校院所与园区的长期合作。同时，针对高校的重点学科，结合企业的发展需求，不定期组织高校院所的专家开展科技服务，为其合作牵线搭桥。截至 2016 年，有 40 余家企业与高校、院所建立科技合作关系，其中宇环数控与湖南大学、中南大学、浙江工业大学建立了合作关系，中铁五新与武汉理工大学建立合作关系。通过与高校、院所开展合作，挖掘优秀科技人才为园区企业提供技术服务，提升园区企业科技创新水平，为做大做强园区“两主一特”产业集群和战略性新兴产业提供强有力的人才和技术支撑。

园区聚集宇环数控、五新重工、博大机械、法泽尔等一批先进装备制造、汽车配件及零部件、再制造产业领域的高新技术企业。新引进、新投产的启泰传感器、欧拓汽配、银宝山新等企业，均为行业科技创新能力较强的企业，数十项技术达到国际领先水平，代表中国制造参与世界竞争。启泰传感器和国防科技大学合作开发的 MEMS（微机电系统）传感器，是国内唯一具有自主知识产权的高端传感器，打破欧美等发达国家的技术封锁和垄断地位，多个方面填补国内空白。

截至 2016 年，园区拥有有效发明专利 273 项。如宇环数控公司自主研发的“3D 磁流变抛光机”获得 2016 年度湖南省制造业技术创新标志性成果；佳能泵业获 2016 年度长沙市产学研合作与科技成果转化奖等。园区企业的高精度数控立式双端面磨床、双进口并联自平衡节段式多级离心泵、主筒体焊接机器人系统、GQ 型 120 吨固定式门座起重机等科技成果均达到国内先进水平。

表 6-2-1　2015 年首台套重大技术装备产品一览表

序号	申报企业	产品名称
1	宇环数控机床股份有限公司	YHM77110(15B) 高精度立式双面磨削（抛光）机床
2	湖南省湘晖农业技术开发有限公司	YMS-5-8 智能育苗设备
3	湖南省大禹科技发展有限公司	大型高扬程高效尾矿渣浆泵
4	湖南鹏翔星通汽车有限公司	挖掏式管道疏通车
5	长沙华恒机器人系统有限公司	箱型梁工件焊接机器人系统

表 6-2-2　2016 年首台套重大技术装备产品一览表

序号	申报企业	产品名称
1	长沙佳能通用泵业有限公司	双进口并联自平衡节段式多级离心泵
2	长沙华恒机器人系统有限公司	主筒体焊接机器人系统
3	宇环数控机床股份有限公司	YHDM580B/1 高精度数控立式双端面磨床

表 6-2-3　2016 年承担国家火炬计划重点项目一览表

序号	企业名称	项　目
1	长沙华恒机器人系统有限公司	智能化柔性化叉车焊接机器人生产线
2	宇环数控机床股份有限公司	精密、高效数控磨削设备升级、扩能建设项目
3	湖南湖大艾盛汽车有限公司	汽车关键零部件性能检测装备研发及产业化
4	长沙奥斯凯汽车零部件有限公司	新型汽车笔式点火线圈
5	长沙义和车桥有限公司	汽车前桥总成产业化

表 6-2-4　2014—2016 年高新技术企业一览表

序号	企业名称	获批年份（年）
1	长沙博大机械零部件有限公司	2014
2	宇环数控机床股份有限公司	2014
3	湖南一朵生活用品有限公司	2014
4	长沙方圆回转支承有限公司	2014
5	湖南省湘晖农业技术开发有限公司	2014
6	湖南百宜饲料科技有限公司	2014
7	湖南省神六机械制造有限公司	2014
8	湖南博利达汽车零部件有限公司	2014
9	湖南天联复合材料有限公司	2015
10	湖南省华京粉体材料有限公司	2015
11	长沙奥斯凯汽车零部件有限公司	2015
12	长沙亚明电子科技发展有限公司	2015
13	湖南汇湘轩生物科技有限公司	2016
14	湖南中铁五新重工有限公司	2016
15	长沙永昌车辆零部件有限公司	2016
16	湖南互力达涂料科技有限公司	2016

续表 6-2-4

序号	企业名称	获批年份（年）
17	长沙义和车桥有限公司	2016
18	长沙诚源电器成套有限公司	2016
19	湖南瑞铨冶金有限公司	2016
20	浏阳红旗重型车架有限公司	2016
21	湖南景明电力器材有限责任公司	2016
22	湖南湖大艾盛汽车零部件装备制造有限公司	2016
23	湖南富栊新材料有限公司	2016
24	湖南袁创超级稻技术有限公司	2016
25	湖南金德意油脂能源有限公司	2016
26	长沙佳能通用泵业有限公司	2016
27	长沙华恒机器人系统有限公司	2016
28	湖南环达环保有限公司	2016
29	湖南厚德重工机械有限公司	2016
30	长沙昌佳自动化设备有限公司	2016
31	长沙安靠电源有限公司	2016

表 6-2-5　省、市级科技平台一览表

平台名称	企业名称	科技平台名称	获批年份（年）
省级工程技术中心	宇环数控机床股份有限公司	湖南省数控精密磨床工程技术研究中心	2015
省级企业技术中心	宇环数控机床股份有限公司	宇环数控机床股份有限公司技术中心	2007
	湖南中铁五新重工有限公司	湖南中铁五新重工有限公司技术中心	2013
	湖南百宜饲料科技有限公司	湖南百宜饲料科技有限公司技术中心	2016
	长沙博大机械零部件有限公司	长沙博大机械零部件有限公司技术中心	2016
省级博士后科研流动站协作研发中心	湖南浏阳制造产业基地管理委员会	湖南省博士后科研流动站协作研发中心	2015
省级院士专家工作站	湖南汇湘轩生物科技有限公司	湖南汇湘轩生物科技有限公司院士专家工作站	2016

续表 6-2-5

平台名称	企业名称	科技平台名称	获批年份（年）
省级科技企业孵化器	浏阳现代制造产业建设投资开发有限公司	湖南浏阳制造产业基地创业孵化中心	2016
省级中小微企业创业创新基地	浏阳宏伊科技开发有限公司	湖南浏阳制造产业基地	2015
市级企业技术中心	长沙义和车桥有限公司	长沙义和车桥有限公司技术中心	2007
	湖南中大机械制造有限责任公司	湖南中大机械制造有限责任公司技术中心	2008
	湖南省湘晖农业技术开发有限公司	湖南省湘晖农业技术开发有限公司技术中心	2008
	湖南百宜饲料科技有限公司	湖南百宜饲料科技有限公司技术中心	2010
	湖南瑞克液压油缸有限公司	湖南瑞克液压油缸有限公司技术中心	2010
	长沙佳能通用泵业有限公司	长沙佳能通用泵业有限公司技术中心	2010
	湖南德邦重工机械有限公司	湖南德邦重工机械有限公司技术中心	2010
	湖南鹏翔星通重工机械有限公司	湖南鹏翔星通重工机械有限公司技术中心	2011
	长沙天为工程机械制造有限公司	长沙天为工程机械制造有限公司技术中心	2011
	长沙文象环保科技有限公司	长沙文象环保科技有限公司技术中心	2011
	长沙博大机械零部件有限公司	长沙博大机械零部件有限公司技术中心	2013
	湖南省华京粉体材料有限公司	湖南省华京粉体材料有限公司企业技术中心	2017
市级企业工程技术研究中心	湖南富栊新材料有限公司	长沙市再生金属循环利用工程技术研究中心	2015
	湖南省湘晖农业技术开发有限公司	长沙市基质育苗工程技术研究中心	2014
市级院士专家工作站	宇环数控机床股份有限公司	宇环数控机床股份有限公司院士专家工作站	2015
	湖南百宜饲料科技有限公司	湖南百宜饲料科技有限公司院士专家工作站	2016
	湖南一朵生活用品股份有限公司	湖南一朵生活用品股份有限公司院士专家工作站	2016

表 6-2-6　2016 年智能制造示范企业一览表

序号	企业名称	项目名称
1	长沙华恒机器人系统有限公司	网络信息化智能制造装备产业化项目
2	湖南中铁五新重工有限公司	智能港口起重机
3	陕西中大机械集团 湖南中大机械制造有限公司	振动压路机云监控服务系统建设
4	长沙佳能通用泵业有限公司	基于数字化车间的智能泵组制造技术开发与应用
5	长沙赫雷克勒智能装备有限公司	水泥智能装车与除尘系统的研发与产业化
6	长沙安靠电源有限公司	动力电池 PACK
7	湖南海洋胶囊有限公司	自动生产线
8	长沙永昌车辆零部件有限公司	年产 2400 万根各类汽车用胶管自动化生产线技术改造项目
9	宇环数控机床股份有限公司	高档数控机床制造过程数字化生产线的设计与应用
10	长沙博大机械零部件有限公司	混合动力汽车电机整流部件制造数字化车间
11	湖南湖大艾盛汽车零部件装备制造有限公司	注塑工厂智能化改造
12	湖南鹏翔星通汽车有限公司	隧道机械臂式混凝土湿喷机（混凝土喷浆车）智能制造项目，多喷头式隧道混凝土湿喷机
13	湖南嘉迪汽车零部件有限公司	智能机器人喷涂系统
14	湖南法泽尔动力再制造有限公司	发动机装配线智能化改造
15	湖南金丰林印刷包装机械科技有限公司	物联网终端技术开发应用与相关配套制造
16	湖南启泰信息技术有限公司	传感物联网产业项目
17	湖南一朵生活用品有限公司	电子商务综合平台开发及应用推广
18	长沙诚源电器成套有限公司	焊接机器人、非标箱半自动装配线、铜排数控自动加工设备
19	湖南百宜饲料科技有限公司	年产 12 万吨自动化教乳料专业生产线建设项目
20	湖南省神六机械制造有限公司	垃圾压缩中转装置数字化生产车间
21	信质电机（长沙）有限公司	工业 4.0 项目计划
22	长沙奥斯凯汽车零部件有限公司	汽车干式点火线圈
23	长沙鸿顺汽车内装饰有限公司	汽车零部件制造项目
24	湖南宝之暖节能环保工程有限公司	CO_2.XPS 挤塑板项目

续表 6-2-6

序号	企业名称	项目名称
25	湖南天宏泵业制造有限公司	生产制造智能化
26	长沙凯中电气科技有限公司	微特电机换向器智能制造示范项目
27	湖南轩辕春秋工程机械再制造有限公司	铲斗生产智能制造技术改进项目
28	湖南省汇湘轩生物科技有限公司	咸味食品香精生产项目
29	长沙今朝科技股份有限公司	中药提取设备开发与制造
30	长沙五犇新材料科技有限公司	智能产品失重式喂料机投产项目
31	长沙义和车桥有限公司	高端环境装备关键部件技术改造项目
32	浏阳方圆液压有限公司	液压油缸智能化应用项目
33	长沙新泉汽车饰件系统有限公司	汽车内饰自动化生产项目
34	湖南蒙达新能源材料有限公司	高温长寿命动力锂离子电池全自动化生产

表 6-2-7 中国驰名商标一览表

序号	企业名称	商标名	评选年度（年）
1	湖南浏阳河国际名酒城有限公司	浏阳河	2005
2	湖南富丽真金家纺有限公司	富丽真金	2010
3	湖南省人人家味业有限公司	人人家	2013
4	长沙亚明电子科技发展有限公司	亚 明	2014
5	湖南一朵生活用品有限公司	一朵	2016

表 6-2-8 浏阳高新区湖南省名牌产品一览表

序号	企业名称	产品	评选年度（年）
1	长沙佳能通用泵业有限公司	昌佳牌多级离心泵 D、DG、DF、MD(P) 型	2010
2	宇环数控机床股份有限公司	数控机床、研磨、抛光机床	2012
3	湖南百宜饲料科技有限公司	猪用系列饲料	2012
4	湖南浏阳南方水泥有限公司	通用硅酸盐水泥 P.O42.5、P.C32.5R	2015

表6-2-9　湖南省著名商标一览表

序号	企业名称	商标	评选年度（年）
1	湖南省人人家味业有限公司	人人 + 图形	2009
2	长沙亚明电子科技发展有限公司	亚明 + 图形	2010
3	长沙文象环保科技有限公司	金乌炭雕	2012
4	湖南鹏翔星通汽车有限公司	农旺 + 图形	2012
5	湖南省华京粉体材料有限公司	润仙 + 图	2013
6	宇环数控机床股份有限公司	图形	2013
7	长沙佳能通用泵业有限公司	昌佳 + 图形	2013
8	湖南天联复合材料	天联 + 图	2013
9	湖南百宜饲料科技有限公司	百宜 +BAIYI	2013
10	湖南省神六机械制造有限公司	神六 + 图形	2014
11	长沙恒佳铝业有限公司	万佳 + 图	2014
12	长沙诚源电器成套有限公司	诚源 + 图形	2015
13	湖南一朵生活用品有限公司	一朵 + 字母	2015
14	湖南省湘晖农业技术开发有限公司	湘正农科 + 图形 + 字母	2015

创业服务　在产业创新服务方面主要为企业提供政务服务平台和技术创新服务平台。截至2016年，建成政务服务中心、金融服务中心、人才交流中心、社会化服务中心、长沙工业云平台、浏阳工业云平台、供应链综合服务平台等公共服务平台，为园区企业提供线上、线下融合的审批办理、政策信息、科技服务、科技金融、产学研合作、项目服务、商务服务、新闻资讯、人力资源等基础服务等。同时依托这些平台，对年纳税200万元以上的32家企业实施保姆式服务。针对企业的特点，制定个性化的服务方案，由企业联系人、保姆式服务员对该企业的项目审批、手续办理等政务服务实行全程代办，对企业在科技创新、管理升级、市场开拓、平台申报、教育培训、矛盾协调、安全环保、宣传推介等方面，及时提供咨询和服务，做到即时服务，贴身跟进。

技术创新公共平台包括创新创业孵化平台、再制造旧件物流中心，再制造拆解清洗中心、再制造信息服务中心、再制造生产配套中心、再制造检测检验中心、再制造产业发展中心、再制造展示交易中心、再制造表面处理中心。与中南大学共建大学生创业基地，打造政产学研创新创业示范平台。与长沙智能制造研究总院共建智能再制造研究院，为再制造技术研究和产业发展提供关键技术、专业人才和核心产品的支撑。引进湖南省湘冶金属质量检验所入园，为园区企业提供便捷优质、检测水平高、检测速度快的检测服务。与湖南省自动化学会签署了专家服务站合作共建框架协议，通过发挥学会优势，深入推进园区科技创新工作，提升高新区企业的研发能力和自主创新能力，提高区域优势科技资源向产业转化的效率。

表 6-2-10　浏阳高新区产业公共服务平台一览表

序号	平台类型	平台名称	功能定位
1	公共服务平台	政务服务中心	为园区企业和项目建设提供政务手续办理和相关咨询服务
2		创业服务中心	集聚创新创业要素，整合各种市场资源，为园区中小企业提供相关服务
3		金融服务中心	为园区企业提供全面优质的金融服务
4	平台类型公共服务平台	人才交流服务中心	为园区企业提供人事代理、人才中介、人才培训以及国外智力引进等服务
5		再制造检测检验中心	配备探伤、验损设备、尺寸、形位等检测设备，提供再制造产业的检测检验服务
6		再制造展示交易中心	产品展示交易大厅，提供再制造产品的展示及交易服务
7		再制造信息服务中心	提供再制造产品信息数据和交易服务
8		再制造拆解清洗中心	提供对各种智能装备、工程机械的旧件进行分拣分类服务
9		再制造旧件回收	提供智能装备、工程机械再制造旧件产品的仓储场所和运输设备

金融服务平台。成立金融服务中心，引进了中国银行、长沙银行、农村商业银行、邮政银行、金信担保、浏阳担保、紫金保险等30家金融机构，为园区企业提供全面优质的金融服务，2016年园区新增贷款超20亿元。成立领航合伙公司，园区企业与浏阳金信担保共同成立长沙领航投资合伙企业（有限合伙），吸纳“园区纳税20强”及成长性良好的优质企业入伙，先后为会员单位融资2.2亿元。园区与中国邮政储蓄银行合作开展中小企业助保金贷款业务，截至2016年，为14家企业发放贷款共计5000万元，帮助园区企业解决融资难题，降低融资成本。积极建设产业发展基金，重点支持园区智能装备产业和龙头企业的

发展。

围绕重点产业和特色产业，园区着力打造建设创新型孵化载体和众创空间，为小微企业成长和个人创业提供基础配套设施和政务服务、创业服务、金融服务等专业服务。截至 2016 年，园内建设各类双创载体 6 家，其中省级孵化器 1 家、备案众创空间 2 家、湖南省中小微企业创业创新基地 1 个，2016 年新建和已建创新创业载体经费 3504 万元。园区加快推进创新创业园的建设，一期已建成标准厂房 50000 平方米，成为集科研、生产、办公、培训、科技于一体的“苗圃 + 孵化器 + 加速器”全链条型科技创新载体。

表 6-2-11　创新载体一览表

序号	平台类型	平台名称	功 能 定 位
1	孵化器	宏伊科技园	为智能装备企业提供专业的信息服务平台、创新培训平台、投融资对接平台、社会资源服务平台、专业技术平台
2		绿色智造孵化器	
3		再制造科创中心	
4		鹏翔星通汽车孵化园	
5	众创空间	浏阳高新区创新创业基地	为小微智能装备企业成长和个人创业提供基础配套设施和专业服务
6		浏阳国际智能家居众创空间	为小微智能家居企业成长和个人创业提供基础配套设施和专业服务

◆第三节　企业选介

宇环数控机床股份有限公司　宇环数控机床股份有限公司创建于 2004 年，公司产品主要为数控磨床、数控研磨抛光机和智能装备系列产品，主要应用于汽车工业、内燃机、消费电子、轴承、密封件、船舶、军工及航空航天等国民经济各主要领域。公司拥有自主知识产权的专利 74 项，产品年产量 1067 台。公司是国家高新技术企业，是国家重大科技支撑计划项目、国家重点新产品计划项目、国家火炬计划项目、国家产业振兴及技术改造项目、国家发改委中小企业技术改造项目的实施单位，是湖南省唯一一家以数控机床企业列入工信部“循环经济再制造”的试点企业，以及长沙市四大千亿元产业集群首批重点企业。公司拥有湖南省数控精密磨床工程技术研究中心、湖南省企业技术中心及院士专家工作站，通过多年自主创新与技术积累，已具备行业领先的自主研发能力及核心技术优势，公司多次承担国家及省部级科研项目及课题攻关，其中“汽车关键零件精密加工装备与工艺”被列入国家科技支撑计划子课题，“YHDM-580立式数控双端面磨床”被列入国家级火炬计划项目。2016年，主营业务收入2.3亿元，纳税3611.5万元，居浏阳市企业纳税额第九位。

长沙博大机械零部件有限公司　长沙博大机械零部件有限公司成立于2005年9月，其前身为中国汽车工业总公司长沙汽车电器厂压铸件厂。公司主营铝合金零件压力铸造、压铸件机械加工和模具制造，致力于以汽车零部件为代表的高质量压铸件产品，包括汽车起动机、发电机端盖、空调压缩机壳体、油泵泵体、高压电力器材、小型结构件等精密铝合金、锌合金压铸件，与奔驰、博世、法雷奥、日立等知名厂商配套。2016年，销售3亿多元，利润近3000万元，纳税1314.23万元。公司正积极调整产业结构，以新能源汽车零部件产品为突破口，向轻量化汽车部件发展，采用智能化生产技术，为国内外客户提供优质产品，建成达到德国领先水平的智能化生产线。

湖南一朵生活用品有限公司　湖南一朵生活用品有限公司成立于2009年，2012年入驻园区。拥有自动化生产流水线20台，主要生产纸尿布、纸尿裤等婴幼儿产品，有“一朵天下”“一朵”“一呵”“发明家”等自主品牌，是华中地区最大的纸尿片、纸尿裤等纸质卫生用品的生产基地，产品主要销往湖南、湖北、江苏、江西、贵州、四川、安徽等省，年销售额达8亿元，纳税2000余万元。公司2010年、2011年连续两年被中国长沙（国际）孕婴童产业博览会组委会授予“最受长沙市民喜爱的十佳孕婴童产业品牌”称号。2012年，“一朵”品牌被评为“湖南省著名商标”。2013年，获京正孕婴童用品行业协会、中国贸易报等单位联合颁发的“京正中国孕婴童行业企业新秀奖”。2016年，成为同类国产品牌全网销量前三甲。2016年，纳税2033.15万元。

长沙佳能通用泵业有限公司　长沙佳能通用泵业有限公司成立于2005年8月，经营范围为工业用泵及通用机电产品制造与销售，主要产品有自平衡节段式多级离心泵、自平衡锅炉多级离心泵、普通型节段式多级离心泵、锅炉多级离心泵、并联节段式多级离心泵（新产品）及并联水平中开多级离心泵。2009年10月，公司与长沙理工大学开始产学研合作，共同研发的自吸泵获长沙市重大科技专项立项，同时公司承担长沙市科技局的重大专项——新型高端节能泵产品关键技术研究与产业化重大专项：新型高效节能泵产品研制与产业化。

2010年2月,公司"昌佳"商标被湖南省工商行政管理局评定为湖南省著名商标,公司生产的D、DG、DF、MD(P)自平衡多级离心泵被认定为"湖南省名牌产品"。2013年,公司自主研发出并联自平衡多级离心泵,获得相关专利和矿用产品安全标志证书。截至2013年,公司已有自主知识产权专利17项。2016年,公司实现销售2.2亿元,纳税283.35万元。

长沙华恒机器人系统有限公司 长沙华恒机器人系统有限公司成立于2011年,注册资本3300万元,是专业从事机器人自动化装备开发、制造的高新技术企业,为昆山华恒焊接股份有限公司(股票代码:833444)控股子公司。

公司主营产品为自动化焊接设备,包括工业机器人、自动化焊接系统和RGV物流小车及相关自动化焊接技术研发。公司采用直营和代理商两种营销模式,向用户提供高性价比且具有世界品质的自动化装备和专业迅捷的本地化服务,业务遍及全国,产品已进入三一重工、牛力叉车、泰富重工、北汽福田、株洲钻石公司等国际知名企业。公司被湖南省科学技术厅、湖南省财政厅、湖南省国家税务局、湖南省地方税务局认定为"高新技术企业",获得湖南省科学技术厅"国家创新基金"奖励,获得长沙市"科技计划奖"、本年度"公积金诚信缴存单位"、浏阳市"科技进步企业" 等荣誉。2015年,新增投资3亿元,建成具有国内先进水平的自主品牌机器人研发和产业化基地。现有办公及生产场地20000平方米,现代化的设计、生产设备100多台。2016年,税收实现96.45万元。

湖南启泰信息技术有限公司 湖南启泰信息技术有限公司创立于2006年,2015年入驻园区,是一家集产品自主研发、生产、销售、工程设计、安装调试和相关配套服务为一体的高科技企业,所设计和生产的QT系列压力、差压、绝压、组合压、液位、智能传感器/变送器具有自主知识产权。QT系列产品广泛应用于航空航天、国防科研、汽车制造、邮电通信、石油化工、医疗卫生、生物工程、水文水利、工矿冶金、空调系统等相关行业的自动化控制领域。2016年,启泰传感物联网产业园项目落户园区,一期总投资5亿元,2016年投资1.8亿元,总用地面积约98亩,总建筑面积约8.3万平方米。厂房和办公楼由产建投资公司代建,这是由园区代建的第一个项目。

湖南金丰林印刷包装机械科技有限公司 湖南金丰林印刷包装机械科技有限公司是园区物联网产业重点企业之一。公司成立于2007年,2015年4月8日签约入驻园区,注册资本3100万元,主要以终端电子射频技术和活性油墨电子天线制作技术为基础，将电子芯片技术引入传统包装行业，实现物联网信息化，为食品、药品、快速消费品等行业提供智能、快捷、防伪、可溯源的安全可靠的信息服务体系。该产品由公司自主研发，在国内市场处于空白，未来将广泛应用于食品、药品、物流、农业及制造业等行业。湖南金丰林将成为国内同时具有信息化产品生产、射频技术相关设备研发、物联网综合信息服务的企业。

浏阳天福打叶复烤有限责任公司 2004 年 10 月 20 日，国家烟草专卖局批准湖南中烟工业有限责任公司、湖南省烟草公司长沙市公司、湖南省烟草公司衡阳市公司共同出资 6 亿元人民币组建浏阳天福打叶复烤有限责任公司（简称“天福公司”），2006 年 4 月建成投产。公司有打叶复烤线一条，配备有整套的国际先进质量检测仪器和实验室，生产能力 9000 公斤 / 小时，年复烤能力为 60 万担，经营天然烟叶的打叶复烤加工、仓储、运输。2016 年，纳税实现 3697.31 万元。

湖南浏阳南方水泥有限公司 湖南浏阳南方水泥有限公司的前身是兆山新星集团湖南浏阳水泥有限公司，成立于 2003 年，2008 年年初加盟南方水泥旗下湖南南方水泥有限公司。总投资 13.5 亿元，产 600 万吨新型干法回转窑水泥熟料生产基地，是湖南省生产规模最大、产量最高、工艺设备最先进的二条 5000 吨 / 日新型干法回转窑水泥生产线之一，年产高标号水泥 200 万吨以上，年实现销售收入近 5 亿元，创利税 5000 万元。2009 年“南方水泥”被评为“湖南名牌产品”，先后获浏阳市人民政府“税收贡献奖”、长沙市人民政府“企业纳税贡献奖”、获湖南南方“优秀企业”、南方水泥“模范单位”“标杆企业”等荣誉称号。

长沙义和车桥有限公司 长沙义和车桥有限公司成立于 2004 年 7 月，占地面积 150 亩，是山东省诸城市义和车桥有限公司全资成立的一家高新技术民营企业。公司生产车间配备 YL32–500T 四柱式万能液压机、SK40P 数控机床、AP1212 汽车纵梁平板数控冲孔加工线、QC12Y–16 × 8000 液压摆式剪板机等生产设备。并投入专项资金建立了金相室，配备了三目金相显微镜、金相分析软件、金相试样磨抛机、洛式硬度计、数字式涂层测厚仪等检测设备。专业生产各种轻型、中型、重型汽车、工程车、乘用车、拖拉机车桥总成、空气悬挂转向桥总成及独立悬挂桥总成。产品与长沙福田汽车科技有限公司、重庆长安跨越车辆有限公司、东风柳州汽车有限公司、中国重汽集团成都王牌商用车有限公司等10几家汽车生产厂家配套，轻型车桥全国产销量第一。2016年，创税1028.75万元。

湖南富丽真金家纺有限公司 湖南富丽真金家纺有限公司成立于2007年，是一家专业从事家居研发、设计、生产、销售、服务于一体的大型综合性企业。公司非常注重产品品质，从原、辅材料的采购开始把住质量关，首先选择国内质量顶尖的单位为供应商，其产品必须有当地省局以上的质检报告。原、辅材料进厂时，公司质检专员对其色牢度、缩水率、甲醛含量、芳香胺含量逐一验收，认定全部优于国家标准方予接收。而公司出厂的所有产品都接受省技术监督局检验，国家局抽检，达到合格标准才发放出厂。2010年，“富丽真金”商标被国家工商总局评定为“中国驰名商标”。2016年，税收实现618.72万元。

长沙波特尼电气系统有限公司 长沙波特尼电气系统有限公司（CBN）系苏州波特尼电气系统有限公司全资子公司，2014年签约落户园区。公司注册资本为7000万元人民币，总投资2.5亿元人民币。长沙波特尼电气系统有限公司专业从事高级轿车线束设计、开发及生产制造，依靠外方股东日本住友、德国住友以及中方股东江苏永鼎集团和上海东昌集团强大的技术、市场、管理和物流支持，利用先进的CATIA、Ldoredo和VOBES线束设计开发软件系统进行产品开发，拥有国际先进的生产加工设备和技术开发团队，是上海大众汽车的优质配套商。公司于2014年年底试投产，为上海大众长沙基地开发生产大众汽车Lavida朗逸、Touran途安等KSK线束，生产规模达到30万套/年。2016年，实现税收182.50万元。

湖南鹏翔星通汽车有限公司 2002年胡建明一手创办的、由鸡岭素食菜厂转产为浏阳汽车车架二厂，注入资金1390余万元，建成了拥有日产150台的车架总装生产线，年生产能力达到1.5亿元的独资的民营企业，升格为鹏翔汽车车架有限公司。2008年，公司改变发展战略，选定农村市场，试制适应广大农村的小型汽车吊车，于2009年3月，一次性通过国家级验收，取得制造许可证，2010年3月，第一台农旺牌农用吊车出厂。2008年年底，开始试制农用流动式起重机。2013年，获得工业和信息化部专用汽车整车生产资质，已申报特种作业车、专用作业车、专用货车、专用客厢车、其他挂车五大类专用汽车产品。2016年，实现税收70.66万元。

湖南汇湘轩生物科技股份有限公司 湖南汇湘轩生物科技股份有限公司创建于2005年，是一家集产品设计、研发、生产、销售、应用和服务为一体的规范化、专业化、规模化、现代化的香精香料高新技术企业，现拥有 10 余项知识产权。汇湘轩拥有现代化的生产设备和高标准的质量管理体系。2013 年，通过国家“安全生产标准化”认证，评为“湖南省食品工业企业诚信体系建设示范单位”和荣获“湖南名牌”荣誉称号。2012 年和 2013 年，连续两年被评为“香精香料十大知名品牌”。2015 年，通过“AAA 信用等级”评定，并获得“长沙市文明单位”荣誉称号等。2016 年，实现税收 572.88 万元。

湖南人可食品股份有限公司 湖南人可食品股份有限公司成立于 2008，于 2015 年 11 月完成股份制改造，注册资本人民币 3100 万元。公司主营休闲食品和乳制品的批发销售，行业前景广阔，上游合作品牌包括阿尔卑斯、奥利奥、费列罗等在内的众多国内外知名品牌。公司以“巩固一线城市，发展二线城市，开发三、四线城市”为总体思路，不断扩展销售渠道和销售网络，基本实现销售网络省内无盲区，极大地提高了目标市场的占有率和企业竞争能力。公司在渠道建设的同时，积极研发自有产品线，成功打造自有品牌“印味”“田原菓子”。自 2011 年下半年自有产品上市销售以来，每年均超计划完成销售任务，并以 135% 的年平均增长率高速发展。公司于 2016 年 4 月 21 日在新三板挂牌。2016 年，实现税收 715.71 万元。

湖南中铁五新重工有限公司 湖南中铁五新重工有限公司成立于 2008 年 12 月，注册资金 5000 万元人民币，拥有起重设备 A 级制造、安装资质；通过 QEO 管理认证体系；是湖南省唯一一家以高端智能港口起重设备设计制造为主营业务的高新技术企业。主要产品有门座式起重机、轨道式集装箱门式起重机、高铁及城市地铁施工专业起重机、铁路货场集装箱龙门吊、通用桥门式起重机、港口码头正面吊、钢结构桥梁工程等，占据省内 80% 以上的港口以及长江、珠江、淮河流域和长沙地铁施工等重点工程。申请、持有国家专利近 90 项，获评省级企业技术中心、信用评价 AAA 级认证、湖南省诚信企业、长沙市优秀技术创新示范企业、长沙市“守合同重信用”单位、浏阳市科学技术进步奖等各类荣誉；参与两项国家标准以及全国首个港口设备维护保养地方标准的制定，致力成为内河港机第一品牌。2016 年，实现税收 1120.65 万元。

长沙天为工程机械有限公司 长沙天为工程机械有限公司是一家现代股份制民营企业，始创于 2005 年 5 月。占地面积 45000 平方米，已建厂房 12000 平方米，拥有数控车床等一批精良的加工设备和测试台架及 30 多台（套）检测设备。公司专业生产桩工机械，静力压桩机作为公司的拳头产品，可生产从 60 吨到 1200 吨等各种规格的 ZYC 静力压桩机产品，压桩直径可达 ¢ 800，突破同行业桩机压桩 ¢ 600 的极限。天为桩机在客户中素有“产品实在、压桩能力最大”的口碑。公司成功开发 KLB 步履式长螺旋钻机、KLU 履带式长螺旋钻机、SMW 工法钻机、长螺纹钻机、电驱动液压锤打桩机，并畅销东南亚市场。2016 年，实现税收 122.47 万元。

信质电机股份有限公司 信质电机股份有限公司始创于 1990 年 7 月，2014 年 9 月 16 日签约入驻园区，公司占地面积 250 余亩，拥有员工 1800 余人，是一家长期致力于以自主创新、产品研发、模具开发为基础实现电机及其核心零部件供应的上市公司（股票代码：002664）、国家高新技术企业、中国汽车电子电器行业十强企业、浙江省绿色企业。公司主要从事各类电机及其核心零部件的研发、生产和销售，为国内外众多大型电机电器厂商提供专业配套服务，如法雷奥（Valeo）、博世 (Bosch)、电装（Denso）等。公司主要产品有汽车发电机定子及总成、微特电机转子、电动车定子及总成、电动工具电机转子和电梯曳引机定子、VVT（汽车可变气门正时系统）、家电电机定转子等。公司 2014 年实现销售收入 15.54 亿元，实现各类电机定转子销售超 1.2 亿只，其中汽车发电机定子销量占全球市场的 22% 以上。到 2016 年，实现税收 50.98 万元。

湖南中大机械制造有限责任公司 公司成立于 2004 年 6 月，注册资本 3600 万元，是一家致力于“新、特、高、优”高科技筑路机械产品的研发、制造、销售、租赁于一体的民营高新技术企业。公司占地面积 53000 多平方米，拥有 20000 余平方米的生产厂房、6000 余平方米的科研综合楼，拥有各类加工、检测设备百余台套。拥有自主研发的 YZ32 自行式振动压路机，YZC13/17 双钢轮振动压路机，DT1600 多功能摊铺机，YZ36 超重型自行式单钢轮振动压路机，YL30/37 型轮胎式压路机等主要产品。其中 YZ36 超重型自行式单钢轮振动压路机、DT1600 型多功能摊铺机均为目前国内同类产品中最大的压路机、最大的摊铺机，获得 2 项发明专利、27 项实用新型专利，填补了多项国内技术空白。2016 年，税收实现 252.27 万元。

湖南袁创超级稻技术有限公司 湖南袁创超级稻技术有限公司由创世纪种业有限公司于 2012 年投资设立，注册资金 3000 万元，是一家主要专注于超级杂交稻选育和推广的育、繁、推一体化现代农作物种子企业。公司由著名超级稻育种专家邓启云博士领衔的科研团队创办。公司已推出拥有自主知识产权的强势超级稻组合“Y 两优 900”“Y 两优 800”等。其中，“Y 两优 900”连续两年在国家第四期超级稻亩产千公斤攻关活动中充当主角，创造杂交水稻单产最高世界纪录，领跑全球。公司已完善新不育系 W115S 技术体系，并将逐步开发旺两优 900、旺两优 1 号、旺两优 2 号等新系列超级稻组合投放市场，为公司未来 3~5 年的强劲发展奠定了坚实的基础。

第七章 园区管理

INDUSTRY OVERVIEW

第七章 园区管理

◆第一节 机构

浏阳高新区管委会是浏阳市人民政府的派出机构，属副县级事业单位，与浏阳市进行财政分成，园区具有有自身相对独立的经济权限。党工委书记和管委会主任属长沙市管干部，为副县级干部。其他班子副职属浏阳市管干部，为正科级干部。与永安镇政府实行“产城融合、园镇一体”工作机制，园镇主要领导交叉任职，园区管委会主任任永安镇第一党委书记，永安镇党委书记、镇长分别任园区党工委副书记、管委会副主任。在功能分工上，园区主要负责园区规划范围内的经济建设，永安镇政府主要负责园区的社会事务以及涉园农村事务工作，推行“五同模式”，即工作同心、规划同图、资源同用、建设同步、成果同享。

2003—2005 年，园区建设指挥部成立，依托永安镇对园区进行开发建设。

2006—2007 年，园区与永安镇人民政府按照“园镇合署，职能整合，精简效能，管理统一”的原则，实行合署办公，永安镇党委书记、镇长同时兼任园区党工委副书记、副主任，园镇逐步实现资源共享、优势互补、共同发展。

2008—2012 年，2008 年园区管委会搬离永安镇政府，设立独立的职能部门，浏阳市将园区纳入市直部门进行管理。园区按照 “园镇合署、以园带镇、相互支持、共同发展”的要求，永安镇党委书记、镇长同时兼任园区党工委副书记、副主任，发挥园区和永安镇的各自优势，进一步明晰园镇行政体制，以体制的理顺推动工作的开展，使园镇发展相得益彰，互为促进，做到工作同心、目标同向、行动同步。

2013—2015 年，管委会主任同时担任永安镇党委书记，永安镇镇长同时兼任园区管委会副主任。提出“五同”发展模式，即工作同心、规划同图、资源同用、建设同步、成果同享。园区集中精力抓经济建设，永安镇政府主要负责涉园农村事务和社会事业发展工作。园镇在优化产业布局、推进征地拆迁、促进安全生产、规范市政管理、集中力量办大事难事等方面作用发挥明显。

2016 年，园区管委会主任兼永安镇党委第一书记，永安镇党委书记、镇长分别兼任园区党工委副书记和副主任。在“五同”理念的基础上，提出“五共”，即目标共向、决策共商、项目共建、难题共破、发展共进，园镇融合更加深入。

党组织工作机构 随着园区不断发展壮大，工作机构逐步完善。2003 年，浏阳制造产业基地指挥部为临时机构，与永安镇政府合署办公，接受中共浏阳市委的领导，指挥长和副指挥长由市领导担任，部门干部从市直相关部门和乡镇抽调。没有成立独立的党组织工作机构，党员干部在原单位过党组织生活。

2006 年 8 月 8 日，中共浏阳市委下发《关于设立中国共产党湖南浏阳制造产业基地工作委员会和纪律检查工作委员会的通知》（浏发组〔2006〕35 号）批复成立中国共产党浏阳制造产业基地工作委员会。党工委主要负责园区党务及各项重大事务，为中共浏阳市委的派出机构。

表 7-1-1 浏阳高新技术产业开发区建设指挥部领导一览表

姓 名	职 务	任职时间	分 工
黎 建	浏阳市委副书记兼指挥长	2003 年 3 月—2006 年 9 月	主持全面工作
王隆礼	浏阳市人大副主任兼副指挥长	2003 年 3 月—2006 年 9 月	协助主任主持日常工作
周高梓	浏阳市政府副调研员兼副指挥长及城市建设投资开发责任有限公司董事长	2003 年 3 月—2006 年 9 月	主持城市建设投资开发责任有限公司全面工作
寻院豪	永安镇党委书记	2006 年 3 月—2006 年 9 月	主持永安镇党委全面工作
陈 清	永安镇镇长兼城市建设投资开发责任有限公司总经理	2006 年 3 月—2006 年 9 月	主持永安镇政府全面工作

表 7-1-2 中共浏阳高新技术产业开发区工作委员会历任领导一览表

职 务	姓 名	任职时间	备 注
书 记	孙 进	2008 年 1 月—2010 年 2 月	浏阳市委常委
	黄 阳	2010 年 3 月—2012 年 1 月	浏阳市委常委、纪委书记
	寻院豪	2012 年 2 月—2014 年 8 月	—
	周 剀	2014 年 9 月—	—
副书记	寻院豪	2008 年 1 月—2012 年 1 月	—
	陈 清	2008 年 1 月—2011 年 3 月	兼任永安镇党委书记
	肖柏林	2008 年 1 月—2010 年 2 月	兼任永安镇党委书记
	孔祥全	2008 年 1 月—2011 年 3 月	任纪工委书记
	周耀辉	2011 年 4 月—2016 年 7 月	兼任永安镇党委书记
	涂向阳	2013 年 2 月—2013 年 10 月	—
	喻 辉	2016 年 6 月—	兼任永安镇党委第一书记
	赵志武	2010 年 3 月—	—
	李 建	2011 年 4 月—2016 年 7 月	2016 年 7 月开始任永安镇党委书记
	何 勇	2015 年 5 月—2016 年 7 月	任园区纪工委书记
委 员	周树成	2008 年 1 月—2010 年 2 月	兼任永安镇镇长
	刘来宏	2011 年 4 月—2014 年 1 月	—
	蒯正红	2011 年 5 月—	任园区工会联合会主席
	余慧佳	2010 年 3 月—2012 年 9 月	兼任永安镇镇长
	陈训武	2013 年 1 月—2015 年 3 月	兼任永安镇镇长
	黄杰伟	2013 年 9 月—2015 年 8 月	—
	唐万明	2016 年 7 月—	兼任永安镇镇长
	张 露	2015 年 9 月—	—
	马超容	2016 年 4 月—	—
	黄才胜	2016 年 12 月—	任园区纪工委书记、企业党委书记
	喻武强	2016 年 12 月—	挂职 3 年

纪律检查工作机构　2011 年 5 月，中共浏阳市委组织部批准设园区纪律检查工作委员会，纪工委接受园区党工委和浏阳市纪委的领导，主要协助党工委抓好园区党风廉政建设工作。2016 年，为进一步加强党风廉政建设，由浏阳市纪委直接派驻专职纪检组长驻园区协助党工委开展纪检工作。

表 7-1-3　中共浏阳高新技术产业开发区纪律检查工作委员会历任领导一览表

职　务	姓 名	任职时间	备 注
纪委书记	孔祥全	2008 年 1 月—2011 年 3 月	同时兼任永安镇人大主席
纪工委书记	李　建	2011 年 4 月—2015 年 3 月	任园区纪工委书记
	何　勇	2015 年 6 月—2016 年 8 月	任园区纪工委书记
纪检组长	黄才胜	2016 年 12 月—	工作职责与纪工委书记相同

说明：园区纪律检查工作委员会下设纪检监察室

党群工作机构　2016 年 6 月，设立党群工作局，下设机关党总支、企业党委、机关工会、纪检监察室，负责机关、企业党建工作，纪检监察、干部作风建设，工会、妇联、统战、共青团、精神文明建设工作，以及人大代表、政协委员选举、推选及有关协调联络工作。

管理委员会工作机构　2004 年 12 月 25 日，浏阳市委、市政府批准成立湖南浏阳制造产业基地管理委员会，并与永安镇人民政府合署办公，在永安镇政府大楼合署办公。2012 年 12 月，园区获批省级园区，名为浏阳工业集中区。2016 年 6 月，园区获批湖南省级高新区，6 月 29 日正式更名为浏阳高新技术产业开发区，工作机构更名为浏阳高新技术产业开发区管理委员会。管委会为浏阳市人民政府的派出机构，为副县级事业单位，接受长沙市委、市政府及浏阳市委、市政府双重管理。

表 7-1-4　浏阳高新技术产业开发区管理委员会历任领导一览表

职 务	姓 名	任职时间	备 注
主 任	涂向阳	2013 年 2 月—2013 年 10 月	—
	周耀辉	2013 年 11 月—2016 年 7 月	兼任永安镇党委书记
	喻 辉	2016 年 8 月—	兼任永安镇党委第一书记
副主任	周树成	2008 年 1 月—2010 年 2 月	兼任永安镇镇长
	刘来宏	2011 年 4 月—2014 年 1 月	—
	余慧佳	2010 年 3 月—2012 年 9 月	兼任永安镇镇长
	陈训武	2013 年 1 月—2015 年 3 月	兼任永安镇镇长
	黄杰伟	2013 年 9 月—2015 年 8 月	—
	唐万明	2016 年 7 月—	兼任永安镇镇长
	张 露	2015 年 9 月—	—
	马超容	2016 年 4 月—	—
	喻武强	2016 年 12 月—	—

管委会的机构设置经历两次大的调整，2008 年园镇分开时，管委会设立独立的工作部门，即“一办四局”（办公室、财政局、经济发展局、规划建设管理局和社会事业发展局）和浏阳现代制造产业建设投资开发有限公司（以下简称“产建投公司”）；产建投公司下设 6 个工作部门，分别为行政部、总工办、工程部、财务部、融资部、征拆安置部。根据园区发展需要，进一步完善工作机构，2015—2016 年分别进行两次调整，形成“一办六局一中心四分局四公司”。“一办六局”分别为办公室、党群工作局、财政局、产业发展局、招商合作局、规划建设管理局、社会事业发展局；“一中心”为政务服务中心；“四分局”为安监环保分局、城管分局、市场和质量监督分局、国土分局；“四公司”为浏阳现代制造产业建设投资开发有限公司、浏阳鼎盛投资有限公司、浏阳市工业新城开发建设开发有限公司、浏阳现代家具产业园建设投资开发有限公司。

管委会下属工作部门科室设置根据工作需要不断调整，截至 2016 年年底，科室设置基本完善。

表 7-1-5 管委会下属部门科室设置一览表

部 门	科 室
办公室	人事科
	文秘科
	宣传科
	综合管理科
党群工作局	机关党总支、机关一支部、机关二支部、机关三支部、机关四支部
	企业党委
	纪检监察室
	机关工会
	团工委
	妇委会
	关工委
财政局	招投标办
	财经管理科
	审计科
招商合作局	驻深办
	招商一科
	招商二科
产业发展局	能源办
	企业服务科
	产业发展科
规划建设管理局	重点办
	规划科
	建设管理科
社会事业发展局	综合事务科
	人才教育科（人才交流中心 2017 年设）
	信访维稳科

续表 7-1-5

部　门	科　室
政务服务中心	行政审批窗口：规划局、市场质监分局、产业局、安监环保分局、住建局、国土分局 服务性窗口：财税服务、社保、公共交通、银行、企业用工 中介机构：法律咨询、会计事务所、商务旅游、外贸服务
安监环保分局	安监科
	环保科
城管分局	未设科室
市场和质量监督管理分局	未设科室
国土分局	未设科室
家具城建设指挥部	未设科室
浏阳现代制造产业建设投资开发有限公司	行政部
	财务融资部（金融服务中心）
	资产经营管理部
	技术管理部
	工程管理部
	市政园林部
	征拆一部
	征拆二部
	安置部
浏阳工业新城投资有限公司	办公室
	财务融资部
	经营部
	工程部
	征拆部
浏阳现代家具产业园建设投资开发有限公司	综合部
	征拆安置部
	工程技术部
	环境优化部
	公安执勤室

◆第二节　安全管理

生产安全　2003—2008年，生产安全工作由永安镇安监站管理。2008—2014年，安全生产工作由管委会社会事业发展局管理。2015年以后，安全生产工作由安监环保分局（同时分管环境保护工作）管理。

2013年12月，为贯彻落实《中华人民共和国安全生产法》《国家突发公共事件总体应急预案》《国务院关于进一步加强安全生产工作的决定》等法律法规及有关规定，确保在安全生产事故发生后，高效有序地实施安全生产事故灾难应急工作，最大限度地减轻灾后造的损失，并在浏阳市安全生产事故应急指挥部统一领导下做好应急救助工作，维护社会稳定，园区制定安全生产突发事件应急预案。成立由管委会主任周耀辉任总指挥，管委会副主任黄杰伟任副总指挥，吴震、喻武强、唐晓珍、彭旗荣、暨朝腾、黄桐生等为成员的园区安全生产事故灾难应急指挥部。挥部下设办公室和5个应急工作组。主要职责是：迅速接受和执行上级领导和安全生产事故灾难指挥部的各项指示，确保政令畅通；组织实施本预案，发布各项救灾命令、指示、通知等；确定重点救灾地点、范围，部署事故专业应急救援队伍，实施事故有关人、物转移救治安置；及时统计、上报事故及损失；组织协调事故生活必需品如食品、饮水、药品的调配供应；组织急救款物核定，保证事故灾民基本生活，维护稳定。预案按照“以人为本，安全第一”的工作原则，认真贯彻落实“安全第一，预防为主”的方针，坚持事故灾难应急与预防工作相结合，做到安全工作警钟长鸣。

2015年成立安监环保分局，明确安全生产企业自身的主体责任，借助创建的安全生产工作交流微信群和QQ群，指导企业成立安全生产工作领导小组，通过创建的微信和QQ群平台累计推送安全生产管理知识、上级安全生产指示精神、相关安全文件、通知、新闻、视频400多条。全年共完成新增14家企业的三级安全生产标准化达标，园区规模以上企业标准化达标率达到90%。

2016年，园区调整并印发安全生产责任体系，包括《安全生产“一岗双责、党政同责”实施方案》《安全生产“九打九治”打非治违工作方案》《关于开展安全生产大宣传、大排查、大管控、大整治、大服务行动》《建立健全“五个全覆盖”和“五落实五到位”安全生产责任推进方案》等，有效防范各类安全事故发生。完成信质、法泽尔、海韵等10家企业的“三级”安全生产标准化的创建工作，当年园区安全生产标准化达标一级企业1家、二级企业2家、三级企业 85 家。

园区安全生产工作做到“三个基本到位”：培训、规章制度、宣传；“三个不发生”：不发生死亡等重大安全事故、不发生相关部门职能部门因要求进行整改而导致企业停工的行为、不发生因安全生产而造成矛盾和闹事的行为；“三个不放松”：每个月检查不放松、整改到位要求不放松、评先评优向上争取指标不放松，安全生产基础得到了巩固。截至 2016 年，没有发生较大以上安全责任事故。

环境安全 园区环境保护工作在 2015 年前，由经济发展局的环保科负责，浏阳市环境保护局派专人到园区指导监督环保工作。2015 年成立安监环保分局后，环境保护工作由市环境保护局派人监督管理。

园区坚持贯彻执行《中华人民共和国环境影响评价法》《建设项目环境保护管理条例》，严格按照“雨污分流”的原则建设厂区排水管网。生产生活废水必须达到《污水综合排放标准》（GB8987—1996）中三级标准后通过园区污水管网进入永安镇污水处理厂集中处理。且一家企业只允许有一个排污口，排污口须按照环保部的有关规定进行设计，设置统一的标识。

2011 年 7 月 26 日，园区出台《湖南浏阳制造产业基地市政公用设施和市容环境卫生管理暂行办法》（浏制管发〔2011〕15 号），对园区企业加强环境管理，对安全隐患企业进行排查，对污染纠纷协调处理，确保园区企业三废排放基本达标，园区环境质量标准整体提高。

2013 年 9 月，园区委托湖南省环境科学研究院对园区进行回顾性环境影响评价。对园区的功能区划、产业结构与布局、基础设施建设、环保设施等内容从环保角度进行分析和论证，提出完善规划的建议、对策和入园企业的指导要求，促进园区的持续健康发展。

执行“三同时”制度，做到新建、改建、扩建的基本建设项目、技术改造项目、区域或自然资源开发项目，其防治环境污染和生态破坏的设施，与主体工程同时设计、同时施工、同时投产使用。同时按规定实行“雨污分离”和进行“三废”治理。对垃圾进行集中收集处置，严禁乱丢、乱抛、乱烧。加大建设施工现场管理。为控制大气污染，改善环境空气质量，提升园区清洁生产水平，根据湖南省环境保护厅《关于浏阳产业制造基地区域环境影响报告书的批复》（湘环评〔2011〕203 号）文件要求，园区供热供气等应使用天然气、电能等清洁能源，园区内一律不得使用燃煤。截至 2013 年年底，9 家使用燃煤企业全部完成煤改气。

2015 年，园区成立安监环保分局，专门负责园区环境保护工作。加强危险废物管理，禁止任何单位和个人随意倾倒、堆放、抛撒危险废物；规范危险废物堆放设施、场所；继续实施危险废物台账制度；从事收集、贮存、利用、处置危险废物经营活动的单位，应依法持有湖南省环保厅颁发的危险废物经营许可证；禁止任何单位或者个人将危险废物交由无相应危险废物经营许可证的单位处置或私下非法处置；严格执行危险废物转移联单制度。

2016 年 1 月 14 日，根据浏阳市环境保护局关于印发《浏阳市污染源日常环境监管随机抽查制度落实方案》的通知（浏环发〔2015〕48 号）和浏阳市环境保护局关于印发《A 类重点企业"一企一档"季度考评工作实施办法（试行）》的通知（浏环发〔2015〕43 号）要求，对园区所有 A 类企业进行全覆盖检查，按照考核细则打分，并收集评分依据，评分结果将作为日后环保监管、银行贷款、企业诚信等依据。截至 2016 年年底，园区环境保护工作较为稳定，没有发生过较大环境影响事件。

建筑安全　2003 年 7 月，园区出台《工程建设管理办法》。2004 年 10 月 6 日，园区指挥部出台《工程建设管理制度》（浏现发〔2004〕21 号文件），对工程项目管理流程、工程招投标、工程管理部门协调、施工监督管理、入园施工企业管理、电力工程及设施管理、工程验收、工程技术资料管理、工程合同管理等都作了具体的规定。

2006 年 5 月 17 日，园区管委会出台浏现发〔2004〕22 号文件，对加强和规范财政性投资工程预（结）算文件整理、送审程序作出了规定，工程预（结）算文件内容及深度必须符合国家关于勘察、设计、施工、监理等方面的技术规范、标准和规程，必须齐全、真实、准确，与工程实际相符。

2008 年，园区管委会出台《建筑工程安全防护、文明施工措施费用管理规定》，编印了《建设工程管理实施办法》，涵盖了工程部档案管理规程、工程质量管理规程、工程进度管理规程、工程设计变更管理规程、工程计量安全工作规程、工程竣工验收工作规程、员工奖惩制度等方方面面，进一步指导和规范工程管理。

园区遵照国家建筑法的规定，达到一定额度的工程建设项目均通过公开招标，并由委会授权当地县级建筑行政部门，对工程建设投资、监理公司和建设方施工人员等履行全面监督职能。根据工程大小，聘请资质等级相适应的监理公司，对施工方进行施工质量监督。同时派专人监督，安排技术施工员进行现场跟班监督。通过国家、中介组织和施工方层层把关监理，确保工程质量和安全。

表 7-2-1　建筑工程安全防护、文明施工措施项目工程量一览表

类别	项目名称		具体要求
文明施工	安全警示标志牌		在易发伤亡事故（或危险）处设置明显的、符合国家标准要求的安全警示标志牌
	现场围挡		（1）市区主要路段不小于 2.5 米高，一般路段不小于 1.8 米高的围墙；（2）围墙材料可采用彩色、定型钢板，砖、砼砌块等墙体
	五板一图		在进门处悬挂工程概况、管理人员名单监督电话、安全生产规定、文明施工、消防保卫五板；施工现场总平面图
	企业标志		现场出入的大门应设有代表本企业、本工程的标志
	场容场貌		（1）道路畅通；（2）排水沟、排水设施通畅；（3）工地地面硬化处理可采用：不小于 10 厘米厚的 C20 素砼；定型化的砌块等；（4）绿化
	材料堆放		材料、构件、料具等堆放时，悬挂有名称、品种、规格等标牌
	现场防火		消防器材配置合理，符合消防要求
临时设施	现场办公生活设施		（1）施工现场办公、生活区与作业区分开设置，保持安全距离。（2）工地办公室、现场宿舍、食堂、厕所、饮水、休息场所符合卫生和安全要求
	施工现场临时用电	配电线路	（1）按照 TN-S 系统要求配备五芯电缆、四芯电缆和三芯电缆。（2）按要求架设临时用电线路的电杆、横担、瓷夹、瓷瓶等，或电缆埋地的地沟。（3）对靠近施工现场的外电线路，设置木质、塑料等绝缘体的防护设施
		配电箱开关箱	（1）按三级配电要求，配备总配电箱、分配电箱、开关箱三类标准电箱。开关箱应符合一机、一箱、一闸、一漏。三类电箱中的各类电器应是合格品。（2）按两级保护的要求，选取符合容量要求和质量合格的总配电箱和开关箱中的漏电保护器
		接地保护装置	施工现场应设置不少于 3 处的保护接地装置
安全施工	临边洞口交叉高处作业防护	楼板、屋面、阳台等临边防护	用密目式安全立网全封闭，作业层另加两边防护栏杆和 18 厘米高的踢脚板
		通道口防护	设防护棚，防护棚应为不小于 5 厘米厚的木板或两道相距 50 厘米的竹笆
		预留洞口防护	用木板全封闭；短边超过 1.5 米长的洞口，除封闭外四周还应设有防护栏杆
		电梯井口防护	设置定型化、工具化、标准化的防护门
		楼梯边防护	设 1.2 米高的定型化、工具化、标准化的防护栏杆，18 厘米高的踢脚板
		垂直方向交叉作业防护	设置防护隔离棚或其他设施
		高空作业防护	有悬挂安全带的悬索或其他设施；有操作平台；有上下的梯子或其他形式的通道

说明：该表所列建筑工程安全防护、文明施工措施项目，是依据现行法规及标准规范确定。如修订法律法规和标准规范，该表所列项目应按照修订后的标准规范和法律法规进行调整

消防安全管理 园区消防工作在浏阳市安监局（永安镇安监站）共同监管、指导下开展工作，建立各项安全工作领导小组机制。消防安全由永安派出所管理。园区大力开展安全生产宣传教育和监督管理，下发了园区《突发性事件应急预案》《消防安全应急预案》《食品安全事故应急预案》等，加强园区应对重大突发事故的救援能力，明确了相关部门的责任，防范各类安全事故发生，使安全生产责任意识深入人心。2013 年 11 月 12 日，湖南一朵生活用品有限公司二部车间（该车间位于湖南中铁五新重工有限公司内）发生了一起火灾。灾情出现后，公司安保人员立即报警，进行紧急疏散，同时开展灭火，园区管委会、消防队和企业立马自救，长沙市 119 指挥中心调集了 7 台消防车、70 余名官兵，蓝思科技专职队、主工业园专职队也出动了 2 台车进行扑救。经事后核查，火灾面积控制在单栋部分面积的 400 平方米内，烧损湖南一朵生活用品有限公司二部车间生产区域和原材料仓库内物品，经物价部门核定价值约 1000 万元，火灾无人伤亡。事后，园区管委会就事情全过程进行了调查了解，在园区企业负责人会议上进行了通报，并深刻吸取，进一步提升园区安全生产意识，开展了全面的安全排查工作，同时也暴露了园区消防应急救援设施和能力的不足。

食品安全管理 2015 年 10 月配合浏阳市机构改革，园区成立市场和质量技术监督管理分局，对辖区内食品生产企业和企业食堂进行无缝对接服务监管。

2016 年，园区参与全国食品安全城市创建，对园区 12 家食品生产企业、10 家食品加工企业、80 余家企业食堂进行专项督查，确保了园区食品安全。深入开展了“豆制品、米粉和湿面专项整治行动”、综合整治“利剑一号”行动、休闲食品槟榔专项整治行动、“乳制品、婴幼儿配方奶粉专项整治行动”、两节两会食品安全专项行动、食品生产经营单位食品安全执法检查专项行动、小餐饮店专项整治行动、学校（幼儿园）专项整治行动、酒类保健食品专项整治行动、蔬菜水果专项整治行动、中秋月饼专项整治行动、食用油地沟油食盐专项整治行动和肉及肉制品等专项整治行动。共检查小学和幼稚园各 1 所、企业食堂 30 家，涉及食堂就餐人数上万人（其中学校、幼稚园涉及食堂就餐人数为 565 人）。检查食品生产企业 7 家、检查“三小”行业（即：小餐饮、小食品作坊、小食品店）28 家，取缔流动食品摊贩 3 家，下达责令改正通知书 8 份，收缴过期变质食品和无厂名、厂址、生产日期、产品合格证的食品一批计 22 公斤。

◆第三节　经济管理

工商行政　2015年前，园区工商管理在浏阳市工商局指导下开展。2015年3月政务中心成立以后，浏阳市工商管理和市场质量监督局选派人员进驻政务大厅开展工作。在浏阳市局充分授权下，成立市场和质量监督分局，负责园区各类企业和从事经营活动的单位、个体工商户的登记注册、办理食品经营许可；管理园区市场经营行为，依法对动产抵押物、股权出质登记、经纪人、经纪机构、广告、商标等各类市场经营秩序实施规范管理和监督；依法查处垄断、假冒伪劣、合同欺诈、不正当竞争、走私贩私、传销和变相传销等违法行为；依法受理调处消费者投诉、举报，保护经营者、消费者合法权益；负责技术与质量监督管理及食品安全与管理工作。在工作中，注重延伸服务领域。对各类企业尤其是园区招商引资企业，主动将服务向窗口外延伸，上门为企业服务，实行全程服务、靠前服务、预约服务、跟踪服务、延时服务。

2015年，分局窗口合计办理企业设立29件、变更83件、迁入3件、迁出1件、注销1件、联络员备案35件、公司核名11件、股权出质7本。2016年以来，市场与质量监管分局新设立企业65家，办理企业各类变更140家、注销7家、核名15家、备案58家、股权出质10家。新设立个体工商户39家，办理个体工商户变更5家、注销2家。按照法律法规规定，分局辖区需要参加2015年度年报的个体工商户59家、企业243家。分局共督促完成个体年报59家（其中纸质年报48家），完成年报比例为100%；督促完成企业年报223家，完成年报比例为91.77 %。督促进入异常名录的企业移出异常名录3家。

2016年，市场与质量监管分局协助一朵生活用品有限公司向国家工商总局商标局成功申报“中国驰名商标”1件；协助天宏泵业等企业向湖南省工商局申报“湖南省著名商标”6件；共推荐38家企业参加湖南省“重合同守信用”单位公示评选活动，15家（其中新增9家）企业进入公示程序；向省质量技术监督管理局推荐湖南省“名牌产品”企业8家，已有湖南富丽真金家纺有限公司、宇环数控机床股份有限公司2家企业入围；向长沙市质量技术监督管理局推荐长沙“名牌产品”企业3家、4个产品。

质量监督　2016年前，园区质量技术监督工作在浏阳市市场与质量监管局的指导下开展工作。2016年，成立园区市场与质量监管分局，此项工作由分局负责监督管理。期间，每年开展“豆制品、米粉和湿面专项整治行动”、综合整治‘利剑一号’行动、休闲食品槟榔专项整治行动、“乳制品、婴幼儿配方奶粉专项整治行动”、两节两会食品安全专项行动、食品生产经营单位食品安全执法检查专项行动、小餐饮店专项整治行动、学校（幼儿园）专项整治行动、酒类保健食品专项整治行动、蔬菜水果专项整治行动、中秋月饼专项整治行动、食用油地沟油食盐专项整治行动和肉及肉制品等专项整治行动。每年就食品生产企业、企业食堂、宾馆、餐饮店、流动摊贩等进行检查。

消保维权方面，通过“12315”“12365”“12331”热线受理消费者申投诉，分局及时做出反应，快速处理。行政执法方面，市场与质量监管分局严格按照市局要求，以落实“后处理工作”和“后置许可”为突破，加大了与公安、城管、安监环保等部门的协作，整个园区形成了齐抓共管的良好监管格局，园区市场繁荣稳定。分局自行立案5起，结案3起，并同市局消保科合作办案5起，结案5起。

◆第四节　社会管理

综治维稳　社会综合治理工作由园区社会事业发展局负责管理。建园以来，园区以“零发案、秩序好、安全稳定、环境优良”为目标，以加强基层基础工作为重点，强化宣传教育，加大打击力度，确保大局稳定，为园区经济又快又好发展创造了良好的社会治安环境。

2009年，园区以推进“五引进”创新活动为突破口，全面落实各项综治措施，推进“平安永安”建设。园区建立、健全了园区综治、创安、维稳等综治组织机构，各企业相应成立了相关工作机构，规模企业与党工委、管委会签订综治工作目标管理责任书。综治工作实行一把手负总责，分管领导主要抓，党工委、管委会领导联系局办公司，局办公司负责联系企业责任制度，对局办公司负责人、管委会全体员工强化责任维稳和安全意识，对发生的矛盾纠纷必须及时稳妥处置，对发生重大矛盾纠纷问题实行责任追究制，并且与考核绩效挂钩，进一步强化了园区、政府、派出所之间的配合、协调，部门之间联动密切。

2012年，园区与派出所成立园区治安巡防队，6名治安巡防队员全天候服务园区，及时处置突发事件。加大了企业内部安全巡查，派出所加强了晚间巡逻，企业认真落实“红袖章”治安巡防活动，企业治安环境得到进一步改善。同时，建立园区护路护线联防工作“五本台账”制度，完善园区道路安全警示标志，园区范围内各路段保持安全畅通。投资约 40 万元安装园区道路电子警察，指导 30 余家企业投入约 218 万元安装了电子监控系统，偷盗事件明显减少。

2016 年，督促企业继续完善内部电子监控设施，园区建成投产的规模企业都按要求在厂区安装了电子监控设施，实现了企业内部公共场所 24 小时监控全覆盖。加大公共区域治安防控投入。在园区（主要道路、重点部位）安装电子监控系统，实现了覆盖无死角，监控无盲区，园区治安、刑事案件发案率比去年同期明显下降。在原投资 350 万元建成并投入使用 4 个交通路口电子警察的基础上，增加 220 万元投资改造 2 主要交通路口（鼎盛路交永明路、永阳路交永安大道）和新增两个路口（永阳路交丰裕北路、永阳路交永裕北路）电子警察，主要路口实现智能监控全覆盖。

市政管理 2004 年至 2015 年 10 月，园区市政管理为粗放型管理，主要由永安环卫公司和社会事业发展局一起管理。环境卫生主要由环卫公司负责，市政设施主要由社会事业发展局负责。2015 年 10 月城管分局成立以后，市政管理由城管分局负责。

园区贯彻落实浏阳市环境整治办指示精神，大力开展环境卫生综合治理。2015 年 10 月，园区浏制工发〔2015〕18 号文件明确设立园区城市管理分局，负责园区市政管理工作，具体包括园区环境卫生、市容市貌、广告及渣土运输、控违拆违及协调交通秩序等管理职能，实行单列管理，为管委会副局级机构，社会事业发展局不再承担城市管理有关职能。

2010—2013 年，园区大力实施园区环境整治工程，以道路提质改造、渣土运输整治、户外广告牌规范为重点，持续全面开展环境综合整治，对影响企业和员工生活的占道经营、“牛皮癣”广告、车辆扬尘污染、乱堆乱倒垃圾等问题进行专项整治，累计开展专项整治活动 32 次、取缔占道经营 52 次，拆除不合格门店招牌 62 块、横幅 86 条，清理“牛皮癣”广告和乱涂乱画 860 多处，市容环境得到明显改善。开展针对 31 家多年顽固私自处理厂区垃圾企业的专项行动，园区企业实现 100% 的垃圾由有资质的环卫公司收集。组织开展渣土污染专项整治行动，设立了 43 块乱倒渣土的警示牌，公布举报电话，共查处违章 51 人次。共发放土方运输准运证、公共场地使用许可证 267 张。拆除违法广告 45 块，新审批广告设置 26 个。投入 11 万余元对 80 个垃圾桶进行了全新置换，投入 15 万元在主要路段添置了 18 个中型垃圾收集箱。投资 76 万元对 319 国道入园口、管委会广场和部分主要交通路口进行鲜花地栽美化。

2014—2015 年，园区以道路提质改造、渣土运输整治、广告牌规范为重点，持续开展环境综合整治，累计开展专项整治活动 41 次，取缔占道经营 59 次，拆除不合格门店招牌 54 块、横幅 78 条，清理"牛皮癣"广告和乱涂乱画 900 多处。联合城管中队、国土所、城建所等单位，开展 13 次大声势、强力度的违章建筑专项整治，共拆除违章建筑 25 处。投入 50 余万元对园区所有雨、污井安装防坠网；投入 60 万元对园区雨、污管线进行疏通、维修；投入 60 余万元园区道路进行维修，投入 40 余万元在园区道路旁安装两蹲式移动厕所，投入 30 余万元对园区市政设施进行更换、维修，对园区主要交通路口进行鲜花地栽美化，园区环境得到改善，形象得到提升。

2016 年，园区加强城市管理日常巡查工作，巡查内容以在建工地施工、违法建设、环境卫生督促、店外经营、流动摊贩、清除"牛皮癣"小广告等方面为主。全年共发现渣土及垃圾污染路面情况 160 余次，整治店外经营行为 120 余次，劝导流动摊贩 280 余次，清除"牛皮癣"小广告 800 余处。治理超限超载工作顺利开展，2016 年共发放治超宣传手册、宣传单 1000 余份，利用园区内宣传屏幕播放治超宣传 100 余天（次），对范围内渣土运输车辆的严重违规行为由交警五中队与永安交管站进行处理，使辖区内工地管理、环境卫生方面得到有力的后盾支持。

来信来访 自 2008 年开始，园区信访工作逐步建立起工作机制，在社会事业发展局下设信访办公室。信访工作坚持属地管理、分级负责，谁主管、谁负责，依法、及时、就地解决问题与疏导教育相结合的原则。信访室负责处理来信、接待来访，倾听人民群众的意见、建议和要求，接受人民群众的监督；对人民群众反映的问题，分别及时处理，或直接办理，或报送上级部门领导阅批，或转送、转交其他机关办理；执行法律、法规、规章和政策，及时、客观、公正地办理来信来访，切实维护信访人的合法权益。

园区来信来访主要途径为群众到访、上级转来的信访件、市长信箱、"12345"市民热线、园区管网信箱、园区公众微信号留言。上访群众由信访室统一负责，班子成员轮流接访，再分办到相关涉事部门。市长信箱或上级转来的信访件由办公室行政秘书科报送分主要领导签署分办意见，由相关涉事部门草拟内容，行政秘书科统一回复。政务服务中心承担"12345"市民热线的处理。

信访涉及的主要内容为征地拆迁安置补偿、环保投诉、劳资纠纷等，园区对信访工作高度重视，建园以来没有发生重大非正常越级上访事件。

第八章 财政·税务

STATE ENTERPRISE

第八章 财政·税务

◆第一节 财政管理体制

园区财政税务管理体制在园区发展中不断完善，园区财政管理规范化、有序化，园区财政实力不断增强，为经济发展、项目建设提供了充足的财源保障。

2003—2008 年，园区的财政由永安镇财政所管理。2008 年，园区与永安镇政府分离以后，园区成立财政局。财政局下设财务管理科、协税科。财政局行使财政财务管理职能，协助税务部门开展工作，对园区财政投资项目进行把关审核。

2004 年 4 月 19 日，中共浏阳市委办公室浏办会纪〔2004〕13 号文件明确：市财政局按照“以园养园”的政策，对园区的税收采取即征即返的形式；基础设施用地和企业用地的出让金、契税年内摆欠，年末清缴；到市国土部门办理企业土地使用证所需缴纳的耕地开垦费、建设管理费（浏阳部分）半年摆欠，半年清缴，对摆欠部分由市财政担保。2003—2008 年，园区产生的地方财政收入全部用于园区的前期投入和发展。

2008 年 6 月，园区与永安镇实行“建制单列，独立运行”体制。浏阳市人民政府出台《浏阳市人民政府关于明确制造产业基地和永安镇财政体制的通知》（浏政函〔2008〕178 号），文件明确实施地方收入全返政策，市级与园区财政实行比例分成，市政府对园、镇返还的分成收入，剔除永安镇分成项目的部分，作为园区分成。落户园镇的市重点项目税收为市级收入，由园区归口统计，市政府对园镇实行 10% 单列补助。园区分成收入由市财政拨付到园区，对永安镇的分成收入市财政与园区核算后计入园区分成并由市财政直接拨付永安镇。园区财政支出参照市直单位管理。市财政对园区、永安镇返还的分成收入剔除永安镇分成项目的部分，作为园区分成，用于园区人员经费、基础建设、事业发展、债务偿还。

2015 年，园区开始编制财政收支部门预算，收入预算主要包括当年园区财政总收入、一般预算收入、可用财力、政府性基金预算收入，与市直部门预算同步编制。园区将财力集中用于开发建设，尽量减少非事业性支出。管委会内部执行预算刚性管理，每年底由财政局牵头，汇总各部门下年度详细的经费预算，提请党工委会议、党政联席会研究确定。年中根据项目建设调整计划和工作安排进行预算调整，刚化预算约束，实现经费精细化管理。园区实行“核定基数，划分收支”的财政管理体制，基本支出按市委常委单位预算标准预算，其他经费在自身体制分成收入中预算安排。同时建立资金使用监管机制，严格落实“三重一大”工作要求，强化部门资金审查监督，接受上级有关部门审计，确保财政资金安全高效使用。

表 8-1-1　税收分成比例一览表

序号	收入项目	分享比例			
		中央	省	县	园区
1	消费税	100%	—	—	—
2	增值税	50%	12.5%	16.5%	21%
3	企业所得税	60%	12%	12.32%	15.68%
4	个人所得税	60%	12%	12.32%	15.68%
5	资源税	—	25%	33%	42%
6	城镇土地使用税	—	30%	30.8%	39.2%
7	土地增值税	—	—	44%	56%
8	房产税	—	—	44%	56%
9	城市维护建设税	—	—	44%	56%
10	印花税	—	—	44%	56%
11	车船税	—	—	44%	56%
12	烟叶税	—	—	44%	56%
13	耕地占用税	—	—	44%	56%
14	契税	—	—	44%	56%

◆第二节　财政收支

财政收入　园区的财政收入主要为市财政体制确定的园区收入分成和上级对园区的政策性拨款和补助。具体主要包括园区认定的企业税收、辖区内建设项目建安税收、房地产业税收中的增值税、营业税、所得税、土地使用税、印花税地方留成部分的70%。管委会征收土地缴纳的耕地占用税上缴浏阳市财政。高新区内收取的污水处理费由浏阳市财政返回100%给园区。高新区的财政收入和财政支出属浏阳市财政管理。

表8-1-2　2010—2016年获上级补助和转移支付资金情况表

单位：万元

年份（年）	获得上级资金
2010	288
2011	62
2012	371
2013	5083
2014	3892
2015	1188
2016	905

表8-1-3　2010—2016年财政收入情况表

单位：元

年度（年）	一般预算收入		可用财力		财政总收入	
	金额	同比增减%	金额	同比增减%	金额	同比增减%
2010	181240838	—	116610400	—	435482590	—
2011	168950228	-6.78%	119613835.40	2.58%	526421809.40	20.88%
2012	184457924	9.18%	102106653.52	-14.64%	444426924.02	-15.58%
2013	215281096	16.71%	115401568.48	13.02%	696345702.48	56.68%
2014	283296998	31.59%	158757904.18	37.57%	1100562483.56	58.05%
2015	409532598	44.56%	225636607.35	42.13%	1053001656.70	-4.32%
2016	496797569	21.31%	391952326.06	73.71%	1583163363.76	50.35%

财政支出　园区财政支出根据园区可用财力，按照收支平衡的原则进行安排，支出的范围与财政体制界定的园区支出范围基本一致，绝大部分用于基础设施建设、拆迁和支持企业发展，小部分用于管委会的行政支出，包括工作人员工资、行政费用等。

园区基础设施建设和拆迁支出由园区财政局视资金情况及时拨付给浏阳现代制造产业建设投资开发有限公司部分资金。公司根据财务收支计划安排资金支付。

园区行政支出由财政局财经科负责具体核算。2015 年实行预算编制制度前，行政支出按实支出。2015 年开始试行部门预算，当年 4 月，管委会党政联席会会议原则同意《部门预算方案》，将会议费、招待费、差旅费、培训费、办公费和电话费等费用纳入部门预算范围，按部门核算，经费实行包干，严格资金管理，降低行政成本，力争实现各项费用在上年度基础上有所下降。部门预算方案从 2015 年 1 月 1 日起试行，部门预算按月核算通报，办公室、纪检监察室和财政局全程监督，对超出资金进度的部门及时预警，加强监督。

表 8-1-4　2008—2016 年园区财政支出情况表

单位：万元

序号	项目	2008 年	2009 年	2010 年	2011 年	2012 年	2013 年	2014 年	2015 年	2016 年
1	一般公共服务	2161.1	1377.1	1637.6	2307.8	3270.1	4725.2	2451.2	3201.3	7384.6
	政府办公厅（室）及相关机构事务支出	1881.8	1115.7	1363.8	2083.3	3070	2599.7	2127.2	2659.3	6171.1
	财政事务	197.9	261.5	273.9	224	200	125	74	82	613.5
	人口与计划生育事务	—	—	—	—	—	—	—	—	—
	共产党事务	-	—	—	—	—	—	2	—	—
2	公共安全	15.6	—	—	—	—	—	—	—	—
3	教育	—	—	—	—	—	1010	2228	325	1002
4	文化体育与传媒	—	—	—	—	—	—	—	—	—
5	社会保障和就业	—	—	—	—	—	4071.6	—	—	—
6	医疗卫生	—	—	—	0.1	—	—	—	—	—

续表 8-1-4

序号	项目	2008 年	2009 年	2010 年	2011 年	2012 年	2013 年	2014 年	2015 年	2016 年
7	城乡社区事务	34.5	—	—	3004.5	—	5550.2	7315.8	8400	18835.6
8	农林水事务	—	—	—	5	—	2358.5	6.7	—	—
9	交通运输	—	—	—	—	—	—	—	—	5473.4
10	资源勘探信息	—	—	—	—	—	—	—	—	4815.7
11	工业商业金融等事务	—	—	—	—	—	—	—	816	—
12	住房保障支出	—	—	—	—	—	—	—	—	106
13	粮油物资储备									40
14	其他支出	—	—	—	—	—	—	1.1	—	—
15	转移性支出	—	—	—	—	—	—	—	—	—
16	基金预算补助支出	—	—	—	13890.9	—	11974.2	31086.3	20313	34411.9
17	债务转贷支出	—	—	—	—	—	—	—	—	28500
18	上解支出	—	—	—	—	—	—	—	—	49679.8

公司融资　融资工作由管委会下属国有公司浏阳现代制造产业建设投资开发有限公司(以下简称“产建投”)和浏阳鼎盛投资有限公司(以下简称“鼎盛投”)承担。产建投公司成立于 2003 年 9 月，经营范围包括园区内建设投资开发、管理服务、融资工作等。鼎盛投公司成立于 2002 年，主要业务为政府融资平台。至 2016 年，两个公司总资产 131.67 亿元。

2003 年，财政金融局提出“负债经营、滚动发展、动态平衡”的管理思路，将对外融资作为主要资金筹集渠道。2004 年 3 月，园区与浏阳信用联社（现浏阳农村商业银行）建立合作关系，开始向银行贷款。2013 年，晋升升级再制造产业示范基地，浏阳高新区的基础设施建设速度加快，每年的开发建设和投资增长远远高于收入的速度，资金需求量逐年加大。2007 年，产建投公司成立融资部和财务部，公司开始独立运作，全面推进融资工作。

园区融资以银行贷款为主，通过浏阳现代制造产业建设投资开发有限公司和浏阳鼎盛投资有限公司，先后与建设银行、国家开发银行、农业发展银行、中国进出口银行、湖南浏阳农村商业银行、长沙银行、华融湘江银行、华夏银行、中信银行等 16 家银行建立合作关系。2004 年 3 月，向浏阳高新区与浏阳信用联社（现浏阳农村商业银行）贷款 200 万元，该为公司第一笔获取的银行贷款。2006 年 1 月 24 日，成功发行集合资金信托产品，融资 1500 万元。2011 年，充分利用长沙市九园两区的平台，争取了长沙市技术进步投资担保有限公司 1000 万元低息贷款。2012 年 4 月，向中国进出口银行成功融资 3 亿元，是园区金额最大的一笔银行贷款。同时，浏阳高新区还不断创新融资渠道。与湖南省信托有限公司、融资租赁、证券公司等合作，拓宽融资渠道。2014 年 8 月，首次发行中小企业私募债 8000 万元。2015 年 12 月 12 日，产建投申报的 11 亿元双创企业债券获得国家发改委批复。2016 年 1 月 19 日，正式发行。

为鼓励更多优质企业进入资本市场，充分发挥资本市场优化资源配置、促进产业结构调整的作用，推动浏阳高新区经济快速发展，园区充分挖掘上市后备资源，及时将园区重点产业、重点行业、业绩良好、发展潜力大的企业推荐纳入长沙市、浏阳市拟上市企业名单。截至 2016 年年底，浏阳高新区共有宇环数控、博大机械、汇湘轩等 10 家企业入选挂牌后备企业名单，其中人人家于 2016 年 10 月在新三板成功挂牌，成为园区首家挂牌企业。园区于 2016 年 6 月 27 日在湖南股权交易所开通首个“智能制造专板”，开通园区企业直接融资的通道，园区百家企业实现集体挂牌。

◆第三节　国家税务

园区税收征管随着财税体制的变化不断完善。根据国家税务属地征管的原则，园区国税征管归口浏阳市国税局工业园分局，具体实施征管的税种有增值税、消费税、企业所得税。园区国税部门的主要税源是征收增值税，增值税收入占各税收入总数的 80%，重点纳税企业有宇环数控、景明电器、五新重工为主的智能装备制造行业和博大机械、义和车桥、南方水泥、天福复烤、湖南一朵等。

表 8-2-1　2003—2016 年浏阳高新区国税收入情况表

年度（年）	计划（万元）	完成（万元）	比上年实际增长（万元）	比上年增长（%）
2003	1248	1250	—	—
2004	1480	1488	238	19
2005	3020	3048	1560	104.8
2006	4025	4050	1002	32.9
2007	7450	7497	3447	85.1
2008	10500	10582	3085	41.1
2009	10650	10710	128	1.2
2010	11600	11864	1154	10.8
2011	16040	17208	5344	45
2012	20000	20009	2801	16.3
2013	23200	23250	3241	16.2
2014	30000	26973	3723	16
2015	30000	25114	-1859	-6.89
2016	29177	27712	2598	10.34

◆第四节　地方税务

园区地税征管分属浏阳市地税局第五分局和第六分局，第六分局原为重点企业征收组，负责征收地税 100 万元以上的企业和房地产企业。地税局具体实施征管的税种有营业税、资源税、城镇土地使用税、企业所得税等。

表 8-2-2　2003—2016 年浏阳高新区地税收入情况表

年度（年）	计划（万元）	完成（万元）	比上年实际增长（万元）	比上年增长（%）
2003	828	832	—	—
2004	880	893	61	7.3
2005	1805	1810	917	102.7
2006	2680	2767	957	52.9
2007	4280	4290	1523	55
2008	7450	7455	3165	73.8
2009	10350	10363	2908	39

续表 8-2-2

年度（年）	计划（万元）	完成（万元）	比上年实际增长（万元）	比上年增长（%）
2010	13550	13537	3174	30.6
2011	15995	15439	1902	14
2012	17070	15716	277	1.8
2013	18540	18717	3001	19.1
2014	22880	25993	7276	38.9
2015	33800	38701	12708	48.9
2016	42973	44692	5991	15.5

◆第五节　政府采购与招投标

2006 年 5 月 17 日，园区管委会出台《工程建设项目招投标制度》，制度规定：“对符合规模标准的工程建设项目，必须进行招标：1. 施工单项合同估算价在 50 万元人民币以上的；2. 重要设备、材料等物质的采购，单项合同估算价在 50 万元人民币以上的；3. 勘察、设计、监理等服务，单项合同估算价在 30 万元人民币以上的；4. 单项合同估算价低于本条 1、2 项规定，但项目总投资额在 1000 万元人民币以上的”制度明确：“投标报名参与工程建设项目的单位，由建设单位考察审核”“原则上必须由有资质、成建制并服从建设单位管理”的单位应标”“简单工程，在同等条件下可以优先村级公司承担”。

2013 年 5 月 21 日，浏阳市人民政府出台《浏阳市国有投资项目招标管理办法》，该办法规定“本办法适用于本市国有投资项目（垂直管理单位项目上级统一组织招标的除外）的招标投标活动”，其项目“指工程以及与工程建设有关的货物、服务。其中，工程包括建筑物和构筑物的新建、改建、扩建及其相关的装修、拆除、修缮等；与工程建设有关的货物，是指构成工程不可分割的组成部分，且为实现工程基本功能所必需的设备、材料等；与工程建设有关的服务，是指为完成工程所需的勘察、设计、监理等服务。”并且明确“国有投资项目是指使用下列资金（或资产）的项目：1. 本级财政预算资金；2. 上级部门专项资金；3. 国债资金；4. 国际金融组织和国外政府贷款等政府主权外债资金；5. 通过政府信用贷款或担保偿还方式所筹资金；6. 国有资金投资占控股或者主导地位的；7. 其他国有性资金或资产。”

该办法规定："达到下列规模标准之一的，必须招标：1. 施工单项合同估算价在 50 万元以上的；2. 重要设备、材料等物资采购，单项合同估算价在 50 万元以上的；3. 装饰、装修单项合同估算价在 30 万元以上的；4. 勘察、设计、监理、造价咨询等单项合同估算价在 20 万元以上的；5. 单项合同估算价在 30 万元以下但项目总投资额在 200 万元以上的；6. 政府采购货物和服务的公开招标限额标准为：货物 30 万元、服务 20 万元。"园区管委严格按照这些规定，组织对园区有关工程的招投标工作。

2014 年，园区根据《浏阳市政府投资建设项目管理办法》（浏政发〔2012〕21 号）、《浏阳市政府投资项目工程变更暂行办法》（浏政办发〔2013〕24 号）、《浏阳市政府投资项目概算审查管理暂行办法》（浏政办发〔2013〕27 号）及有关法律、法规，结合制造产业基地实际，制定《设计、预算、招标合同管理办法》，力求建立科学的投资管理机制，规范投资行为，提高投资效益，保证项目质量。

2015 年 4 月 22 日，园区出台《浏阳制造产业基地政府采购和招标投标实施办法》（浏制管发〔2015〕11 号），进一步规范政府采购和招标投标工作，严肃政府采购和招标投标纪律，规范政府采购和招标投标行为，明确公开招标范围：园区使用国有资金（资产）的建设项目和政府采购项目，达到下列规模标准之一的，必须公开招标：1. 施工单项合同估算价在 50 万元以上的；2. 重要设备、材料等物资采购，单项合同估算价在 30 万元以上的；3. 装饰、装修单项合同估算价在 30 万元以上的；4. 勘察、设计、监理、造价咨询等单项合同估算价在 20 万元以上的；5. 单项合同估算价在 50 万元以下但项目总投资额在 200 万元以上的；6. 政府采购货物和服务的公开招标限额标准为：货物 30 万元、服务 20 万元。

自行邀请招标范围：使用国有资金（资产）的建设项目和政府采购项目，合同估算金额在 10 万元以上但未达到上述公开招标限额的项目，且市财政局审批为"自行招标"时按自行邀请招标执行。

小微项目集体协商范围：使用国有资金（资产）合同估算金额在 10 万元以下（含）的建设项目和政府采购项目（不包括办公设备的采购）按小微项目集体协商执行。

市财政局审批的其他采购方式：使用国有资金（资产）的政府采购项目（含办公设备采购等），无论合同估算金额大小，市财政局审批非"公开招标"及"自行招标"时按市财政局审批的方式进行采购。

第九章 党的建设

INDUSTRY OVERVIEW

第九章 党的建设

◆第一节　组织建设

机关党组织建设　2006 年 8 月 8 日，浏阳市委批复成立中国共产党湖南浏阳制造产业基地工作委员会，负责党委全面工作。2015 年 7 月成立机关党总支，下辖 4 个支部。4 个支部分别为机关第一支部、机关第二支部、机关第三支部、机关第四支部。截至 2016 年 12 月 31 日，机关有党员 98 人。2016 年 6 月，园区设立党群工作局，负责园区机关、企业党建工作，园区党建工作进一步明晰职能，提高工作效率，加强了组织管理。

企业党组织建设　建立党的基层组织。为加强非公有制经济组织的党建工作，建立以党工委书记为组长的非公有制经济组织党建工作领导小组的长效机制。2016 年成立了企业党委，设立专门办公室，对企业党建工作进行全程指导、管理和监督。对落户园区的企业采取座谈走访、谈话调查等方式，大力宣传非公有制企业建立基层党组织的重要性，并对园区内企业党组织的设置、隶属关系、党员管理等情况进行全面了解。

园区始终坚持探索基层党组织，尤其是非公经济党组织在助推经济建设与社会发展等方面的方法和做法，指导园区企业建立与完善党的基层组织，并指导企业党组织积极开展党建工作和积极参与经济建设。实施“机关党支部 + 企业党组织”的党建工作推进模式，通过组织联动、队伍联建、活动联抓等方式。以机关党建带动企业党建，坚持园区领导联片、机关党员联点等方式，将创先争优与“两帮两促”“创业富民”等活动结合起来，建立起一整套非公有制企业党建及党群工作一体化保障机制。截至 2016 年，园区共建立基层党组织 69 个，固定党员总数 311 人，为企业健康快速发展提供了有力的组织保障。

党员管理。园区每年都开办入党积极分子培训班，通过组织学《党章》、听党课、撰写读书笔记、参观革命圣地，提高对中国共产党的认识。2004—2016年，组织400余名企业进步青年参加学习培训。园区党工委本着“坚持标准、保证质量、改善结构、慎重发展”的方针，坚持“成熟一个、发展一个”的原则，自党工委成立以来共批准300人加入了党的组织。截至2016年年底，党组织关系在园区党工委所属基层支部的党员有311名。

2010年以后，园区党工委进一步强化在非公经济组织中发展党员的工作，党员整体素质不断提升。至2016年12月底，园区固定党员中，有本科以上学历的108人，占34.7%，工程师、会计师、规划师等中级技术以上职称的98人，占31.5%；35岁以下的党员144名，占46.3%；36~50岁的138名，占44.3%；51~59岁的23名，占7.3%。

◆第二节　思想建设

党员主题教育活动　共产党员先进性教育。2005年，园区按照浏阳市委的统一部署开展党员先进性教育活动。园区与永安镇党委共同组织开展本次党员主题教育活动，先后历时一年多的时间。学习期间，成立领导小组，设立办公室，制定系统的学习方案，召开先进性教育活动动员部署大会，学习活动覆盖全体党员。

学习活动树立四个学习目标：提高党员素质，全体党员学习实践“三个代表”重要思想的自觉性、坚定性进一步增强，对新时期保持共产党员先进性的要求进一步明确，理想信念进一步坚定，先锋模范作用进一步发挥；加强基层组织，党的基层组织在成为贯彻“三个代表”重要思想的组织者、推动者和实践者上取得新进展，战斗堡垒作用进一步发挥；服务人民群众，党员全心全意为人民服务的宗旨观念进一步增强，作风进一步改进，组织群众、宣传群众、教育群众、服务群众的本领进一步提高，党群、干群关系进一步密切，真正做到为民、务实、清廉；促进园区发展，党的路线方针政策在各部门、各企业进一步贯彻，科学发展观和正确政绩观进一步树立和落实。

为达到学习教育效果，把学习培训工作抓紧抓实、引向深入，学习活动采取有效措施：将学习培训覆盖到全体党员，使每一名党员都参加到先进性教育活动中来；确保学习培训时间，采取个人学习和集体培训相结合的方式，确保每人学习培训的时间不少于40个小时；组织开展大讨论，各党支部联系本单位的工作实际和党员的岗位实际，组织党员广泛深入地开展新时期保持共产党员先进性具体要求的大讨论，通过反复讨论，集思广益，在广大党员中形成共识；以问题为导向，边学边改，大兴求真务实之风，努力提高工作质量和水平，收集各种问题20多个，解决好党员党性党风方面存在的突出问题，切实增强群众观念和为人民服务的自觉性，使不断看到先进性教育活动的成效。

科学发展观教育实践活动。按照浏阳市委的要求，园区党工委（机关支部）“深入学习实践科学发展观”活动（以下简称“学习实践活动”）从2009年8月13日至2009年12月30日结束，历时5个月时间，共经历了学习调研、分析检查、整改落实3个阶段。参加学习实践活动的单位包括园区党工委、管委会机关各局办、机关和公司党支部，共45名党员参加。

在学习调研阶段，园区按照市委在基层党组织和共产党员中开展“双争双带”活动要求，坚持以邓小平理论和“三个代表”重要思想为指导，以科学发展观为统领，认真学习贯彻中共十七大、十七届三中全会和省、市关于加强基层组织建设的文件精神，不断创新党员教育管理方式，切实加强基层党组织建设，努力将基层党组织建设成为科学发展的领航者、服务群众的连心桥，促使广大党员带头促和谐、带头作表率，不断巩固和深化学习实践科学发展观活动成果，为推进科学发展、建设和谐浏阳发挥战斗堡垒作用和先锋模范作用。

其间，园区精心打造“学教大讲堂”，邀请前中国社会科学院副院长、院士刘吉，湖南省政府顾问、专家咨询组成员朱翔等5名国内知名专家，分别从如何提高科学发展水平、怎样应对金融危机等方面作了2个专题的辅导讲座。党工委领导班子成员结合分管工作深入企业开展调研，自发问政于企、问需于企、问计于企，撰写调研报告20多篇，并接受园区企业、专家学者工作满意度测评。在分析检查阶段，广大党员克服“不重要、无所谓、不实惠、不着急、差不多、不沟通”6个方面的思想障碍，深刻自我剖析，坚持自查自纠。在整改落实阶段，结合工作目标提出了6个方面共15条具体措施，建立健全整改落实责任制，建立整改台账，对提出的123个问题和意见明确整改目标和时限要求。

与此同时，党工委、管委会倡议，全体员工和园区开发所涉村（社区）困难群众开展结对帮扶活动。活动共结成帮扶对象25户，主要内容有6个方面：帮助解决困难家庭生活问题；帮助困难家庭成员联系介绍工作，实现就业和再就业；帮助困难家庭解决子女就学的困难；帮助联系困难家庭解决看病就医的困难；引进可行项目，帮助困难家庭自主创业；其他力所能及的帮扶工作。党工委共发放征求意见表500余份，专访近200人次，谈心沟通300余人次，收到意见600多条，对意见进行整理归类后，提出整改措施90多条，其间解决实际问题115个，解决率93%，学教活动取得实效。

创先争优活动。2011年，按照浏阳市委创先争优活动领导小组《〈关于开展“美丽浏阳·幸福家园先锋行”创先争优主题活动〉的通知》的文件精神，园区开展“美丽浏阳 幸福家园先锋行”创先争优活动。活动以邓小平理论、“三个代表”重要思想和科学发展观为指导，认真贯彻落实中共十七大和十七届三中、四中、五中全会精神，紧密联系园区实际，通过开展“五好党组织、党员五带头”（领导班子好、党员队伍按好、工作机制好、发展绩效好、工作对象反映好；带头学习提高、带头争创佳绩、带头主动服务、带头廉洁自律、带头弘扬正气）活动，推动产业升级、加快科学发展，创建“五型”（学习型、创新型、开放型、规范型、生态型）园区。活动在4个层面开展“创优争先”：强化队伍建设，紧紧围绕创建“五个好”党组织和“五带头”党员目标，创新方法，探索模式，着力培育领导力强、凝聚力强、创新力强的企业党组织和作风实、业务精、贡献大的党员队伍；推进科学发展，大胆创新，主动作为，有效突破征拆安置、资金技术瓶颈制约，着力抓好招大引强、产业转型升级、经济结构调优、企业提质增效等工作；凸显园区特色，围绕打造汽车及工程机械配套功能最强的专业园区和国家级机电产品再制造产业示范基地的目标，高品质发展企业，高标准建设园区，不断增强资源承载能力、产业升级动力和自主发展活力；促进廉政建设，主要是在工程建设和招商引资等环节筑牢反腐网和廉政墙。

活动期间组织党员集中学习4次，收看电教片3场，开办一期入党积极分子培训班，吸收18名先进青年加入党组织。党工委书记与新党员开展逐个谈话教育，勉励新党员为党组织做出新贡献。实行服务公开制、首问责任制、及时通报情况制、限时办结来访制、处理回访制，加强对支部和党员的服务，落实党员目标管理和考评工作。

通过创新争优活动的开展，进一步推动园区快速发展，园区坚持把促进快速发展作为开展创先争优活动的出发点和落脚点，突出产业特色。进一步巩固了工程机械和汽车零部件两大主导产业，主导产业产值55.2亿元，占工业总产值的70.1%。特色产业再制造产业的发展得到长足进步，实现产值3.8亿元，5家再制造试点企业、10个产品进行再制造申报工作，新引进4家再制造企业，表面处理中心、回收拆解中心等再制造产业平台建设项目开展洽谈与建设。提高招商实效。活动期内共签约项目 19 个，引资 14.6 亿元。盘活闲置厂房 2.1 万平方米，提高了土地利用率。实现共建共享。重点破解征拆矛盾，保持了征拆安置的平稳过渡，加大了企业员工的培训力度，推进了失地农民就业，全年共发放社会工资 7 亿余元，保持了社会大局稳定。

群众路线教育实践活动。2014 年 3—9 月，根据中央要求，按市委统一部署，园区开展党的群众路线教育实践活动，在各党组织及其全体党员、机关干部中开展。园区按照新形势下党要管党、从严治党的要求，顺应群众期盼，着力解决党员、干部特别是领导干部"四风"方面存在的突出问题，结合园区"项目攻坚、创新转型、招大引强、城市建设、民生保障、作风转变"6 个重点，开展教育实践活动。

活动采取多种方式强化学习宣传，组织管委会机关支部和非公企业党组织所有党员，学习中国特色社会主义理论体系、中共十八大报告和十八届三中全会决定、习近平系列重要讲话精神，以及《党的群众路线教育实践活动学习文件选编》读本，对照《党章》，组织开展"入党为什么、为党干什么"党性专题讨论。并组织参观秋收起义文家市会师纪念馆、胡耀邦故居等红色教育基地，组织观看《周恩来的四个昼夜》《刘少奇的 44 天》等影片，邀请老红军、老党员讲党史、讲传统。党工委书记以《努力做一名优秀的、服务型的共产党员和领导干部》为题，通过列举身边的先进典型事例，讲授生动、扎实的党课。7 月初，组织"庆祝建党 93 周年既非公经济党组织党的群众路线教育实践活动知识抢答赛"活动，24 名选手参赛，参加活动约 280 人，包括管委会机关全体党员、企业党支部书记、规模企业主要负责人、企业优秀工人代表以及 38 名新党员。

广泛听取群众意见查摆问题。始终围绕"四风"突出问题、关系群众切身利益问题、联系服务群众"最后一公里"问题，从解决企业发展环境、交通出行、安居保障、生态环境、食品药品安全、安全生产、社会治安、执法司法、征地拆迁等具体民生问题着手，透过五种现象：做事虎头蛇尾、缺乏上门服务意识、零距离接触群众听取意见的现象；遇到群众绕着走、漠视群众疾苦、忽视群众诉求、没有形成联系服务群众的长效机制的现象；重工作部署、轻督查落实，重文件制定、轻制度执行，重现场办公、轻承诺兑现，轰轰烈烈开场、潦潦草草收尾的现象；非公企业党组织重视关心企业一线职工不够，工作推进不力，服务保障不优的现象；非公企业党组织书记队伍能力素质参差不齐、服务企业干部职工的能力水平不高的现象，通过下去走访、开门接访，设立意见箱、电子邮箱、监督电话，召开座谈会、谈心交心等方式，问计于民，问需于民，问策于民。以“学党纪、找问题，学理论、找根源，学典型、找差距”“三学三找”为抓手，结合工作督查、绩效考核、民意调查、作风通报等发现和掌握的问题，通过群众提、自己找、上级点、相互帮、集体议等方式，见贤思齐，“对标自省”。

坚持统筹兼顾落实整改责任。成立活动领导小组，由市委常委胡金文任顾问，园区党工委书记寻院豪任组长，党工委副书记、管委会主任周耀辉任副组长，其他班子成员为活动小组成员。各部门负责人和有关员工为工作整改联系人，负责制定整改方案并组织实施。各企业党组织书记承担本企业第一责任人职责。对照浏阳市委部署的39项专项整治任务，结合园区“项目攻坚、创新转型”的总体目标，管委会各部门制定、完善专项整治方案，切实治理到位。执法监管部门开展“公正执法大行动，清洁美丽新园区”的专项整治，杜绝了执法监管不公，办事过程中吃拿卡要等问题；征拆部门开展 “阳光征拆，利民安民”的专项整治，解决征地拆迁工作中主体不规范、程序不合法等问题，妥善安置好每一位被征地农民。每家企业派驻党建指导员，坚持从实际出发，企业什么问题突出就解决什么问题，有针对性地加强指导，鼓励探索创新，给企业留出空间，切实防止“一锅煮”“一刀切”，把规定动作做到位，使自选动作有特色。

整个活动期间，园区坚持把开展教育实践活动与学习贯彻落实中共十八届三中全会精神很好地结合了起来，把浏阳市委十一届九次全会和全市经济工作会议提出的各项要求落到了实处，把党员、干部在教育实践活动中激发出来的工作热情和进取精神转化为了强大的工作动力。活动达到了强化党员为党工作、为基层服务、提高党的科学化管理水平的目的，充分发挥了非公经济党组织和全体党员，在推动园区“大干新五年、挺进省十强”跨越发展中“打头阵、当表率、创一流”的重要作用。活动期间，“四费”开支较往年同期下降30%，引进亿元以上项目6个，31个重点建设项目如期推进，并实现3个重点项目征拆清零，3个企业项目投产，3个商业项目相继完成地下基础工程、地面工程进展顺利。

“三严三实”教育活动。2015年，按照中央“三严三实”教育活动的要求，党工委落实主体责任，组织班子成员深入学习，组织机关党员干部、企业党组织负责人学习、传达党中央的部署精神，并结合园区的实际，制定《园区党员干部“三严三实”教育活动方案》，明确“三严三实”专题教育的指导思想、基本原则和目标任务，要求全体干部职工加强党性修养，坚定理想信念，坚持用权为民，不搞特权、不以权谋私，严于律己，遵守党纪国法，做到为政清廉。

坚持从实际出发，领导班子密切联系个人思想和工作实际，对照检查深入查摆问题，认真开展批评和自我批评，同时广泛征求群众意见，向园区下属单位和企业发放征求意见表，组织召开由企业、涉园村（社区）代表、“两代表一委员”参加的座谈会，征求各类意见 167 条，意见主要包括水电供应、生活配套、作风建设、干部教育、征地拆迁补偿、园区文化等。针对群众提出的意见，将任务分解到各工作部门，制定整改期限，确保落到实处。同时，提升班子的能力素质，科学谋划事业和工作，使点子、政策、方案符合实际情况、符合客观规律、符合科学精神，脚踏实地、真抓实干，敢于担当责任，勇于直面矛盾，善于解决问题，努力创造经得起实践、人民、历史检验的实绩。同时对党、对组织、对人民忠诚老实，做老实人、说老实话、干老实事，襟怀坦白，公道正派，发扬钉钉子精神，保持定力和韧劲，为园区发展建功立业。

宣传工作　园区党工委始终坚持党管宣传的原则，将新宣传和思想宣传工作同步部署，为园区发展营造良好的舆论宣传环境。

建园之初的前 5 年，园区主要借助省市及浏阳市党报党刊、电视、网络重点宣传园区的发展思路、招商环境、项目建设、被征地农民就业培训等。2010 年，除加大党媒宣传外，园区开始建立自己的局域网，在园区内部实现信息共享和互通。2013 年，园区委托浏阳网建立园区官网，从此园区有了自己独立的宣传平台。2015 年，园区网站进行升级改版，增强了服务功能，服务器由浏阳市信息中心进行托管。同年，园区申办了园区微信公众号，微信号为“浏阳智造”，微信公众号成为园区最主要、最快捷的信息窗口。与此同时，园区与《湖南日报》、《长沙晚报》、中新网、人民网、红网等媒体实现紧密合作，并与浏阳日报社合办《金阳周刊》，每周一期，各党媒对园区进行全方位的宣传报道，年发稿 300 余篇。自媒体园区官网与微信公众号发稿近 400 篇。2016 年，园区在扩大省市党媒宣传的同时，加强与国家级媒体的曝光量，全年在各级媒体发稿 500 余篇。进一步加大自媒体宣传，创办园区报《浏阳智造》，每月一期，聚焦园区重点亮点工作和企业发展成果，成为园区发展成果集中展示的窗口。园区外宣发稿量位居全市前列，从未发生重大舆情，外宣工作连续多年获浏阳市先进单位，为园区发展提供了良好的展示平台和安全的舆论环境。

◆第三节　党风廉政建设

制度建设　在落实党风廉政建设责任制和加强廉政教育的过程中，为切实加强管委会班子建设和队伍建设，树立清正廉洁的形象，根据国家纪检监察法规和廉政准则，园区党工委及其纪检负责人，牵头组织完善了管人、管财、管物、管权的多项重要制度。

2008 年 3 月，园区出台《关于加强机关作风效能建设的实施意见》，健全了学习制度、廉洁从政及厉行节约制度、上下班纪律制度、效能建设制度、文明卫生制度等，不断提升机关作风效能。

2009 年，出台《廉政建设制度》，主要内容有：严禁散布反对党的基本路线的言论；严禁传谣、信谣等一切破坏党的团结的行为；严禁阳奉阴违、弄虚作假、虚报浮夸的作风；严禁参与赌博、吸毒、贩毒、嫖娼、卖淫活动；严禁观看淫秽影视书画；严禁贪污、盗窃、诈骗和奢侈浪费。在公务活动和经济交往中，不得以任何名义和变相形式接受礼金、有价证券和贵重物品，因各种原因未能拒收的礼品、礼金，应及时登记上交，不准到下属单位和有关工程队报销应由个人支付的各种费用。在承办各类审批事项和协调解决涉及资金、物资及处理各类纠纷矛盾时，不准接受各方的宴请。公务活动中必要的请客招待，应经管委会领导批准或按经费管理权限执行，严禁违反规定用公款大吃大喝。不准从事有偿的中介活动，不准把本职工作变为有偿服务。采购机关所需的设备、器材、办公用品、食品和其他公用物资，汽车修理、加油、印刷文件等，单位和个人不得账外暗中收受回扣，接受回扣、佣金必须如实入账。建立廉政承诺制和廉政合同制。管委会班子成员实行廉政承诺，定期检查对照，所有与工程有关的直接责任人均需与纪工委签订廉政合同的同时，必须与工程承包方签订廉政合同，年末由纪工委组织走访有关单位并进行走访。若有违反实行一票否决，年度考核为不合格，招聘人员中止聘任合同。由管委会统一制定话费标准，按规定执行标准，配备和更换小汽车须经主任会议批准。所有员工要自觉接受党组织和群众的监督，纪工委要加强对党风廉政建设的督促检查，发现问题，及时处理，防范不廉洁行为的发生。

2010 年年初，出台《产建投资公司财务财产管理制度》《项目审批制度》《工程招、投标制度》《工程管理制度》《监理管理制度》系列相关制度，有效保证入园项目审批与工程建设方面工作的规范，并在预防和杜绝违法违规行为上起到积极作用。

2010 年出台《重要事项报告制度》，制度就四类重要事项的报告程序、处置方法做详细规定。对突发事件如何报告及报告的程序、报告的内容为何、整个事件的材料整理汇总、本级处理结果及处置意见与建议做详细阐述。对管委会各级干部、员工因故离岗应上报的层级以及批准权限重新进行规定。就重大会议和重大活动的统筹安排，同样需要以书面报告的形式上会通过或经主要领导签署批复意见。有重要接待活动，如接待领导、国内外知名专家、学者、企业界人士、涉外人士、在外工作的浏阳籍知名人士、重要客商到园区参观考察，或媒体和上级部门单位检查指导工作，按所接待规格由对口部门或办公室以书面预案形式统一调度。

2012 年 4 月，管委会修订并颁发《员工手册》，内容主要包括聘用及岗位管理、员工行为规范、考勤管理规定休假制度、薪酬制度、考核规定、会议制度、网络制度、保密制度、重要事项报告制度、文件材料报送制度、值班制度、用餐制度、学习培训制度、工作责任追究制度、廉政建设制度、一线工作法有关规定。

党风廉政教育 园区党工委坚持开展主题鲜明的纪律教育活动。2005 年，开展以“经济发展越快，越要艰苦奋斗；改革开放力度越大，越要搞好廉政建设；表扬赞扬声越多，越要谦虚谨慎”为主要内容的教育。2006 年 2 月中旬至 12 月下旬，组氛“并展作风建设年、创建进取型机关”活动。活动分学习教育、查摆问题、整改建制、巩固提高等四个阶段，活动标准是“团结协作，建一流班子：提升素质，带一流队伍；整章建制，争一流管理：优质服务，树一流形象：开拓进取，创一流业绩”。机关名局（室）、市直驻园分局、公司各部参加活动。2008 年，针对个别干部存在吃吃喝喝、索拿卡要等现象，以“在工作作风上高要求、在生活待遇上低要求”为内容的教育活动，进一步要求班子成员要带头廉洁自律，把自己管好，把主管部门的干部管好。园区党工委还以基层党组织为单位，经常组织党员干部学习党中央和中纪委颁布的关于加强党风廉政建设、防止和惩治腐败的规定、条例等，不断提高广大党员的拒腐防变能力。2009 年，开展不依法行政、不廉洁奉公等影响机关形象、损害企业和群众利益的行为，在机关开展“加强党性修养，树立和弘扬优良作风”规章制度执行情况的专项督查，并按要求开展“四个一”活动，即安排一次集中学习、开好一次民主生活会、组织一次自查自纠、搞好一次整改讲评。

2011 年，出台《湖南浏阳制造产业基地开展“机关作风效能建设年”活动的实施方案》，开展“学习与服务”“两帮两促”“双联”结对帮扶贫困拆迁户、“为困难职工送温暖”“爱心助学”“红色服务月”等系列主题活动，进一步改善机关作风。2015 年，根据中央八项规定，园区制定《关于加强作风建设的有关规定》，明确“九个不准、九个严禁”。

“九个不准”：落实“三个一律”要求，不准关门办公；自觉养成良好习惯，不准去向不明；务实工作团结合作，不准拉帮结派；推行首问责任制度，不准推读扯皮；提高政务工作效率，不准拖拉怠慢；积极倡导文明行为，不准举止粗俗；真心尊重服务企业，不准敷衍应付；落实值班工作制度，不准空班缺岗；严格财经管理制度，不准挥霍浪费。

“九项严禁”：严禁向园区企业摊派、报销各类发票，接受有利益关系者的请吃、现金、礼品、有价证券等；严禁向园区企业推销产品，推荐工程队伍，插手园区工程招标、材料采购，介绍本人直系亲属参与园区工程招投标及其他物资采购；严禁在管委会机关及直属公司安排自己的直系亲属就业，或与外单位交换亲属就业；严禁本人及配偶、子女在园区注册公司或参股企业；严禁违背社会伦理道德，出现男女作风问题，或参与有异性陪侍服务的娱乐活动；严禁在外有偿兼职，经商办企业，在园区企业持股，购买园区上市公司的原始股票；严禁在单位报销因私发票，占有、挪用单位公共设备等；严禁借本人工作调动、过生日、迁新居、子女升学及家庭婚丧等大操大办、收受礼金；严禁参与黄赌毒，沉迷于打牌，影响正常工作，破坏园区干部形象。

党员评议 园区党工委民主评议党员工作在市委的统一安排部署下进行。民主评议党员分为学习动员、对照检查、自评互评、总结提高 4 个步骤。园区基层党组织把握好 3 个环节，即：注重思想教育；严肃认真地开展批评与自我批评；慎重地做好组织处理。多年的实践取得 4 条主要经验：一是把对党员的教育、管理、监督融于一体，着力提高政治素质；二是正确运用批评与自我批评的武器，依靠自身力量解决党员队伍中存在的问题；三是表扬先进，把发扬党内积极因素与克服消极因素结合起来；四是把民主评议党员与评议支部委员会结合起来。在民主评议党员的基础上，每隔 2 年对先进基层党组织、优秀党员、优秀党务工作者进行表彰。

2012 年，陕西中大机械制造有限公司党支部、湖南百宜饲料科技有限公司党总支部被评为长沙市非公经济组织先进党组织。2013 年，湖南百宜饲料科技有限公司党支部成功创建省级党建示范点，被评为湖南省“非公企业先进基层党组织”。

第十章

精神文明建设

INDUSTRY OVERVIEW

第十章 | 精神文明建设

◆第一节　园区文化

企业文化　园区经过10余年的发展，企业在重视自身发展、提高产业规模的同时，也培育丰富多彩、特色各异的企业文化。

湖南一朵生活用品有限公司从小型企业不断发展壮大至今，源于公司高层十分重视并着力打造出企业特色文化，形成感恩文化、学校文化、进取文化三大文化。“感恩文化”通过一朵首创感恩养育基金，彰显一朵以人为本的管理理念，使感恩文化在企业深深扎根，也大大提升企业的凝聚力和向心力。“学校文化”通过一朵高度重视员工的培训工作，旨在培养员工讲执行、能吃苦、重团队的精神，有效地帮助大家提升演讲等工作能力，使员工得到更好的成长与进步。“进取文化”通过为员工提供丰富的业余文化生活，把全员竞技活动作为一项长期性活动来开展，使“团结奉献，拼搏进取”的一朵精神得到更好的弘扬。一朵公司成立以来，一朵特色的企业文化成为一张闪亮的名片，它为一朵的高速发展提供了坚强的道德支撑和精神力量。

长沙佳能通用泵业有限公司成立于1983年，于2006年入园，经过几年的快速发展，产品销售网络覆盖全国，并出口到东南亚、中东、非洲等多个国家和地区，深受广大用户好评，形成我国中南地区最大的多级泵专业化生产基地。公司重视企业文化的培养，并精心培育了“三心”文化。爱心送员工，帮助员工在公司这个大摇篮里成长；忠心献企业，公司倾尽全力把爱心送给员工。诚心给客户，公司以“成为国内多级泵应用领域第一品牌”为愿景，以“为客户提供多级泵流体输送系统最佳解决方案”为使命，30年专注于多级泵应用领域的研究，为客户提供最专业的产品和最真诚的服务。

湖南浏阳南方水泥有限公司为湖南南方水泥集团有限公司全资子公司，公司坚持“以人为本、科学管理、市场导向、客户至上”的经营思想，十分重视企业文化的建设，积极开展多种文体活动，每年举办篮球赛、接力赛、中长跑比赛、钓鱼比赛、乒乓球比赛等比赛，广大员工踊跃报名参与，年参与人次达1200人次，丰富员工业余文化生活，增强公司的凝聚力和向心力。

宇环数控机床股份有限公司坚持“责任为本、创新为谋、发展为恒、奉献为荣”的企业精神，追求全球领先技术、永葆产品精良制造、实现企业及客户价值最大化、致力为社会做出最大贡献，成就尖端制造，振兴民族工业，立志成为全球精密磨削及智能制造领域的领先提供商 。

湖南百宜饲料科技有限公司以“诚信、敬业、务实、创新”为核心的软性企业文化管理理念，助推企业实现跨越式发展。公司坚持以人为本，诚信立业，质量兴企，科教兴农，以发展百宜科技为己任，坚持以党建文化为先导，把共产党员培养成优秀管理者，把优秀员工培养（发展）成共产党员，发扬诚信、敬业、务实、创新的企业精神，创中国一流科技企业。

长沙博大机械零部件有限公司致力于以汽车零部件为代表的高质量产品开发和批量生产，以严格的生产过程控制和优良的可靠性向其他商业机械和民用设备提供压铸产品。秉承“使顾客满意，对员工负责”的宗旨，向顾客提供最精良的产品和最优秀的服务，为员工提供良好的个人发展空间与机遇，努力构建和谐的环境，树立团队精神，不断提高员工的综合素质和服务水平。

长沙亚明电子科技发展公司秉承亚明“负责、团结、勤勉、高效”的企业精神，牢固树立为客户创造价值，才能实现自身价值的理念，致力于让电能传输更加安全、高效、节能、环保，使公司产品最终超过同行标准，超越客户期望。

节会文化　2014年6月18日，由浏阳市委、市政府主办，浏阳制造产业基地管委会、浏阳市招商合作局承办的2014“美丽浏阳”制造产业基地（上海）招商推介会在上海举办，活动以“产城融合，创新转型”为招商主题，旨在对接上海和长三角地区的产业转移，优化产业结构，强力推动园区创新转型。会上，浏阳制造产业基地（浏阳高新区）签约5个工业项目、2个物流项目。

2014年12月23日，由湖南省家具行业协会、浏阳国际家具城联合举办的“湖南省家具行业协会理事扩大会议暨浏阳国际家具城产业发展高峰论坛”在浏阳制造产业基地开幕。活动探讨湖南家具产业发展的未来，并针对浏阳国际家具城的具体情况和未来的发展进行主题演讲。

2015年11月25日，由浏阳市人民政府、长沙市商务局主办，湖南浏阳制造产业基地管理委员会承办，深圳市机器人协会协办的湖南浏阳智能装备制造投资合作推介会在深圳举行，推介会以“智赢天下，新造未来”为主题，来自深圳等地的百余家高新企业参加推介会，省政府驻深圳办事处、长沙市商务局、长沙市驻深圳办事处、浏阳市商务局、行业协会、园区及相关企业负责人参加活动。浏阳制造产业基地与东莞安达自动化、深圳睿海智、贵阳大数据交易所、深圳上市界科技、深圳市安防协会成功签约。

◆第二节 创建活动

文明创建 园区党工委、管委会严格按照浏阳市委、市政府的要求，在争创全国文明城市过程中，按照文明城市、文明园区的要求在辖区范围内积极开展创建工作。

2008 年 6 月，按照浏阳市委、市政府关于创建“湖南省文明城市”的总体要求，浏阳高新区制定园区创建湖南省文明城市的工作方案，通过加强组织领导、优化园区经济发展环境、规范企业生产经营行为、加强社会治安综合治理、建设文明规范的干部队伍，助力浏阳市争创湖南省文明城市。出台《浏阳高新技术产业开发区文明创建工作实施方案》，并积极组织园辖区范围内企事业单位申报各级“文明单位”等品牌创建，涌现出农业部授予的先进农技干部王汉青、长沙市劳动模范唐小红、浏阳市劳动模范许世雄，义和车桥等浏阳市文明单位，园区所评选的浏阳天福打叶复烤有限公司、宇环数控机床股份有限公司等十佳企业，廖志强、苏凯生等十大精英人物，一大批建功立业的模范代表。

文体活动 园区工会联合会坚持以开展丰富多彩的文化体育活动为载体，积极地开展一系列企业拥护、职工喜爱的特色活动，扩大影响，提高地位。同时，结合园区实际，在文体活动建设方面开展大量的工作。

2008 年 5—10 月，园区与永安镇联合开展“全民健身迎奥运”系列活动，活动共设篮球、长跑、拔河、自行车等大项比赛，背妻赛跑、挑担比赛等趣味项目，同时，还有以“改革创新与基地发展”为主题的演讲比赛，以及“迎七一、展风采”为主题的文艺会演。各类活动覆盖人群包括 5 万多名农民群众和 1 万余名产业工人，参赛人数 2100 人。

2011 年 6 月，园区参加长沙市工信委举办的全市产业工人庆祝建党 90 周年长沙工人红歌赛活动，园区企业合唱队演唱的曲目《沁园春·长沙》获全市一等奖。

2013年3月，园区举办庆祝建园10周年文艺会演，10余家企业近200名职工表演12个精彩节目，受到省、市领导及相关部门的高度赞扬。同时，庆祝建园10周年摄影大赛征集到摄影作品近200幅，展现园区经济发展和社会发展的新气象、新面貌、新成就。

2012年和2013年6月，管委会机关男子篮球队连续获得浏阳市第八届、第九届“体彩杯”市直机关篮球赛亚军。2014年8月，在浏阳市第二届全民健身运动会上，获得篮球项目市直单位男子甲组冠军，个人台球前16名和羽毛球前8名的成绩。

2013年，在园庆10周年之际，园区为总结湖南浏阳制造产业基地10年发展的成功经验，提炼“基地精神”“基地文化”内涵，进一步增强文化软实力，扩大园区的知名度和影响力，浏阳制造产业基地党工委、管委会面向社会发起公开征集“基地精神”“基地文化”关键语的活动。“智赢天下、新造未来”“崇德、尚美、实干”，最终获评为园区关键文化语。

2014年3月7日，为庆祝“三八”国际妇女节，激发园区女员工的创作热情，展示女性的创造风采，园区工会与妇联联合举办“纤手弄巧·智造佳作”手工技艺竞赛。该次比赛主要分刺绣、书法绘画和手工制作三大类。当日，共有58幅刺绣作品参加竞赛，构思新颖，制作精细，体现女性的智慧和创新精神。

2014年8月1日，园区团工委组织“牵手七夕、缘定一朵”的浪漫青年汇“七夕”鹊桥会活动，为单身男女牵线搭桥。来自园区各企业的200多名单身男女齐聚湖南一朵生活用品有限公司体育馆，活动现场6对青年牵手成功。

截至2016年，共举办4届园区企业职工运动会。

◆第三节　园区荣誉

园区积极开展争先创优工作，获得 20 余项国家、省、市各项荣誉和奖励。

表 10-2-1　2003—2016 年所获长沙市级及以上荣誉一览表

序号	级别	内　容	颁发时间	颁发单位
1	国家级	机电产品再制造试点单位（再制造产业集聚区）	2009.12	工业和信息化部
2	国家级	国家再制造产业示范基地	2013.10	国家发展和改革委员会办公厅
3	省级	2013 年度湖南省有色金属行业统计工作先进单位	2013.12	湖南省有色金属管理局
4	省级	湖南省新型工业化产业示范基地	2014.1	湖南省经济和信息化委员会
5	省级	湖南省产业园区首届羽毛球友谊赛优秀组织奖	2015.6	湖南省开发区协会
6	省级	湖南省高新技术产业开发区	2016.6	湖南省科技厅
7	长沙市级	二〇〇八年度科技进步目标管理考核二等奖	2009.2	长沙市科技领导小组
8	长沙市级	2008 工业园区目标管理一等奖	2009.2	长沙市人民政府
9	长沙市级	2010 年度长沙市加速推进新型工业化工作优胜单位	2011.2	长沙市人民政府
10	长沙市级	2011 年度长沙市招商引资工作目标管理考核二等奖	2012.2	中共长沙市委 长沙市人民政府
11	长沙市级	长沙市 2012 年度招商引资工作目标管理考核三等奖	2013.2	中共长沙市委 长沙市人民政府
12	长沙市级	2013 全市加速新型工业化工作优胜单位	2014.2	长沙市加速推进新型工业化工作领导小组
13	长沙市级	长沙市创新型单位	2014.10	长沙市科技领导小组
14	长沙市级	2014 年度全市加速推进新型工业化工作红旗单位	2015.1	长沙市加速推进新型工业化工作领导小组
15	国家级	中国循环经济十佳绿色发展园区	2016.5	中国循环经济协会
16	省级	湖南省省级高新技术产业开发区	2016.7	湖南省人民政府
17	省级	2016 年 134 个湖南省级以上园区综合排名位列第三	2016	湖南省发改委
18	省级	启泰传感器项目荣获湖南省建设厅质量安全标准化示范工地和长沙市重点建设项目劳动竞赛“先进班组”称号	2016	湖南省住建厅

续表 10-2-1

序号	级别	内容	颁发时间	颁发单位
19	长沙市级	长沙市八个省级园区绩效考核中位居第二名	2016	中共长沙市委办公厅 长沙市政府办公厅
20	长沙市级	长沙市 2016 年度综治工作考核优秀园区	2015	中共长沙市委办公厅 长沙市政府办公厅
21	长沙市级	长沙市 2016 年度综治工作考核优秀园区，安全生产目标管理考核先进单位	2016	中共长沙市委办公厅 长沙市政府办公厅

附录

APPENDIX

附 录

◆上级文件

湖南省发展和改革委员会
湖南省产业园区建设领导小组办公室文件

湘发改地区〔2012〕1516 号

关于浏阳工业集中区发展规划（2011—2020）的批复

长沙市人民政府:

你市《关于申报批准湖南浏阳制造产业基地为省级工业集中区的请示》（长政〔2012〕 4 号）经由省政府办公厅转我委办理，经审查，并报省产业园区建设领导小组同意，批复如下:

一 、原则同意《浏阳工业集中区发展规划（2011—2020）》（以下简称《规划》）确定的发展思路，请认真组织实施 。

二、规划范围。近期（2011—2015）规划面积为 600 公顷，四至范围为东至经七路，西至永安大道，南至南三路，北至纬 3.5 路。远期（2016—2020）规划面积达到 840 公顷，四至范围为东至经七路，西至永安大道，南至南二路，北至捞刀河路。

三、主要发展目标。2015 年工业总产值力争达到 300 亿元，2020 年超过 600 亿元。

四、主导产业和布局。同意《规划》提出的“两轴三片一组团”的集中区空间结构布局和建设以工程机械、汽车及核心零部件、再制 造等产业为主的特色综合型工业集中区的总体发展定位。

五、环境保护。按照工业集中区规划环评要求，严格集中区产业 准入条件，落实环保基础设施建设、生态环境保护、资源节约利用等 措施，切实做好企业污染综合防治 。

六、工业集中区必须严格实施土地利用总体规划和城镇总体规 划，按规定程序履行用地报批手续，严禁房地产、大广场等项目建设。

请据此抓紧落实各项建设条件，完善基础设施和公共服务平台，强化体制机制创新，推动产业集聚发展，加速推进省级工业集中区的建设和发展。

省发展和改革委　省产业园区办

二〇一二年九月二十五日

湖南省人民政府办公厅

湘政办函〔2012〕187号

湖南省人民政府
湖南省人民政府办公厅关于设立安仁工业集中区等29家省级工业集中区的通知

各市州、县市区人民政府，省政府各厅委、各直属机构：

为有序引导产业集聚，推进园区体系建设，经省人民政府同意，决定设立安仁工业集中区、岳麓工业集中区、长沙临空产业 集聚区、宝庆工业集中区、隆回工业集中区、金洲新区工业集中 区、大通湖工业集中区、娄星工业集中区、辰溪工业集中区、中 方工业集中区、洪江区工业集中区、新晃工业集中区、慈利工业 集中区、桑植工业集中区、安乡工业集中区、西洞庭工业集中区、 津市工业集中区、桃源工业集中区、浏阳工业集中区、衡南工业 集中区、道县工业集中区、新田工业集中区、攸县工业集中区、 炎陵工业集中区、岳阳县工业集中区、华容工业集中区、泸溪工 业集中区、保靖工业集中区、花垣工业集中区等29家省级工业集中区。省直有关部门要切实加强指导和支持，有关市州、县市区人民政府要加大工作力度，发挥工业集中区的窗口、示范、辐射和带动作用，促进当地经济又好又快发展。

二〇一二年十一月二十三日

国家发展和改革委员会办公厅文件

发改办环资〔2013〕2614 号

国家发展改革委办公厅关于同意长沙（浏阳、宁乡）、张家港国家再制造产业示范基地实施方案的通知

湖南省、江苏省发展改革委:

为推进再制造产业化集聚发展，国家发展改革委启动了再制造产业示范基地建设工作。2011 年 6 月，我委同意长沙（浏阳、宁乡）、张家港开展再制造产业示范基地前期工作。2 年多来，上述地区积极开展各项前期工作，并根据我委要求报送了再制造产业示范基地建设实施方案。我委委托中咨公司组织专家对报送的实施方案进行了评审。现通知如下:

一、原则同意长沙（浏阳、宁乡）和张家港的再制造产业示范基地建设实施方案并确定为国家再制造产业示范基地建设地区。建设实施期为 5 年。请你们根据中咨公司的评审报告（见附件），认真修改完善实施方案，并于 11 月 30 日前将修改完善后的实施方案(附光盘)一式二份送国家发展改革委(环资司)备案。

二、要充分认识建设再制造产业示范基地的重要意义。把推进再制造产业示范基地建设作为实现再制造产业化、规模化、规范化发展的重要措施，切实加强组织领导，统筹协调，精心组织，明确部门分工，形成协调统一、共同推进的工作机制，确保再制造产业示范基地建设各项目标任务如期完成。

三、请按照批复的实施方案要求，明确边界范围，引导企业相对集中集聚发展；加快完善有利于再制造产业发展的逆向回收物流体系，形成与再制造规模相匹配的旧件收集能力；推动骨干再制造企业发展壮大，鼓励再制造服务业发展；着力完善再制造技术研发、公共服务平台，促进资源共享；加强改革创新，建立完善再制造产业基地发展的政策引导机制。

四、要加强对实施方案落实情况的跟踪监督。督促建设单位严格按照批复的实施方案和国家有关法律法规规定开展建设工作，要加强实施方案内项目的管理，严格按照项目管理的有关规定执行，确保示范基地各项目承担单位严格执行国家产业政策、节能环保法规和职业安全标准等。再制造产业示范基地实施方案内的项目如需调整，要及时报国家发展改革委。请于实施期内每年年底前将建设进展情况报送国家发展改革委（环资司）。

五、国家发展改革委将会同有关部门对再制造产业示范基地建设进展情况不定期组织抽查，对达不到要求的，责令限期整改，经整改仍达不到要求的，取消创建资格。国家发展改革委将组织专家对实施方案实施情况进行考核验收。地方政府要根据再制造产业示范基地建设进展情况及时提出考核验收申请。

六、各地循环经济发展综合管理部门要加强跟踪，督促落实，并帮助协调解决基地建设中的问题。各地要加强调研，及时总结再制造产业示范基地建设中的好经验、好做法并进行宣传推广，对实施过程中出现的新情况、新问题要高度重视，认真研究，妥善解决，并向国家发展改革委（环资司）反馈。

附件：中国国际工程咨询公司关于长沙（浏阳、宁乡）、张家港再制造产业示范基地建设实施方案的评审报告（分印）

国家发展改革委办公厅

2013 年 10 月 24 日

湖南省人民政府

湘政函〔2016〕104号

湖南省人民政府
关于设立浏阳高新技术产业开发区的批复

长沙市人民政府:

你市《关于浏阳工业集中区申报省级高新技术产业开发区的请示》（长政〔2015〕51号）收悉。经研究，现批复如下:

一、同意你市在浏阳工业集中区基础上设立浏阳高新技术产业开发区，实行现行的省级高新技术产业开发区相关政策。

二、浏阳高新技术产业开发区按照原浏阳工业集中区核准的规划 范围保持不变，必须严格实施土地利用总体规划和城镇总体规划，按规定程序履行具体用地报批手续，合理 、集约、高效利用土地资源。

三、你市要加强对浏阳高新技术产业开发区的建设和管理，引导园区重点发展装备制造、汽车及零部件和再制造高新技术主导产业，利用长株潭国家自主创新示范区、空港经济区等区位优势，激发创新主体活力，培育良好的创新创业环境，促进各类创新资源和人才向园区集聚，努力把园区建设成为自主创新的战略高地和培育发展战略性新兴产业的核心载体，为我省高新技术产业发展和经济建设做出更大贡献。省直有关部门要对开发区建设继续给予指导和支持。

湖南省人民政府

2016年7月14日

◆领导讲话

湖南浏阳制造产业基地工作汇报

——在园区十周年庆典仪式上的汇报

寻院豪

（2013 年 3 月 28 日）

尊敬的各位领导、各位嘉宾：

今天，非常高兴也非常激动，我们在这里欢聚一堂，隆重举行湖南浏阳制造产业基地 10 周年庆典。借此机会，我谨代表基地党工委、管委会向出席座谈会的各位领导、各位来宾表示热烈的欢迎！向曾为园区建设和发展奉献智慧、倾注心血、洒下汗水的历任领导和广大建设者表示衷心的感谢，并致以崇高的敬意！

在这春暖花开的美好时节，邀请各位回家看看，目的是为了让大家感受曾为之拼搏、奋斗的园区十年来的变化，听取各位的宝贵意见，凝聚大家的智慧促进园区更大发展。

回首十年，园区经历了从无到有、从小到大、由弱变强的风雨历程，如今呈现出蓬勃发展的势头。十年的负重奋进，将其铸就成了浏阳工业发展的桥头堡和主战场。在座的各位都曾是园区发展的开创者、亲历者和见证人。这十年来，园区发生了巨大的变化，主要有以下几个方面：

一是从“黑户口”向国家级特色园区转变。建园之初，困难重重，当时最大的困难是国家严格限制新设立工业园区。园区成立后的两年还是“黑户口”，直到 2005 年原省委书记杨正午同志来园区调研视察以后，才有了自己的名分。如今园区不仅有了合法的身份，而且有了更广阔的发展平台和空间，去年成功获批湖南省工业集中区和国家级再制造示范基地，特别是国家级再制造示范基地已经成为园区的一块金字招牌和新的竞争力，有望打造成全国再制造产业的总部。

为加快园区发展，实行专业化的服务，2008 年管委会与永安镇政府实行相对分离，并对机构设置进行了调整，目前管委会下设有办公室、财政局、招商局、产业发展局、规划建设管理局、社会事业发展局，旗下还有浏阳现代制造产业投资公司和浏阳鼎盛投资公司，公司资产达 27.7 亿元，年融资能达到 8 亿元左右。产业投资公司设有融资部、征拆部和工程部。随着基地不断发展壮大，队伍越来越大，素质也越来越高，目前基地共有干部职工 99 人，其中具有研究生以上学历 11 人，本科生学历 49 人，大专学历 23 人。具有专业技术职称的有 30 人，占到全体干部职工的 30%。年龄在 21~30 岁的有 41 人，占总员工人数的 42%，管委会的队伍整体呈年轻化和专业化的特点。

二是从数量增长型向质量增长型转变。经过近十年的发展，园区基本完成了企业数量的集聚，目前有规模工业企业 125 家，去年产值 140.6 亿元，创税 5.06 亿元。预计今年新增规模企业 8 家，企业总产值将达到 190 亿元，创税 6.5 亿元，主要经济指标增幅在长沙同类园区中名列前茅。企业在做大规模的同时，更加注重自主创新能力的提升，不少企业在行业甚至国际国内都具有一定的竞争力。如宇环数控的精密机床技术研发能力处行业领先地位；华恒焊接研发的全球最大的焊接机器人系统即将下线；中大机械生产的重型压路机为全国最大压路机之一；佳能泵业研发的矿山自动化救援系统为国家安监局指定的矿山专用救援设备，也是全国首家。汽车零部件企业也在加快转型升级，重点瞄准乘用汽车配套。还有像浏阳河酒业、一朵天下、百宜饲料等企业有望成长为年产值 10 亿元、20 亿元以上的大规模企业。

三是从招商引资向选商选资转变。建园之初主要目标是想方设法招企业，浓厚氛围，加快集聚，努力造园。通过十年的沉淀、积累，招商方向和标准发生了重大改变，工程机械和汽车零部件产业基本形成集聚洼地，两大产业产值占全园企业总产值的 60% 以上，目前主要任务是转型升级，提升发展质量和效益。再制造产业主要是加快完善公共平台建设，为国际国内一流的优质再制造企业落户提供优良环境。目前已有再制造企业 10 多家，去年世界 500 强企业欧洲最大汽车部件再制造企业德国博世再制造项目落户园区，这也是博世在中国的第一家再制造工厂。我们在谈的再制造企业有英国 ATP 集团、国内的百旭机械等，都是国际国内的知名企业。非主导产业主要瞄准技术含量高、市场占有量大的规模企业。像我们现在正在洽谈的海尔、双桥、固特异轮胎、农夫山泉等项目，都是世界 500 强企业或行业内居前位的上市公司。另外，招商定位由主导产业向多元产业转变。在提升招商竞争力方面，也由原来的政策优惠向环境优化转变，由等地招商向净地招商转变。

四是从北园发展向南北两园并进转变。近十年，园区投入大量资金用于基础设施建设，目前成园面积达到 10 平方千米，原来的荒山、田埂已经成为纵横交错的路网，七纵五横联通内外，南北两园并驾齐驱。永和路（原经四路）、永阳路（纬二路）成为基地中心发展轴。前十年重点发展北园，主要以工程机械、汽车零部件产业为主。目前正在大力拓展南园，主要以轻工业及现代商业和物流业为主。在基础设施配套方面，新建了 220 千伏变电站、污水处理厂、扩建了自来水厂，去年长沙新奥燃气接入园区，保障了园区供水、供电、供气。同时对礼耕河、株陵河进行了全面改造，排水系统得到进一步优化。高标准建设株陵小区、礼耕小区、柳家小区三个安置小区，安置拆迁户 1100 多户，两园并进进一步加快了园区扩容升级。

五是从建园造园向强园造城转变。没有母城依托，配套设施跟不上，是园区发展过程中最突出的短腿。目前园区正在着力加大城市基础设施建设，完善生产生活配套，让企业主、员工既有创业、就业平台，也有理想的生活环境。让企业不但进得来，还要发展得好。园区现在正着力对接长沙，融入新城，园镇连体，全力造城。目前，引进了宏鑫置业、恒大集团、通程集团、华天集团等国内知名地产商入驻，正在建设或今年启动的项目有宏鑫商务区、华天华润朝庭大酒店、博大雅苑、泰平桂花城、再制造发展中心等项目。在不久的将来，长沙市人民路和 4 号地铁线东延至基地，实现 20 分钟直达长沙市区；永阳路（永安至洞阳）也将于今年全面贯通工业新城，实现两个园区的融城发展；宏鑫一、二期和博大雅苑竣工以后，基地与永安镇实现一体化，城市元素将得到极大丰富，基地的配套功能和承载能力将得到全面提升。

这些年园区发生的变化，取得的成绩离不开市委市政府、各级各部门的大力支持及在座的各位领导和同志们的辛勤付出。今年乃至今后几年，园区的总体发展思路是以转变发展方式为主线，以提高经济质量和效益为中心，以招大育大、转型升级、城市建设为重点，努力建成一个交通环境优越、生产要素集中、产业优势突出、生态文明的现代工业新区。

一是着力引进和培育骨干企业，增强发展后劲。按照“招大、引强、择优”的思路，园区招商的主攻方向为强链条、带配套，引龙头、带产业。围绕园区三大主导产业、大型企业的上下游产业链以及生活配套服务的项目开展招商，力争在引进产能规模达到 5 亿元、10 亿元、20 亿元以上大项目上取得重大突破，进一步壮大规模企业阵容，增强支撑带动能力。同时筛选浏阳河酒业、宇环数控、一朵生活用品有限公司等 5 家市场前景好、团队素质高、创新能力强的企业进行重点培育，促进企业产能提高、转型升级、竞争力增强，逐步形成大企业、大品牌、大发展格局，力争到2020年，基地企业总数达到300家，产值500亿元。

二是着力推进产业优化升级，提升经济效益。我们以“智赢天下，新造未来”的奋斗目标引领园区创新发展，在产业结构优化方面，做强做大第二产业，大力发展第三产业，着力做强做优工程机械、汽车零部件、再制造产业，大力引进和发展烟草食品、生活消费品以及现代仓储物流商贸业、高档住宅休闲娱乐餐饮业，同时借助再制造发展平台，全面完善产业配套中心建设，将园区打造成全国再制造产业的标杆，致力形成科学、合理、稳固的产业机构。充分发挥企业的主体作用，加大企业创新力度，加速产品上档升级；逐步淘汰规模小、技术含量低、效益低下、发展无望的落后产能，解决初级产品相对过剩而有效需求不足的问题，提高资源利用效率，提升经济发展质量和效益。

三是着力加快城市建设步伐，完善功能配套。围绕打造“品质园区、美丽永安”的目标，按照对接长沙、融入新城的空间布局，以城市化的理念指导园区规划、建设和经营，远景形成“一心”（以永安镇区为中心的商业服务区）、“一带”（捞刀河休闲风光带）、“三组团”（以狮子脑水库为中心的长沙“城市后花园”山地资源开发组团；以省委“731”会议中心为核心的高档会务生活服务组团；以芦塘为中心的田园休闲旅游服务组团）、“四轴”（开元大道、319国道和南环线三轴横贯东西，经四路贯穿南北）、“五片区”（以先进制造业和再制造业为主的北片区；以空港产业发展配套为主的万佳片区；以食品工业为主的西南片区；以现代物流为主的东南片区；以轻工业为主的荷华片区）的发展格局，引领园区转型和城市升级，实现由建园向造城转变。

园区走过了10年的发展历程，其中有艰辛，有收获，更有希望。前十年，各位领导和同志们为园区发展付出了巨大努力，打好了基础。今后，我们一定会接力奋进，创新图强，做到对历史负责，对未来负责，对140万浏阳人民的梦想负责。同时也请各位一如既往的支持、关注园区的发展，向我们多提宝贵意见，常回家看看。最后，祝各位领导、各位嘉宾工作顺利，身体健康，万事如意！

大干新五年　挺进省十强
为实现园区创新跨越发展而努力奋斗

——在园区 2014 年经济工作会议上的讲话

周耀辉

（2014 年 2 月 28 日）

同志们：

今天，我们隆重召开 2014 年“项目攻坚、创新转型”誓师动员大会，主要目的是贯彻落实十八届三中全会及省市经济工作会议精神，总结 2013 年工作，分析当前形势，部署 2014 年主要工作。下面，我讲三个方面的问题。

一、准确把握形势，坚定发展信心，切实增强加快发展的紧迫感

2013 年是基地十年发展收官之年，也是奠基蓄势跨越之年。一年来，我们牢牢抓住“两型示范、融城发展”两大机遇，紧紧围绕“招大引强、转型升级、城市建设”三个重点，创新图强、砥砺奋进，推动了经济社会持续健康发展。全年完成企业产值 193.4 亿元，同比增长 31.8%；完成财税 6.1 亿元，同比增长 20.6%；引进项目 19 个，其中投资过 10 亿元的 1 个；三大主导产业加快聚集，转型升级步伐加快，主干路网逐步完善，13 个工业项目如期建成；城市建设稳步推进，永安步行街盛大开业，华盛健康城火热销售，万福星城顺利开盘，博大雅苑、华润新都汇、海滨广场等项目全面启动，并成功引进通程商业广场、华天大酒店、深圳维也纳大酒店等知名商业品牌，大开发、大发展的架势逐步拉开。

过去一年，面对错综复杂的形势，我们始终满腔热情、不畏艰难、勇挑重担，告别了艰苦创业、栉风沐雨的旧十年，迈上了蓄势腾飞、跨越赶超的新征程。成绩的取得，主要得益于市委、市人大、市政府、市政协领导的关心重视和各部门的大力支持；得益于园区所有工作者、建设者与时俱进、开拓进取的创业精神。在此，我谨代表基地党工委、管委会向关心支持基地发展的各级领导，向为园区发展做出贡献的企业家、人民群众和付出辛勤劳动的广大建设者表示衷心的感谢！

回顾一年来的工作，我们总结出以下三点经验：一是创新机制体制才能彰

显活力。机制体制创新是园区发展的重要源泉，在市委市政府的大力支持下，“产城融合、园镇一体”的机制进一步明晰，以园区发展为重、以永安发展为责、以共同发展为荣的思想进一步升华。以园镇一体为主的工作机制的创新，推动了重大决策和项目的实施，特别在征地拆迁方面成效显著，一直搁置无法启动的老大难项目纷纷上马。二是主动施压抗压才能形成动力。一年来，我们积极应对宏观经济增速放缓、周边园区竞争激烈带来的困难挑战，全园上下顶住压力、沉住心气，打开了招大引强的新局面；一批企业积极思变，实现成功转型，去年半数以上工程机械类企业销售额达到 50% 以上的增长，整体增幅超过 30%。三是重视民生民利才能持续聚力。我们在突出抓经济建设的同时，从未放松对民生民利的关注和落实，在政策允许的范围内尽可能地做到惠利于民。对被征地、拆迁的农民，怀揣一颗感恩的心，在政策性补偿方面不折不扣，在安居、创业、就业等方面予以关怀照顾，有效激发了群众参与园区建设、支持园区发展的热情。

过去一年，经济工作虽然取得了一定成效，但目前大环境复杂多变，我们自身存在的不足与缺陷仍未得到根本性改变，面临的压力与挑战依然存在，从外部环境来看，世界经济增长处于动力转换和区域布局深度调整状态，仍存诸多不确定因素；人民币升值压力与日俱增，对外销企业形成冲击。中国自身经济社会面临转型，资源、环境、生态将更严格地受到控制和关注，与园区发展密切相关的土地、资金等核心要素受制约将越来越多。这将倒逼我们必须以更大的决心和更大的步伐推进改革创新。从自身发展来看，参照比较周边园区，我们仍有相当大的差距，最大的差距就是“小”和“低”。“小”主要表现在规模小：税收指标在全省 94 个省级园区中排名第 28 位，目前园区尚没有产值过 10 亿元的企业，税收上千万的只有 5 家，税收在 50 万以下的还有 33 家。“低”主要表现在产业层次低：园区企业整体科技水平不高，现代服务业不发达，园区技贸收入仅占总技工贸总收入的 4%，商业配套能力较弱；产品级次低：企业科技投入偏低，高新企业只有 19 家，高新技术产业产值为 33.2 亿元，在全省同级园区排第 25 位，在行业叫得响的企业和品牌不多，产品附加值较低，经济效益不高。

在跨越赶超的路上，困难和挑战虽然不少，但积极因素也让我们倍感欣慰、充满期待。一是改革创新时代蕴藏发展机遇。十八届三中全会奏响了全面深化改革的号角，中国经济将再次扬帆起航；长沙东拓战略全面实施，金阳大道即将启动，交通区位优势的进一步凸显或可成为发展新引擎；长沙汽车产业强势崛起，大众一级配套商波特尼正式落户园区，其辐射带动效应指日可待；浏阳快速挺进全国县域经济50强，两大工业园区联体发展、园镇整体推进战略付诸实施，大抓工业和抓大工业的氛围进一步浓厚。园区作为浏阳工业发展的主力支撑，将乘着改革创新的梦想之船，实现更快速度、更高质量的发展。二是十年创业奠定跨越发展基础。园区经过十年的艰苦创业，装备制造业、汽车零部件、再制造三大主导产业加快聚集，烟草食品、快速消费品等行业快速崛起，生产生活配套服务业渐成规模，园区承载能力大幅提升。企业转型发展的能力明显增强，涌现了一批研发能力强、营销手段先进、内部管理规范、现代化气息浓厚的企业，这些都是园区实现跨越发展的正能量。三是“开门红”彰显加速赶超发展势头。今年企业开工较早，到正月初八，开工率达到95%以上，且企业员工回流率较高，不少企业员工回流率达100%。除极少数受国外市场影响的企业外，大多信心满满，加大马力上新项目、新产品，整体呈现欣欣向荣的发展势头。

2014年是基地全新起航、创新图强的筑梦之年。新的一年，我们要鼓足干劲，快马加鞭，全力推进园区新一轮建设大提速、产业大发展、级次大提升、商业大繁荣。

二、明晰发展思路，强化工作举措，全力打好创新转型的攻坚战

总体指导思想：深入贯彻落实党的十八届三中全会和省市经济工作会议精神，以“大干新五年，挺进省十强”为目标，以“项目攻坚、创新转型”为主题，以转变发展方式为主线，以全面深化改革和加快创新发展为动力，深入实施“产城融合、园镇一体”发展战略，继续突出“招大引强、项目建设、创新转型、城市建设、民生保障、作风转变”六个重点，真抓实干，奋力赶超，为建设活力迸发、财富涌流、快乐幸福的现代化园区而努力奋斗！

主要预期目标：2014—2018年发展目标：培育规模以上企业150家；实现企业总产值600亿元，年均递增25%；工业产值585亿元，年均递增25.5%；财政收入20亿元，年均递增25%；社会消费品零售总额17亿元，年均递增20%；园区建成面积15平方千米，进入省级十强园区。2014年发展目标：完成企业总产值252亿元，同比增长30.6%；完成工业总产值235亿元，同比增长25.6%；财税收入突破8亿元，同比增长31.1%；完成固定资产投资55亿元，招商引资45亿元。

为确保上述目标任务实现，我们将重点抓好以下几个方面的工作：

（一）全力突破招大引强，切实增强发展后劲。一是紧紧围绕产业招商。突出主导产业招商，围绕三大主导产业，加快同类型企业的引进，形成产业链更齐、集群度更高的产业集聚区。现代装备制造业招商，要加大科技型、智能型企业的引进力度，并大胆探索鹏翔星通专用车产业化招商，快速形成园中园发展模式。汽车零配件产业招商，要针对大众配套商今明年集中本地布局的机遇，以波特尼入驻为突破口，引进一批港台、日韩、欧美等国家和地区附加值高、拉长增粗产业链条的项目，全面提升产业级次。再制造产业招商，要向国家政策靠拢，不贪大求全，坚持精而优，做出特色，积极示范。突出优势产业招商。围绕现有烟草食品、快速消费品等优势产业，深化“以商招商”的模式，强化上下游产业链的整合。全力确保湖南中烟烟叶精选技改项目落户园区，改变园区一直以来“缺强无大”的局面。借助一朵天下快速发展的契机，争取打造成长沙市快速消费品产业精品示范园区。依托人人家食品品牌效应，开展健康食品产业招商，盘活土地资源，形成聚集效应。突出城市产业招商。树立郊区经济和城市发展新理念，加强南园“新城”项目、捞刀河风光带、芦塘等三产项目以及医院、学校、文化、体育等公共设施项目的招商引资力度。加大上海燎申、江南果蔬市场、中央新影等三产项目的跟进力度，推进城市化进程，提升园区的配套能力，将南园建成现代物流、电子商务、高端房产等新兴产业聚集区。注重新兴产业招商。坚持把招商引资与转型升级同步谋划，着力引进新能源、轨道交通、电子信息、电子商务等战略性新兴产业，进一步优化产业结构。二是着力引进大商强商。更加牢固树立“招大商、选优商、引强商”的理念，尤其是要牢牢盯住世界500强、国内100强或一些国内外企业急需做大、转移的投资体量大、吸附能力强、产出效益高的项目。只有上更多的大项目、好项目，五年的倍增计划和“十强”目标才能实现。三是积极创新招商方式。巧借外力招商，向渤海湾、长三角、珠三角等工业发达城市的招商代理机构、行业协会等抛出橄榄枝，对成功引进大、强、优项目的给予重奖。广猎招商信息，组建一支专门对外拓展招商信息来源渠道的团队，与招商重点区域的政府机构、行业协会、商会形成定期联络制度。同时借助互联网的强大功能，提升招商信息的发散度，形成内外联通的信息网络。全面宣传推介，加强资源整合力度和整体宣传推介，除借助各类招商会、推介会等专业平台进行宣传推介外，还要借助机场、高铁站、高速公路等户外广告和国家、省市以及海外媒体、新媒体进行全覆盖，打出宣传推介的“组合拳”。招大引强难能一蹴而就，我们要有钉钉子的精神，持续使力，永不气馁，今年力争引进项目20个以上，投资过10亿元的项目要保“1”争“2”。

（二）强力推进项目建设，努力突破经济增量。2014年是项目攻坚年，要充分发挥重点项目办公室总抓手的作用，园镇实行全方位联动，形成抓大项目、上新项目、推好项目的浓厚氛围。一是加快项目建设进度。今年，拟建在建的项目共有57个。工业项目29个，其中拟建工业项目有16个：分别为凯中电气、信质电机、永翔印刷、群泰商用设备、汉龙水电、青特车桥、汇湘轩食品、辣之源、赢家环保、红旗重工、先锋彩印、凯利达新材料、普洛斯工业物流项目以及即将签约的中烟烟叶精选技改项目、哈镘数控机床、卷起机及矿山设备再制造项目。拟建项目要全力突破征拆难题，确保企业尽快进场建设。续建的工业项目有6个：一朵二期、龙光二期、海洋胶囊、远东传动轴、湘贤科技、互利达。续建项目要加快建设进度，确保年内竣工。拟竣工的工业项目有13个：除以上6个续建项目外，还有众达电缆、天宏泵业、博利达模具、旺达交通、启人环保、湘膜电机、佳滨电力设备。计划年内竣工的项目要盯住目标，倒排时间，确保进度。商业项目有5个：分别为永安新城、博大大酒店、华润新都汇、海滨广场、国际家具城。商业项目在确保工程进度的同时，要结合园区实际制定个性化业态规划，大力引进商业品牌，确保在明年全部竣工投入使用，快速形成园镇结合部高端商业圈。基础设施项目：道路15条：东西方向，学苑路东延至经4.5路，西接株陵小区；纬1.5路东延至经7路，西接永安大道；纬3路东延至经7路，西接经2.5路；南辅路东延至经4路，西接株陵小区。南北方向，经2.5路、经3路、经4路北延至永丰路；经4路、经6路北延至纬3路，南拓至永社路；经7路北延至纬3路，南拓至319，通过这些道路的延伸、贯通，实现园镇内外大循环。再制造公共平台项目：分别是再制造发展中心、信息中心和旧件回收物流中心。再制造发展中心、信息中心争取尽快启动，旧件回收物流中心确保今年上半年全面竣工。民生项目：完成13栋保障性住房建设，包括礼耕安置小区4栋和南园9栋。礼耕安置小区A6~A9栋确保在8月份交房；南园的A1~A3栋8月份交房，A4~A9栋年底交房。另外，今年力争启动第二水源和永安中学的建设。二是加强项目建设管理。投资公司对于项目建设管理与服务要主动担当，进一步加强项目全过程管理与服务，使管理流程更加科学，部门配合更加有力，项目建设更加快速。特别对于政府性投资项目，要重点加强全过程造价控制和质量管理，提高设计、预算的科学性，尽量减少或避免出现设计变更的问题，同时做好企业建厂技术服务。

（三）牢牢把握创新着力点，加快推进转型升级。管委会方面：一是壮大规模企业群。深入实施扶优扶强政策，按照龙头型企业、骨干型企业、成长型企业进行分类，选择具有倍增能力、核变效应的项目进行集中扶持，进一步壮大产业规模。今年力争培育工业企业税收过 5000 万元的 3 家，2000 万 ~5000 万元的 3 家，1000 万 ~2000 万元的 6 家。二是打造高端产业链。以装备制造业、汽车零部件、再制造、烟草食品、快速消费品等优势产业为龙头，加快同类型产业的招商或总部基地的引进。强力推进大众配套园、鹏翔专用车产业化、天福生产基地拓展项目、一朵生产基地扩建、人人家食品工业园，力争由一家企业催生一条产业链、拉起一个产业集群，达到“一树成林”的效应。企业方面：一是加大技术创新。企业要更加重视自主创新，确保科技资金的投入，专注关键核心技术的研发攻关，力争每年有 1~2 项重大突破或新品上市，推动产品向高附加值、高技术含量的高端产品转型。二是加大管理创新。充分利用精益生产试点和其他管理咨询公司的专业培训，着重在生产流程、制度管理、队伍建设、文化建设等方面导入现代企业管理体系，进一步提升产品品质，降低经营成本，提高企业效益。三是加大营销创新。企业要对产品进行定位和市场细分，耐用类终端产品生产企业，除了在技术方面做强硬实力外，在售后服务方面也要增补软实力。大批量的耐用配套产品、快速消费品及生活用品的生产企业，要积极探索传统销售模式与电商销售模式的结合，快速形成销售网络的全覆盖，在总量上寻求新突破。

（四）着力完善功能配套，加快城市化进程。一是科学实施规划布局。进一步树立“生产、生活、生态”协调发展的规划理念，既要站在大长沙的角度考虑总体布局，又要把三大组团、五个片区及每个重点项目规划到位；既要考虑北园的功能完善，南园的有序拓展，又要考虑永安镇的提质改造；既要考虑厂房、商业街、高楼的布局，又要留足城市绿地、公共场所等生活空间。同时，在空间规划、产业布局上更加前瞻、科学，重视城市的单体设计，包括建筑高度、密度、形态、色彩、风貌等。今年要重点规划南园、捞刀河的业态布局和城市再造工程。要严格执行规划，规划一旦批准实施，不得朝令夕改，并做好控违拆违工作。二是优先构建交通网络。主动对接各部门，全力配合做好金阳大道永安段的征地拆迁等相关工作；按照“对内打造循环、对外实现融合”的构想，全力推进15条道路、12个地块的建设和500亩的征地、138栋房屋的拆迁，着力打通断头路，实现园区内部道路联网、外部四通八达的交通格局。三是增强水电保障能力。全力争取第二水源对园区的支持，今年要全面启动建设，提高供水能力，保障生产安全和生活健康。积极争取省电力公司的支持，对用电进行扩容，提前做好柞树塘110千伏变电站的申报、选址等前期准备工作，力争2015年启动建设。四是加快商业项目建设。继续推进永安通程商业广场、步行街、万福新城的建设，加快旧城的提质改造，进一步浓厚商业氛围；加快推进南园、捞刀河风光带的综合开发，全面加快城市化进程；支持房地产业健康发展，加快5个商业项目建设，并尽快启动河堤改造项目，推进株陵河道、礼耕河道、鹭栖湖等城市景观建设。力争在3~5年内将园镇打造成10万人口的省十强园区和三湘第一镇。

三、创新管理模式，优化基础保障，全面促进社会大局和谐稳定

创新社会管理，突出解决好关乎园区发展的生产安全、消防安全、环保安全、交通安全等重点领域、关键环节的问题。重点解决好群众最关心、最直接、最现实的利益问题，切实履行安全责任和社会责任，确保园区长治久安、和谐发展。

（一）强化安全管理，提高保障能力。一是强化生产安全。贯彻落实中央、省市关于安全生产工作会议及领导的重要讲话精神，围绕“一杜绝，两控制”的总体目标，以“严查、严管、严处、严罚”和严格落实企业主体责任为总抓手，发挥安全工作委员会的作用，形成“园镇一体、企业负责、社会监督”的工作格局，重点在整章建制、素质培训、执法检查、条件改善、分类监管、应急预防、宣传教育等方面加大建设和管理力度，确保全年无较大安全事故发生。二是抓好消防安全。强化消防安全意识，确保消防安全企业主体责任落实。根据消灾防灾需要，全面完善消防设施设备，经常性地开展隐患自查自纠、监督检查、知识培训和应急演练，全面提升预防控制能力。三是重视环保安全。园区位于捞刀河中段，水资源的环境承载力较弱，要切实增强社会责任感，进一步增强环保意识。加强对环境设施的运行管理，落实环保治理措施，开展跟踪监察，坚决反对以牺牲环境获得一时发展。四是强化交通安全。完善重要交通路口的红绿灯、电子警察、交通标志等设施设备，降低交通事故发生率。企业要对员工加强交通安全知识的教育，施工单位在施工过程中，要放置醒目的安全提示牌，完工后及时恢复。要通过综合安全管理，提高园区的安全保障能力，确保安全稳定发展。

（二）突出民生导向，创新社会管理。一是加强市政管理。一要加强服务外包。积极探索政府主导、市场运作的高效模式，实施公司治理和负责制，逐步推行环境卫生、绿化维护、市政维修、雨污管线维护等公司化管理，同时引导安置小区物业管理公司化运作。二要强化部门联动。建立派出所、城管队、交管站、自来水公司、环保办等部门综合性执法机制，形成部门合力，提高公共事务管理和处置能力，营造安全、和谐的生产生活环境。二是提高民生保障。做好老龄补助的动态管理和社保工作有序推进，实现社保与征拆的良性互动。加快保障性房源建设，确保 13 栋保障性住房顺利交房。抓好就业培训，引导被征地农民掌握 1~2 项技能，确保无零就业家庭，并积极探索职业培训办学模式，为企业输送专业、适用的技术类人才。三是倡导文明新风。一要加强宣传教育。加大安全生产、征地拆迁、社会保障、劳动合同、城管执法、计划生育、城乡规划等方面的宣传教育，引导广大职工、永安居民关注、参与和支持园区建设，大力培养懂法律、顾大局、讲道德、明事理的现代工人和新型农民。二要着力构建综治网络。建立村组和企业综治专干、信访专干联络制度，构建园区综治网络，及时搜集和处置突发事件和矛盾纠纷。成立纠纷调解委员会，探索劳资纠纷调解社会化。对无理取闹、寻衅滋事者，要加大打击力度，确保发展环境和谐稳定。三要倡导文明新风。重点围绕“健康文明新生活”三进活动，倡导健康、文明、勤劳新理念，引导员工、居民从一言一行做起，自觉践行公共道德，恪守文明规范，增强文明意识，做健康文明新生活的先行者、宣传者和监督者。

（三）转变工作作风，全面提升工作效能。一是深化改革，建设创新园区。牢固树立改革是重大挑战、也是重大机遇的认识，把全面深化改革作为推动园区创新转型的强大动力。重点推进园镇一体、市场配置资源的机制体制创新，全力打造园镇一体、产城融合样板；进一步完善管委会与投资公司的职能，正确处理好政府和市场的关系，更深层次探索市场运作机制，推进社会化服务，提高工作效能，确保有形之手更有效、无形之手更有力。认真清理束缚生产力发展的障碍，取消不合理的制度和做法，提高资源配置效率和公平性，争取改革最大红利。二是依法行政，建设诚信园区。人无信不立，要大力弘扬工业精神，倡导效率观、质量观和可持续发展观。我们不仅要坚持依法行政，高质量地提供公共管理服务，还要保证公平、正义的落实。既自觉接受上级及社会各界监督，严格遵循契约、保持诚信，提高政务透明度和公众参与度；又主动实行重大决策、大笔资金的合法性审查，严格按照法定权限和程序行使权力，特别在招商履约、土地挂牌、项目招标、政府融资等方面严格执行国家政策，严控政府性投资风险，确保行为规范、运行安全。三是转变作风，建设廉洁园区。在加强作风建设和开展群众路线教育活动的大环境下，认真践行一线工作法，坚持“三个一律”，落实八项规定，深入推进干部作风建设。坚决反对“四风”，严格执行公务接待、公务用车等规定，建立厉行节约反对浪费的监督检查和责任追究制度。全面推行政务公开、重大支出公开等财务制度，打造阳光政务。加强对专项资金使用和管理，坚决杜绝索拿卡要等不正之风。扎实开展廉政风险防范工作，从源头上预防和治理腐败，不断提升公信力和为民务实清廉形象，切实担负起“兴一方经济、富一方百姓、保一方平安”的政治责任。四是凝聚力量，建设活力园区。充分发挥党组织、工会组织桥梁纽带作用，以“走在六个前列”和提升党的建设科学化水平竞赛活动为契机，深入开展群众路线教育实践活动，突出党建、工会工作先进性和服务型两个重点，树立绿色经济发展和红色党建发展两面大旗，力争在思想认识上、组织扩面提质上、作用发挥上、服务发展上、凝心聚力上有新突破，将基地建设成为上下齐心、活力迸发、和谐友好的现代化园区。

加快发展，时不我待。我们要倍加珍惜来之不易的良好势头和发展局面，再鼓干劲、再振士气、再举新措、再立新功，坚定不移地沿着“以产兴城、以城带产、产城融合、园镇一体”这条路子走下去，为实现“大干新五年，挺进省十强”的目标而努力奋斗！

顺应新常态 瞄准新目标
全力加快园区转型创新跨越发展

——在园区地 2015 年经济工作会议上的讲话

周 剀

（2015 年 3 月 24 日）

一、肯定成绩，正视差距，切实增强园区发展的责任感和紧迫感

2014 年，在长沙、浏阳市委、市政府的正确领导下，在市人大、市政协的关心和各部门的大力支持下，制造产业基地紧紧围绕“大干新五年、挺进省十强”的目标，团结拼搏负重奋进，较好地完成了各项目标任务，获评 2014 年长沙市省级园区绩效考核第三名和长沙市加速推进新型工业化工作“红旗单位”。

（一）攻坚克难，扬优成势，经济总量稳步增长。过去的一年，面对复杂的发展形势和持续的经济下行压力，园区上下团结一心，扬长避短，主要经济指标全面完成，全年实现工业总产值 241 亿元，同比增长 28.8%；实现财政总收入 8.16 亿元，同比增长 34.4%。规模工业产值、财政税收、工业增加值等主要经济指标的增速在长沙市 9 个省级园区中名列前茅，固定资产投资排名第一。新增规模企业 10 家，园区规模企业总数达到 87 家。园区经济整体呈现总量增大、增速加快的发展态势。

（二）突出主业，提质增效，招商引资取得突破。全年共引进项目 27 个，其中投资过 20 亿元的项目 1 个，过 10 亿元的项目 1 个。先进装备制造、汽车及零部件两大主导产业类企业占引进企业总数的 70% 以上，8 家汽车零部件企业均为核心配套企业，其中波特尼汽车线束项目达产后年创税可达 6000 万元，主业磁场效应进一步凸现。招大引强逐步突破，总投资超 20 亿元的“芙蓉王”全配方烟片打叶复烤项目，是长沙市省级园区中少有的大项目之一，也是园区未来经济增长的亮点。同时，去年项目储备大幅增加，达到 73 个，为今年的招商引资工作奠定了较好的基础。今年 1 月 8 日，与东莞市安达自动化设备有限公司成功签约，项目总投资 10 亿元，该公司属高端智能制造企业，与苹果公司等知名企业配套。

（三）创新思变，顺势而为，多点支撑逐步形成。先进装备制造、汽车及

零部件两大主导产业优势更优，经济贡献率达 53.4%。其他产业进一步壮大，以“芙蓉王”复烤项目为龙头的烟草加工业，实现向价值链的高端延伸。家具产业创新转型提上日程，浏阳国际家具城将助推家具产业专业化、规模化、品牌化发展。企业创新水平不断提高，宇环数控的双面研磨机床等系列产品填补国内空白，达到国际先进水平。华恒机器人依托强大的研发能力，产值、税收实现翻番，税收增长达到 298%。湖南一朵规模带动效应初步显现，上下游产业得到有效整合，产销及盈利规模成倍扩大。博大机械连年保持较快增长，并入列千万税收方阵。佳能泵业虽受矿山行业影响较大，但主动由卖产品向卖系统解决方案转型，企业依然保持较快发展。富丽真金发展稳健，产品质量过硬，品牌影响力越来越大，并成功拓展电商渠道。鹏翔星通专用车资源整合平台作用得到发挥，随车起重运输车、搅拌车载泵车已销售 20 多台，半挂车进入产前准备，防爆型烟花爆竹专用运输车 4 月份投产，预计今年专用车销售过亿元。龙光科技自主研发的机器人系统、包装机械、自动存查样品立体库、数控冲床垛料等产品，智能化程度和精准度较高。亚明电子荣获中国驰名商标，百宜饲料、天联复合材料、神六机械等企业荣获湖南省著名商标。

（四）合力攻坚，排难奋进，项目建设成效显著。充分发挥园镇一体推进项目建设的独特优势，紧紧围绕“道路畅通、土地平整、企业建厂、农民安居”的工作目标，全年铺排重点项目 39 个，总投资 81.9 亿元，增长 58%。全年征地 671.6 亩，拆迁房屋 145 栋，平地 1200 亩，实现了 13 个项目征拆清零，保障了中烟、普洛斯、波特尼、信质电机等重点项目及时供地；9 个工业项目顺利投产，5 个项目实现当年开建当年投产。波特尼线束项目更是实现当年签约、当年建成投产，是市委、市政府关注的重点和项目观摩的亮点；浏阳国际家具城项目启动建设，首期发售 VIP 认购卡 2000 多张，受到省市部门及业界高度关注；再制造旧件回收物流中心如期建成，7 栋保障性住房交付使用。全年项目建设总体目标完成率达 95% 以上，创造了只争朝夕的“园区速度”。

（五）借力交通，强化配套，产城融合步伐加快。按照市委、市政府双向融城，构建金阳新区的战略定位，做好了园区主干道与金阳大道的互通相交预留。开工建设了学苑路、永和南路、捞刀河路等 15 条道路，拉动了永和路、永裕路、永泰路等主干道。南园片区、东北片区、西北片区延伸拓展，开发骨架初步形成，基本实现道路成网、开发成片、绿化成带。永安联合水厂启动建设，北片区沁源电力线路纳入湖南省电网建设计划并完成建设。博大中央广场、华润新都汇、滨海新干线等房产项目加快建设，城市化配套大幅提升，以产兴城、产城互促的发展格局加速形成。

（六）创新举措，优化服务，保障要素得到加强。通过积极争取，全年申报建设用地 3112 亩，及时保证了招商引资和项目建设用地。完成筹融资 6.06 亿元，保障了建设资金需要，实现金融风险可控。出台《加快园区总部经济发展的实施意见》《关于调整委属机构及职能的通知》等文件，政策体系得到完善。政务服务迈上新台阶，自去年 10 月份开始筹建政务服务中心，今年 3 月 17 日正式投入使用，解决了园区企业长期以来到浏阳城区办事的不便。校企合作、人才培养、项目申报、破难解困、安全环保等企业服务机制进一步完善，经济发展的保障要素明显加强。全年没有出现较大以上安全事故和有重大影响的环境事件。妥善调处非法集资、劳资纠纷、员工工伤、拖欠民工工资等矛盾纠纷 12 起。完成 24 个村民小组共 1508 人的社保资料上报，为 880 人办理社保公示手续，为 950 余名老同志发放老龄补助 610 多万元，安置拆迁户 280 户。结合党的群众路线教育实践活动，着力转变工作作风，促进党建带“三建”，园区上下形成一心一意谋发展、凝心聚力抓落实的新风尚。

这些成绩的取得，是市委、市政府正确领导，市人大、市政协关心支持的结果；是市直各职能部门，永安镇党委、政府及相关村、社区鼎力相助的结果；更是园区 130 多家企业共同努力的结果。在此，我代表园区党工委、管委会向各级领导，市直各部门、镇村同志以及园区各企业代表表示衷心的感谢！

在总结成绩的同时，我们也清醒地认识到，发展中还存在不少困难和问题：一是宏观经济下行压力较大，少数企业经济效益下滑，部分企业业绩不佳；二是经济结构不优，创新动力不足，龙头企业不多，抗风险能力较弱，企业参与竞争的能力还不强；三是资金、土地、环境等要素制约日益突出，影响园区和谐稳定的隐患较多，安全环保形势依然严峻；四是城市建设刚刚起步，生产生活配套还不完善，园区管理服务水平还有待提升，等等。以上这些问题，需要我们高度重视，并在今后认真予以解决。

二、科学研判，坚定信心，正确把握新常态下的新要求和新机遇

2015 年，中央立足“三期叠加”阶段性特征，作出我国经济发展进入新常态的重大战略判断，经济增长由高速转向中高速，发展动力由要素驱动、投资驱动转向创新驱动，一些不确定性风险也开始显现。这些新情况、新挑战，园区作为经济发展的承载体和主阵地，是躲不开、绕不过的。我们必须结合园区和企业实际，认真领会，把握新常态战略思想的深刻内涵和重大意义，切实主动作为、加快发展。

（一）准确认识新常态提出的新要求。新常态提出了新要求，具体到我们园区发展实际，主要有四个方面：一是从发展增速来看，新常态下的经济增长是调速不减势、量增质更优。制造产业基地作为成长型园区，发展还不快，水平还不高，在长沙市 9 个省级园区中，我们务必保持 20% 以上的增速才不会落后。所以，我们必须以经济发展质量和效益为中心，聚精会神、竭尽全力搞建设、谋发展。二是从投资需求来看，园区工业地产、现代物流、创新创业平台等生产性服务业还不发达，投资的关键性作用还要进一步发挥。三是从产业结构来看，目前园区工业已成规模，三产配套还比较落后，我们必须进一步壮大工业产业的同时，大力发展第三产业，产城融合的步伐还要进一步加快。四是从生产要素来看，土地资源越来越稀缺，地方性债务限制越来越严。国发〔2014〕62 号文件的出台，使企业依赖税收、土地等政策洼地效应形成的竞争优势不可持续，招商引资面临新的挑战。人力资源优势向人才资本优势转化成为可能，自主创新更显重要。

（二）牢牢把握新常态带来的新机遇。新常态蕴含新机遇。新常态下，对园区来讲，主要有四个方面的利好因素：一是经济增速虽然放缓，但增长更趋平稳，有利于我们把更多精力集中到结构调整和创新转型上来。二是国家对智能制造、新能源等产业的大力扶持，高度契合园区的产业发展方向。省、市全力支持园区打造中国智能制造产业集聚区，这有利于园区招商引资，加快产业集聚和创新转型。三是国家更加注重定向调控，重点支持中西部地区加快发展。湖南作为领跑中部的大省，必将是投资的热地。而长沙作为省会城市的吸附功能将得到更大发挥。制造产业基地地处长沙东部开放经济走廊的第一要冲，既能接受长沙的辐射，又具有相对充足的土地资源，能承接更多项目布局。中央鼓励社会资本参与政府项目建设，有利于园区吸纳更多社会资本，推进投融资改革。四是市委、市政府更加重视工业园区的发展。长沙市委、市政府去年出台了工业园区“转型提质发展”三年行动计划（长办发〔2014〕28 号文件），在产业发展、招商引资、简政放权、机制体制等方面提出了具体的支持政策。浏阳市委、市政府提出“金阳”战略，金阳新区将成为长沙东线经济发展的新引擎。园区作为对接大长沙的桥头堡，机遇难得。

（三）全面落实新常态提出的新目标。新常态提出了新目标，为此，我们要努力实现三个方面的目标：一是要通过深化改革加快发展。以处理好政府和市场关系为核心，以产建投资公司改革为突破口，加大经济体制、管理体制的改革，最大限度激发市场和社会活力，使改革红利转化为新动力。二是要通过自主创新加快发展。深入实施园区“转型提质发展”三年行动计划，浓厚创新创业氛围，搭建创新创业平台，出台创新创业政策，将园区打造成创新创业的福地。三是要通过优化结构加快发展。始终坚持以提高经济发展质量和效益为中心，科学处理好“舍”与“得”的辩证关系，摒弃一些产能过剩、级次低、市场竞争力弱的产品，激活一批创新能力不强、经济效益不好的企业，促其转型升级。

总之，新常态是经济社会发展的规律，我们应把新常态作为当前和今后一个时期部署工作、谋求发展的前提和基础，应把自身置于这个时代大潮中，瞄准新目标，力求新作为。

三、明确目标，强化举措，务实推进园区转型跨越发展

2015年经济工作总体要求是：深入贯彻落实省、市及浏阳市委经济工作会议精神，紧紧围绕市委、市政府“挺进三十强，再创新辉煌”的战略目标，深入推进园区“转型提质发展”三年行动计划，顺应经济发展新常态，突出转型创新主题，抓住“招大引强、产业培育、项目建设、要素保障、改革创新、队伍建设”六个重点，务实拼搏，赶超奋进，为打造智能制造产业集聚区，实现“千亿园区”目标而努力奋斗！

园区经济发展主要目标是：2015年园区实现技工贸收入300亿元，同比增长20%；工业总产值290亿元，同比增长20%；财政总收入突破10亿元，同比增长20.6%；合同引资80亿元，完成固定资产投资95亿元；力争在长沙市9个省级园区排名中实现“保三争二”的目标。力争2017年实现技工贸收入500亿元，工业总产值400亿元，财政总收入突破16亿元，分别比2014年翻一番。力争到2020年实现技工贸收入1000亿元，工业产值800亿元，财政总收入30亿元，确保“千亿园区”目标顺利实现。

为确保上述目标任务实现，今年我们将重点做好以下六个方面的工作：

（一）致力招大引强，壮大发展规模。一是拓宽招商渠道。突出专业招商，积极举办、参办各类招商洽谈会、项目推介会，形成整体作战、力量集中、优势互补的招商合力，今年要在沿海或境外组织两次以上招商推介活动，积极参加2015“美丽浏阳”系列招商活动、招商推介会以及厦交会、湘商大会等大型商洽会展。创新中介招商，发挥招商引资中介奖励政策的引导作用，充分利用台湾青创协会、深圳汽车电子协会、中小企业协会、驻外办事处等社会团体的资源优势拓展信息网络。实施蹲点招商，力争在深圳设立园区招商办事处，将招商触角长期延伸到珠三角，建立稳定的招商渠道。重视以商引商，通过产业链的延伸和企业间的相互介绍、推荐，实现“引来一个、带动一批、辐射一片”的招商引资集聚效应。全年力争引进项目 50 个以上，实现合同引资 80 亿元。二是拓展招商业态。依托国家再制造产业、智能制造产业、新能源汽车产业、“芙蓉王”复烤项目、人人家食品工业园、浏阳国际家具城等平台，着力引进一批带动力强、产业链长的领军企业，力争在新型业态上实现新突破。今年力争引进投资过 10 亿元的项目 3 个以上，投资过 3 亿元的项目 5 个以上，投资过亿元的项目 5 个以上。三是提升服务水平。在新常态下，优惠政策和廉价劳动力不再是吸引客商的首要砝码，而便捷的公共服务措施、优越的投资环境则是招商引资的竞买点。因此，我们要创新方法，强化服务，既使招商引资合法合规，又利于项目引进。同时，积极营造办事高效的服务环境，对在建项目，由招商局牵头，落实项目责任制，科学安排时序，确保项目按期推进。项目开工投产后，交由产业发展局负责，为企业提供全方位的服务，让投资商真正感受到在园区创业安心、投资放心。

（二）狠抓创新转型，加大企业培育。一是围绕主导产业，着力壮大新型工业。以建设智能制造产业集聚区为契机，发挥宇环数控、华恒机器人、佳能泵业、五新重工、龙光科技等重点企业带动作用，做大做强智能制造业。发挥博大机械、波特尼线束、信质电机等优质汽车零部件企业的示范作用，加快汽车零部件产业向高端品牌乘用车核心配套转型。以鹏翔星通汽车产业园为平台，加大专用车、新能源汽车的引进，推进园区企业全面融入“长沙制造”产业体系。二是围绕科技创新，深化产研合作。加强与中南大学、国防科大、湖南商学院等大专院校、科研院所的合作，支持企业科技创新，提高科技成果转化能力。筛选一批发展基础好、创新能力强、注重产品质量、经营管理规范的企业作为重点培育对象，促进科技创新和成果转化，力争在重点领域和核心技术上取得新突破。今年高新技术企业力争达到 30 家以上，新增专利 50 件以上。三是实施梯队扶持，推动创新创业。积极搭建众创空间等创业服务平台，高标准建设创新创业大楼，积极营造创新创业生态环境，激发企业创造活力，打造经济发展新引擎。鼓励现有企业二次创业再投资，在土地、资金、政策等方面给予倾斜或享受总部经济政策。支持园区企业对接资本市场，设立园区企业上市专项引导资金，建立园区上市后备企业资源库，遴选 3 ~ 5 家优质企业作为重点扶持对象，实现上市企业零的突破。积极培育勇于创新、成长性好的中小企业，在融资担保、劳动用工等方面提供优质服务，扶持中小企业加快成长。加大企业帮扶力度，制订和完善支持企业发展的系列政策，发挥企业互助协会、担保公司、投资基金的作用，帮助企业解决融资难的问题。帮助困难企业重振发展信心，通过二次招商，引进新项目和战略合作伙伴，盘活闲置土地和闲置厂房。

（三）加快项目建设，夯实发展基础。一是优化项目布局。加快规划修编，通过北拓南扩，使规划控制区达 60 平方千米。重视土地规划的顶层设计和项目布局，对工业核心区、芦塘组团、花果山组团、永盛组团、狮子脑水库以及南园组团进行包装和运营，实现串联式组团开发，提升土地集约化经营水平。二是强化项目意识。园区发展，关键在投资，核心是项目，特别是重大项目的投资和建设。我们将进一步强化项目中心意识，坚持不懈地抓项目、扩投资、促发展，不断加大重大工业项目和城市重点项目建设力度，以项目建设推动园区经济发展实现新突破。三是落实项目任务。全年铺排重点建设项目 72 个，其中基础设施项目 46 个，产业项目 18 个，民生项目 8 个。年度计划投资 95 亿元，增长 16%。强力推进征拆工作，计划征地 2470 亩、拆迁房屋 130 栋、平地 1800 亩、安置拆迁户 233 户。加快基础设施建设，建设捞刀河路、永明路、鼎盛路等 21 条道路共计 12.9 公里；完成芦塘路、永和路 6.8 公里的电力线路及供水管线工程；完善亮化美化工程，完成 9 个路段共计 22 万平方米的绿化工程，安装路灯 964 盏。重点将 319 国道以北的区域进行绿化亮化美化，提高园区绿化品质，形成“人在树中，厂在林中”的生态环境。服务好中烟、华恒机器人、信质电机等 15 个以上重点工业项目建设，确保新引进项目开工 8 个，年内竣工 6 个。推进创新创业平台建设，建设标准厂房 30 万平方米，启动创新创业园项目建设，完成 2 万平方米的总部大楼工程。建设园区入园口标志性工程，完善园区路牌、指示牌等设置，提高园区的识别性和对外形象。加快民生项目建设，确保永安联合水厂年底建成供水，永安中学项目完成“三通一平”，优质建设 13 栋保障性住房。推进城市项目健康发展，确保华润新都汇、博大中央广场、滨海新干线按计划投入使用。四是优化建设环境。突出项目管理精细化、督查调度常态化、建设帮扶深入化等工作重点，确保项目顺利落地开工、投产达效。加强协调服务，着力破解项目用地、资金、人才等要素瓶颈，营造“零障碍、低成本、高效率、优服务”的项目发展环境。依法打击强揽工程、阻工闹事等违法行为，为项目建设保驾护航。

（四）强化要素保障，确保持续发展。一是强化资金保障。创新工作思路，认真落实国发〔2014〕43号文件的要求，构建多元化的投融资渠道，通过向上争资、银行融资、社会筹资、项目经营、发行债券等途径，全年实现融资总规模16亿元以上。推进投融资机制改革，扩大与外来投资商的合作，推广PPP模式，撬动社会投资，力争全年完成政府性基础设施建设投资10亿元，工业投资84亿元，以大投入促进大发展。二是强化土地保障。通过大项目、好项目争取项目用地指标，加大土地报批、征收、供应和储备，力争报批土地3000亩以上。同时，推进集约节约用地，盘活存量用地，抓好工业标准厂房建设，保障项目引得进、落得下。三是强化安全环境保障。坚守安全环保底线，深化平安园区建设，严格落实新《安全生产法》和新《环保法》，坚持源头治理，完善防控网络，杜绝较大以上安全生产事故和环境影响事件。加快完善应急救援体系，预防和妥善处置突发事件。四是强化民生保障。依法依规做好征拆安置工作，计划新申报社保对象1500人，落实老龄补助对象900余人，同时加大保障性住房建设和被征地农民就业培训，做到征拆安置同步。积极破解信访维稳难题，落实领导公开接访、依法处访、妥善息访和社会救助等举措，将矛盾化解在基层、消除在萌芽状态，促进社会和谐稳定。

（五）突出改革创新，激发内生动力。一是创新园镇管理体制。充分发挥园区在发展中的辐射带动作用，深度推进“产城融合、园镇一体”发展战略，实现规划同图、建设同步、资源同用、工作同心、成果同享，促进园镇深度融合、协调发展。二是创新园区财政管理。强化预算管理制度，实施规范、精准的财政预算，发挥财政资金在支持园区产业发展、社会事业、基础设施建设的杠杆作用，提高财政资金的使用效益。三是创新资本经营。探索园区开放式股权投资模式，吸引外来资金参与园区项目合作，形成畅通的投融资渠道。强化和扩大投资开发公司的经营职能，发挥企业主体作用，形成社会化、规模化的“造血机制”，推进经济发展向更高质量、更高效益的集约式增长转变。四是创新政务服务。进一步优化行政审批制度，实行并联审批，建立与省级园区相匹配的政务管理体系。高效运行政务服务中心，促进政务服务工作提质提档，努力将园区打造成为长沙市审批事项最少、时限最短、成本最低的样板园区。五是创新企业管理。增强园区与企业联系，建立健全园区党、团、工会、妇联，及企业协会等组织建设。以经济发展为主题，充分发挥党组织的核心堡垒作用和群团组织的桥梁纽带作用，提升对企业的管理与服务水平。

（六）抓好队伍建设，增强发展活力。一是强化干部服务意识。将服务贯穿于管理工作的始终，将服务作为园区工作的抓手，不断提高干部的服务能力和服务水平。二是强化权力监督。继续推行“阳光政务”，完善“权力清单”，将项目安排、资金拨付、土地招拍挂、工程招投标等敏感领域置于部门、社会和媒体的监督之下，让权力在阳光下运行，规范操作，全面提升园区的公信力。建立园区“宁静日”制度和“缴费清单”制度，为企业营造良好的创新创业环境。三是加强廉政建设。深化党风廉政建设，推进源头治腐，健全惩治和预防腐败体系。巩固党的群众路线教育实践活动成果，坚决反对“四风”，严格执行“三个一律”，使园区干部能急企业之所急，真心实意为企业解决发展问题。四是加强能力建设。实施干部队伍能力提升工程。建立灵活的学习制度、用人机制，实施薪酬机制和绩效管理改革，推行末位淘汰制，加大经济、金融、规划、建工等领域紧缺型专业人才的引进力度，进一步优化人才队伍结构，着力打造一支活力迸发的专业、敬业、创业的干部队伍。搭建校企合作平台，创新企业人才引进方式，注重通过项目入股、技术合作等方式引才引智。成立园区人才交流中心，支持企业与职业院校建立校企合作定向培养制度，建设人才培训基地，着力培养实用型技能人才，为企业发展提供人才保障。五是加强文化建设。做好园区文化发展规划，确定发展目标、文化载体和发展路径，形成富有特色的公共文化体系。制定园区公共文化设施投资计划，加大投入，分步实施，提供更多的园区文化产品。坚持以人为本，重视对干部和企业员工的人文关怀，发挥党建群团等平台作用，举办企业喜闻乐见的文化体育活动，增强园区凝聚力，把园区建设成为创业就业的理想家园。

同志们，新常态提出新要求，新常态蕴含新机遇。让我们在市委、市政府的坚强领导和各部门的大力支持下，紧紧依靠园区干部职工、镇村同志和全体企业，开拓创新，奋发图强，谋求新常态下的新作为，积极实施园区“转型提质发展”三年行动计划，努力建设“千亿园区”，为浏阳经济社会发展，建设省会副中心和湘赣边区域性中心城市做出新的更大贡献！

凝心聚力 开拓创新
努力谱写“十三五”园区转型提质跨越发展新篇章

——在园区 2016 年经济工作会议上的讲话

周 剀

（2016 年 3 月 10 日）

同志们：

今天会议的主要任务是，贯彻落实省、市及浏阳市委经济工作会议精神，认真总结 2015 年工作，分析当前形势，明确“十三五”发展目标，全面部署 2016 年工作，进一步增强发展信心，抢抓发展机遇，推动园区各项工作实现“十三五”发展良好开局。下面，我先讲三个方面的内容。

一、认真总结，客观估价，充分肯定取得的发展成效

2015 年是“十二五”收官之年，也是“十三五”和今后更长时期园区发展的规划之年。过去一年，在市委、市政府的正确领导下，园区坚持以“三个主攻、四大保障”战略为总揽，牢牢把握“招大引强、项目攻坚、创新转型”工作重点，主动适应经济发展新常态，推动各项工作取得新成效。

一是坚持挖潜增收促发展，主要经济指标稳定增长。2015 年，在总体经济下行的情况下，园区上下坚定信心，团结拼搏，创新发展，在逆势中奋力突围。全年完成规模工业总产值 290 亿元，同比增长 25%。实现财政总收入 10.12 亿元，同比增长 24.01%。各企业顶住压力谋发展，南方水泥和天福打叶复烤纳税 4000 万元以上，湖南一朵、宇环数控、博大机械、佳能泵业等企业纳税在 1000 万元以上，天宏泵业、轩辕春秋、三环汽车、众益管业等企业税收增幅达到 100% 以上。全年完成固定资产投资 105 亿元，同比增长 29.5%。主要经济指标稳定增长，园区发展的基础进一步夯实。

二是坚持一线攻坚不松懈，项目建设不断加速发力。始终突出项目带动，主动作为、攻坚克难，全年完成征地 1608 亩，拆迁房屋 169 栋，实现 18 个项目征拆清零，平地 1800 亩，完成土地报批 3000 亩，新建、扩改道路 9.4 公里，完成绿化面积 2.2 万平方米，铺设人行道 5.9 万平方米，安装路灯 410 盏，征地拆迁数为历年之最。资本密集投入，41 个产业项目相继竣工，产能进一步释放。

三是坚持精准招商稳投资，项目集聚效应逐步显现。精准招商、借力招商成效明显，成功引进启泰传感器、安达自动化、金丰林、蒙达、家谐家具产业园等 45 个项目，合同引资突破 100 亿元，其中投资过 10 亿元的项目 3 个，投资 5 亿元以上的项目 3 个，投资 5000 万元以上的 16 个，引进项目的数量、规模及质量为历年之最。全年项目实际投资占年度投资计划的 110%，并储备了 20 余个优质项目，为园区发展积蓄了能量，增强了动力。

四是坚持改革驱动增活力，创新转型实现重大突破。园镇一体工作机制纵深推进，作用发挥日益明显，并成为湖南省产城融合示范区试点。政府投融资模式进一步创新，产建投资公司逐渐由融资、建设主体向经营型企业转型。成功发行企业债券 11 亿元，开展了创新创业中心、中小企业孵化园、再制造公共平台、项目厂房代建等项目合作。企业创新转型加快推进，高新技术企业达到 26 家，申请专利 127 件，发明专利 39 件，并成功获批博士后科研工作站和院士专家工作站。博大科技、信质电机、凯中电子成为博世集团的全球优秀供应商。永昌汽车零部件公司由商用车配套向乘用车配套成功转型。湖南一朵紧跟电商发展，纸尿片全网销量排名第一。百宜饲料电商销售达到 8000 万元。还有宇环数控、佳能泵业、五新重工、龙光电子、华恒机器人、鹏翔星通等一大批创新型企业形成了自己的核心竞争力，实现稳步增长。

五是坚持民生为本解难题，社会事业取得长足进步。园区始终把服务企业、造福群众放在首要位置。政务服务实现了流程减半、效率倍增，“保姆式”服务及时为企业排忧解难。征拆户得到妥善安置，全年缴纳农民社保资金 1.9 亿元，发放老年补助 613 万元，做到应保尽保。完成了 5.4 万平方米的保障性住房建设，安置拆迁户 148 户。民生工程新水厂主体竣工，免费公共自行车实现全覆盖。安全环保、市政管理实施严控严管，全年没有发生重大安全责任事故和重大环境影响事件。有效地调处了多起工伤、劳资、债务等纠纷，社会维稳得到有效把控，园区获评长沙市安全生产工作先进单位和浏阳市社会治安综合治理先进单位。城市管理有了起色，园区环境明显改善，幸福指数逐步提升。商业配套进一步完善，滨海新干线引进超五星级国际品牌酒店温德姆华美达广场。博大中央广场成功签约洲际品牌酒店，并引进红星美凯龙。华润新都汇娱乐示范区开放，二期项目华天大酒店已开工建设，城市配套进一步完善，产城融合加快推进。

六是坚持作风转变提效能，干部能力素质得到提升。按照全面从严治党的要求，坚持关心激励与严格管理并举，实施了严格的绩效管理制度，开启了建园以来最严作风建设模式，做到了责任上肩、问责从严，全年未发生违纪违规现象。认真落实市委“人才活城”的部署要求，实施干部能力素质提升工程，努力打造综合素质好、专业水平高、实战能力突出的干部队伍。深入推进基层组织建设，抓党建、促发展的氛围进一步浓厚，企业党建工作有声有色，党的基层组织进一步夯实，凝聚了团结进取、创新改革的正能量，形成了奋发向上、创新创业、团结共进的良好氛围。

以上成绩的取得，是园区上下合力攻坚、克难奋进的结果，也是上下同心、多方努力的结果。一是得益于市委、市政府的坚强领导和对园区高看一等、厚爱一筹的关心与支持；二是得益于全市支持园区发展的浓厚氛围和市直各职能部门、永安镇党委政府及涉园村、社区的鼎力相助；三是得益于园区所有企业锐意进取、艰苦奋斗的创业精神。在此，我谨代表园区党工委、管委会向各级领导、园区企业家，市直各部门、镇村同志表示衷心的感谢！

总结成绩，我们有获得感。但同时也清醒地看到，园区发展还面临一些困难和挑战，工作中也存在一些差距和不足，主要表现在：一是经济增长压力较大。项目引进和项目建设仍是园区的短板，招大引强还任重道远。近年新引进项目还未充分释放产能，未来两年依然是园区发展爬坡过坳的关键时期。二是企业扩大投资的信心不足。市场疲软导致有效供给不足和需求乏力，加之企业的融资、用工等成本不断攀升，利润下降，企业扩大投资的信心受到影响。三是城市配套功能有待完善。城市化水平不高，城市配套、公共服务、城市管理等发展短板依然比较突出。这些困难和不足，我们必须高度重视，在今后认真加以解决。

二、认清形势，把握机遇，更加坚定未来的发展信心

跨入 2016 年，园区开启了“十三五”发展的新征程。未来五年，既是做大经济规模，争创“千亿园区”的攻坚期，也是在更高起点上加快创新转型，提升发展质量和效益的关键期。新的一年，我们务必坚定信心，抢抓机遇，战胜各种困难和挑战，实现“十三五”发展的良好开局。

一是从宏观层面来看，我们必须顺势而为，因时而动。转方式、调结构的步伐越来越快，今年中央、省、市经济工作会议重点对供给侧结构性改革进行了部署，明确要求为实体经济发展创造更好的条件，密集出台了一系列政策，通过降低企业成本、进一步简政放权、加大专项资金扶持等措施，为实体企业减负。这些利好政策，是实体经济迈向发展新阶段的重大机遇，我们务必因时而动，在产品、技术、管理创新上全面发力，在创新转型上力求更大突破。

二是从发展机遇来看，我们必须抢抓时机，乘势而上。国家去产能、调结构纵深推进，给产品质量好、创新能力强的企业提供了巨大空间。“大众创业、万众创新”呈现蓬勃发展的良好势头，将有效支撑经济结构调整和产业转型升级。长沙经济已经成为引领中部经济发展的重要增长极，近年推进工业经济发展的一系列举措，为园区发展创造了良好环境。长沙市政府对智能制造产业的重视支持以及长沙汽车产业的快速发展，给园区智能制造产业和汽车零部件产业带来机遇。市委、市政府以最大决心、最大力度支持和服务园区发展，坚持项目向园区集中、资源向园区集聚、政策向园区倾斜，这对我们来说是巨大的动力。我们一定要坚定发展的信心，厚植发展优势，加快园区发展。

三是从自身发展来看，我们必须开拓奋进，补齐短板。制造产业基地作为浏阳经济发展的主战场之一，经过近年来的高速发展，经济总量达到了一定规模，产业优势日益突出，企业创新能力显著增强，城市配套逐步完善，产业发展具备了较强的内在增长动力和势能。随着金阳大道的全线拉通、319 国道拓宽改造，园区的交通区位将进一步提升，长沙向东的门户全面打开，将引领园区迈入发展的快车道。置身于转型升级、创新创业的大潮中，我们务必把握大势、着眼长远、顺势而为、补齐短板，全力推动园区向更高质量、更高水平发展。

三、明确目标，突出重点，努力推进园区转型提质跨越发展

园区“十三五”发展的总体目标是：未来五年，我们将认真落实省市经济工作会议精神，以市委“交通融城、产业兴城、人才活城、生态美城”发展战略为指引，抢抓机遇、改革创新、奋力拼搏，全力打造“千亿园区”和高新技术园区。预期目标是：着力构建“十亿企业、百亿产业、千亿园区”的基本格局，力争培育智能制造、汽车及零部件、再制造、新能源、快速消费品、家具建材六大百亿产业，实现技工贸收入 1000 亿元、财政总收入 35 亿元，吸引 500 亿元的新投资，园区建成区面积达到 16.5 平方千米，常住人口达到 10 万人。

2016 年园区经济发展的主要目标是：实现技工贸收入 370 亿元，同比增长 17%；工业总产值 360 亿元，同比增长 18%；财政总收入 11.64 亿元，同比增长 15%；力争新引进项目 50 个，合同引资 100 亿元；完成固定资产投资 115 亿元，同比增长 16%；铺排重点项目 93 个，总投资 97.2 亿元。力争成功创建湖南省高新技术开发区。

为实现上述目标，我们将着力抓好以下五个方面的工作。

（一）坚持创新驱动，激发企业发展活力。一是营造鼓励创新的氛围。在园区转型升级的重要关口，要把创新放在核心位置，着力实施创新驱动发展战略，大力弘扬创新文化，厚植创新沃土，努力营造尊重劳动、尊重知识、尊重人才、尊重创造的良好氛围，让创新贯穿园区工作始终，使创新理念在园区蔚然成风。要开展理论创新、制度创新、科技创新、服务创新，促进科技与经济的深度融合，提高企业的整体素质和竞争力。二是完善支撑创新的平台。发挥“大众创业、万众创新”和“互联网+”集众智、汇众力的乘数效应，打造众创、众包、众扶、众筹平台，构建大中小企业、高校、科研机构、创客多方协同的新型创业创新机制。今年要建成创新创业中心、科研中心，以及再制造生产配套中心、发展中心、检测检验中心和信息服务中心等六大创新平台。加强与科研院所和高校的合作，充分发挥好博士后科研工作站、院士专家工作站两大平台的作用，支持企业与院校协同开展行业共性问题和关键技术攻关。落实好支持科技成果转移转化的政策措施，完善股权投资和分红奖励办法，发展天使、创业、产业等投资，加快科研成果转化，激发园区创新活力。在成功创建湖南省高新技术开发区的基础上，力争在“十三五”期间获批国家级高新技术开发区。三是壮大引领创新的产业。进一步强化企业创新主体地位和主导作用，切实增强自主创新能力，推动新技术、新产业、新业态蓬勃发展，提升产业和企业在价值链中的地位。将互联网更广泛、更深入地植入到先进装备制造、汽车及零部件、再制造等产业中，推动其向自动化、高端化、两型化发展。大力支持宇环数控、华恒机器人、佳能泵业、博大机械、启泰信息、安达自动化等行业领军企业加速向智能制造方向发展，着力打造一批在精密磨床、机器人、传感器、汽车零部件领域能够代表“中国技术”的标杆企业，使制造产业基地成为“浏阳智造”的代表。

（二）狠抓项目攻坚，夯实园区发展基础。一是科学谋划项目。要立足金阳新区的整体构架、园镇一体的融合发展以及园区的区位优势、产业优势和资源优势，结合园区功能布局，精心策划、包装和开发一批投资效益高、带动效应大、补给功能强的大项目、好项目。重点做好南园综合项目、捞刀河沿线、家具城项目、创新创业平台项目以及邻里服务区等重大项目的谋划。因地制宜把握特点，找准着力点，选准实施路径，着力提升园区发展后劲和承载能力。

二是精准引进项目。围绕优势产业和配套产业，瞄准长三角、珠三角等重点区域，积极承接东部制造业内迁转移和重点企业在中部的布局。大力营造湘商回乡投资兴业的浓厚氛围，推动以商招商、以情招商，大力吸引省外、境外湘商企业家回湘投资兴业。充分发挥园区驻深办和招商小分队的作用，加强与省市驻深办、驻沪办以及行业协会、各地招商会的互动合作，锁定重点区域、瞄准重点企业、紧扣产业链条，开展精准化、集群化、产业链招商，提高招商的命中率和精准度，力争全年新引进项目 50 个，招商合同引资 100 亿元以上。其中投资过 10 亿元、5 亿元和 3 亿元的项目各 4 个。三是高效建设项目。我们要牢牢抓住项目建设这个“牛鼻子”，完善项目法人责任制和领导联点制度，落实“每月调度、季度考核、半年讲评”机制，严格兑现年初签订的项目建设目标责任书。要加快推进创新创业园、中烟复烤、启泰高端传感器、金丰林射频芯片、中蓝科技石墨烯基地、蒙达新能源、一朵二期、三一再制造、家具城二期等 36 个产业项目建设，确保安达自动化、华恒机器人、安靠电源、普洛斯物流等 18 个项目年内竣工投产。完成金德意油脂、博大机械、龙光科技、亚明科技、永昌汽车零部件等项目的技改扩改工程。完成 319 国道园区段南向改造，新河路、永和路、永裕路、北辅路、永阳路等主干道的延伸拓展以及新水厂、污水管网、燃气管网等 45 个投资在 500 万元以上的基础设施项目建设。加快推进公租房建设、文体中心、邻里服务区、保障性住房等 12 个民生项目建设。进一步强化项目建设保障要素，力争报批土地 2000 亩、征地 2050 亩、拆迁房屋 150 栋、平地 1550 亩、安置拆迁户 520 户。积极稳妥做好保障性房源指标回购，支持安置户在园区购置商品房。优化项目建设环境，重点打击非法阻工、强揽工程、强装强卸等违法行为和违建乱建行为，切实维护项目建设环境。

（三）突出管理升级，提升经济发展水平。一是实施政企分离。科学推进管委会与产建投资公司的功能疏解，实施政企分离。建立产建投资公司独立法人制，在人事、经营、管理、考核等方面与管委会相对分离。行政类或准行政类功能由管委会主导；经济类或产业类功能由产建投资公司主导。要充分发挥市场配置资源的主导作用，进一步加快资金汇聚和产业聚集，推进园区产业转型升级和城市化进程。二是加大资产经营。要加快政府性债务的清理、剥离，尽快促成二期发债工作，改善债务结构，降低债务成本，逐步消化园区存量债务。创新项目投融资模式，要加强园镇资产经营管理，积极引进项目投资合作伙伴，推行政府与社会资本的合作，鼓励社会资本参与园区的公益性项目和基础设施项目建设，有效控制政府性债务规模的增长。加强金融服务，筹建园区金融服务中心，搭建企业与金融机构的合作平台，引进银行、证券、基金、小贷公司等具有一级结算业务的金融机构，完善金融服务体系，促进金融服务升级。三是规范市政管理。创新市政管理模式，建立多元化基础设施建设投融资体制，着力解决市政设施供给不足的问题。要把道路、水电、弱电、网络、绿化、亮化、环卫等项目进行分类管理和市场化运作，推进市政设施的专业化管理，提升市政设施建设水平，发挥基础设施的最大效应，推进“大市政”的扩容、升级。

（四）注重统筹联动，广泛凝聚发展合力。一是实施规划统筹。牢牢把握园镇发展的总体布局，有机融入金阳新区的总体规划建设中，要用国际视野和前瞻眼光，强化各功能分区，注重成片开发、产城融合和环境优化。今年要全面启动南园永和南路两厢的开发建设，在统筹总规的前提下，要用“工匠精神”对每一个细节进行精雕细琢，要出形象、出精品，将园镇打造成浏阳的“入户花园”。二是实施管理统筹。坚持经济发展与安全兼顾、发展与环境统一的原则。积极探索园区与永安镇经济发展与社会事务功能的统筹。进一步强化永安镇的社会事务管理职能，重点在征地拆迁、安全生产、消防安全、环境管理、市政管理、社区管理、违章建筑管理等方面，建立“责任分区、统一调度、应急联动”的快速高效的管理机制，形成全要素、多领域、高效率的深度融合发展格局。三是实施资源统筹。园镇行政资源、环境资源以及平台资源要共用，力争发挥最大效应。园企资源要整合，在科技创新、平台申报、金融创新、以商招商、市场开拓、信息资源等方面实现共创共享。企业之间要加强互通互用，今年要组织成立智能装备企业家协会、汽车及零部件企业家协会、再制造企业家协会和家具产业企业家协会，通过协会的形式组织产业联盟，形成整体合力，实现共赢发展。

（五）真心服务企业，切实优化发展环境。一是完善服务体系，补齐配套短板。借助市委、市政府打造长沙东部开放型经济走廊和建设“金阳新区”的机遇，完善路网建设，全年完成 9.2 千米的道路建设，实现园区内外循环。确保新水厂 6 月前供水，全面完成供水管网的改造，保障企业用水需求。建立健全园区公交系统，开通园内公交线路，进一步优化园区往长沙、浏阳城区方向的通勤车运营管理。完成永安中学一期项目建设，力争与浏阳市一中达成领办合作。启动大鹏湾养老中心、文化体育中心以及邻里服务区的建设。完成智慧园区一期工程，实现 WiFi 全覆盖。完成垃圾压缩中转站建设，确保年底运行。

二是优化企业服务，实施扁平化管理。创新政务服务，深化行政审批制度、商事登记制度等改革。全面推行行政许可审批事项清单管理、并联审批和网上审批，实现“审批事项最少、时限最短、成本最低”的目标。完善项目申报服务体系，建立项目库，引入知识产权服务机构和项目咨询机构，培训一批项目申报专业队伍，精准对接项目申报工作。组建人才交流中心，建立稳定的人才招聘渠道，及时补给企业用工。继续实施“保姆式”企业服务，园区干部要做到理解企业、贴近企业、关心企业，及时解决企业在生产、生活中的困难和问题。三是转变工作作风。按照“三严三实”的要求，加强干部作风建设，坚持铁律管干部、铁腕抓作风，做到常抓常管、严抓严管。园区干部要善于以钉钉子的精神抓好招商引资、项目建设、企业服务、城市管理等工作，确保工作抓一项落实一项。镇、村（社区）干部要服务园镇经济发展大局，要为项目建设、企业发展创造良好的环境。企业家们要发扬艰苦创业、开拓创新的现代企业家精神，不断提升科学决策能力、企业管理水平，适应新形势、新要求。我们只有聚众聚心、聚智聚力，才能奋力前行。

同志们，制造产业基地发展刻不容缓，神圣的使命催人奋进。让我们在市委、市政府的坚强领导下和各部门的大力支持下，紧紧依靠园区企业，团结全体园镇干部，坚定信心，真抓实干，努力实现“十三五”良好开局，加快建设“千亿园区”，为浏阳经济社会发展、建设省会副中心和湘赣边区域性中心城市做出新的更大贡献！

◆媒体报道

工业总产值九年增长 20 倍
“大长沙”东部工业新城正在崛起

发展经验

“产业不能形成特色，园区发展就会迷失方向。”

“工业产品进行再制造，是工业发展的趋势，是新一轮工业革命。投身再制造产业是园区发展的战略之举。”

“强园造城、配套融城。由新型工业化，过渡到推进新型城市化，坚持以人为本，坚持工业发展，大力发展城市配套，建设宜居、宜行、宜商的工业新城。”

九年发展，树立制造产业新形象

短短 9 年时间，湖南浏阳制造产业基地由小变大，由弱变强，在强手如林的长沙工业体系中，走出了一条产业兴园、特色立园的发展之路，构筑起工程机械、汽车零配件和再制造三大特色产业体系。2009 年，基地被国家工信部确定为全国机电产品再制造集聚试点园区（全国仅两家）。

园区工业总产值，9 年增长 20 倍，从 2003 年的 5 亿多元，增长到 2011 年的 109.2 亿元；财政收入增长 14 倍，由 2003 年的 3000 多万，增长到 2011 年的 4.37 亿元。

园区亿元企业总数达到 35 家，税收过千万元企业达到 8 家，规模以上企业达到 112 家，产业工人突破 22000 人，集聚了一批以博利达、青特车桥、义和车桥、海洋等为代表的汽车零部件企业；以中铁五新重工、德邦重工、天为重工等为代表的工程机械企业；以华恒自动焊接、龙光电子科技、宇环数控机床等为代表的先进装备制造和精密零部件加工企业；以轩辕春秋、赢家环保科技、湖南三一等为代表的再制造企业。

这个位于浏阳市永安镇，没有母城依托工业园区发展为何这样快？浏阳制造产业基地管委会党工委书记寻院豪介绍，九年来园区发展的经验归纳起来有三点：一是坚持特色立园之路，为省内工程机械及汽车主机企业做专业配套服务；二是围绕两型社会建设，大力发展再制造产业；三是在推进新型工业化的同时，大力推进新型城市化，实现强园造城。

专业配套，坚守产业发展新理念

说起长沙的工程机械产业，湖南人都是一脸自豪。然而，一个不容忽视的事实是，长沙工程机械配套产业，还十分弱小。长沙工程机械的很多关键零部件，如发动机、液压件、变速器，80% 以上需要从省外、国外购买，影响产业安全和产品附加值的进一步提升，成为长沙工程机械产业发展的短板。

为进一步延伸产业链，做强工程机械产业，今天长沙一直在努力发展工程机械配套产业。而浏阳制造产业基地，一直坚守在发展工程机械、汽车产业配套产业的最前沿。2003 年，园区成立之初，就紧紧围绕工程机械，汽车产业两大产业进行专业配套。

寻院豪回忆说，以前并没有专门的配套园区，而随着长沙工程机械、汽车产业的发展，配套产业的重要性逐步显现。“做好配套角色，对全省工业主导产业发展十分关键，可以增强产业竞争力，增加经济总量。”

他们当时的想法是，坚持以“为省内工程机械及汽车主机企业做专业配套服务”为发展方向，构筑起工程机械整机、汽车零配件特色产业体系，使园区产业成为长沙工程机械及汽车产业的重要组成部分。

“当配角就好比篮球比赛的后卫，场上五个人，中锋是最显眼的，前锋得分多，但后卫必不可少。”“产业不能形成特色，园区发展就会迷失方向。浏阳制造产业基地今天能在长沙工业发展版图中，占有一席之地，就是当初坚持了自己的产业特色。”

投身两型，“再制造”将成发展新引擎

一条原价 780 万元即将报废的生产线，通过多种高科技手段“修复”，达到了价值 6000 余万元的生产线的性能。这是浏阳再制造产业创造的奇迹。

什么是再制造？再制造，是采用新技术、新工艺对旧机电产品进行再加工，生产出能够达到甚至超过原来产品性能的新产品。

“工业产品进行再制造，是工业发展的趋势，是新一轮工业革命。投身再制造产业，是园区发展的战略之举。”

2007 年，长株潭城市群获批全国“两型社会”建设综合配套改革试验区，为“两型社会”建设，完善产业体系，提升产业级次，园区开始大力发展再制造产业。

2009 年，园区获批全国机电产品再制造聚集区，成为全国再制造产业发展的中心。2011 年，基地实现再制造产值 12 亿元，共有 3 家企业 7 项再制造产品进入国家再制造推荐目录。

今天，园区已集聚16家再制造企业，涉及工程机械、机床、轨道交通设备、矿山机械等领域，集聚了以湖南轩辕春秋有限公司、湖南三一等为代表的再制造企业。其中，湖南宇环同心数控机床公司，成为集研发、生产、销售于一体的精密、高效数控系列磨床的重点装备制造企业，其研发生产的数控双端面磨床系列、数控精密研磨抛光机系列等六大系列产品都代表着国家数控机床的高端产品和数控机床国际领先水平，先后对美国、德国、韩国、日本等国际知名品牌的100多台套旧机进行再制造，形成了核心竞争优势，也成为湖南唯一一家以数控机床企业列入国家工信部“循环经济再制造”试点企业。目前，正在与世界500强企业，欧洲最大汽车零部件再制造企业德国博世进行积极磋商，拟在基地建立全国首个再制造中心。今年7月，基地被国家发改委、工信部确定为全国首批循环化改造示范试点园区。

为抢占市场先机，浏阳制造产业基地规划了6平方千米作为再制造专区，并已着手再制造产业公共服务平台的建设，将通过3—5年，将其打造成全国再制造示范园区，成为全国再制造行业引领者。3年内，浏阳产业基地再制造企业可达到50家左右，年产值有望达到百亿元。

强园造城，实现基地发展新跨越

随着工程机械、汽车零配件和再制造三大特色产业的强势崛起，浏阳制造产业基地发展的目光更加高远。

浏阳制造产业基地作为“大长沙”东部板块——浏阳工业新城和长沙空港新城的重要组团，城市化是其必然趋势，造城是其必然选择！

“十二五”期间，我们除了发展好产业，另一个重要的任务就是“造城”，完善基础设施建设，将基地打造成现代化的工业新城。

“强园造城、配套融城”是基地实现“一个转变，二次跨越”的内在要求。当下，制造产业基地根本任务就是要实现经济总量和发展质量的二次跨越。要实现这个目标，就必须加快城市建设步伐，完善城市功能，内强创造力，外增吸引力，集聚各种生产要素，引进大项目、优质项目，促进产业级次提升和经济结构优化。

“由新型工业化，过渡到推进新型城市化，我们经历了理念上的转变，思路上的提升。”寻院豪说，坚持以人为本，坚持工业发展，需要坚强的城市配套，宜居、宜行、宜商的环境。在这种发展大势之下，园区正大步从单一的工业园区，向新型工业化、新型城市化相结合的全新发展阶段迈进。

下一步，园区将着重推进基地工业生产区、政务服务区、商贸流通区、中心商务区、居民居住区等方面的功能分区。为此，基地将完善交通网络建设，逐步实现与空港新城、长沙经开区的无缝对接，跟进配套建设，使市政功能满足5万至10万城镇人口生产生活需求。

“十二五”末，园区工业产值有望达到350亿元，年均递增35%；全社会固定资产投资五年累计50亿元，年均递增40%；社会消费品零售总额10亿元，年均递增20%；园区建成面积达到12平方千米。

（本文原载《长沙晚报》2012年10月29日第A11版）

后发赶超竞风流

——浏阳制造产业基地十周年发展成就综述

2012年11月20日，是平常人眼中普通的一天，但对于全体浏阳制造产业基地人来说，却是紧张与兴奋、忐忑与激动相互交织的一天。

这一天，国家发改委领导与专家组来到浏阳，对园区申报“再制造示范基地”进行实地考察、现场评审；这一天，中国工程院院士、再制造技术国家重点实验室主任徐滨士等近10名专家，用他们挑剔、严厉、专业的眼光细细地“打量”着园区发展再制造产业的每一项条件、每一个细节；也是这一天，浏阳制造产业基地作为长沙国家级再制造示范基地的重要一翼，以它一以贯之的沉稳、大气，顺利地通过了领导和专家组的评审验收，成功获批我国首家“国家级再制造示范基地”。

而就在前一天，19日，世界500强企业之一、欧洲最大再制造企业——德国博世集团与浏阳制造产业基地正式签约，博世集团在中国的第一个再制造工厂落户浏阳。

不仅如此，2012年10月，经过多年的努力，浏阳制造产业基地成功获批“湖南省工业集中区”。这意味着它阔步迈进了省级园区行列，成为我省直接支持发展的重点园区之一。

一件件“喜事”接踵而至，让砥砺奋进10年的浏阳制造产业基地人会心地笑了。这一个个闪亮的“金字招牌”，让他们未来前行的脚步越发自信坚定，越发铿锵有力！

发展“快”：十年征程，一路辉煌一路歌

2003年，浏阳制造产业基地拔地而起。

在我省众多经济开发区、工业园区中，它算是“晚辈”，但它的蓬勃朝气、强劲势头有目共睹——

10年间，企业生产总值从7.03亿元增加至140.6亿元；基地完成固定资产投资从2.34亿元上升至35.86亿元；基地财政总收入从4095万元上升到5.06亿元。园区工业总产值增长25倍，财政收入增长16倍。主要经济指标增幅常年在长沙同类工业园区中名列前茅。

10 年间，园区规模企业数量从 9 家增加到 86 家，企业总数达到 125 家。其中亿元企业 36 家，税收过千万元企业 10 家，省级高新技术企业 20 家。拥有教授、专家 120 多人，各类专业技术人员 2600 多名，产业工人 2.2 万名，拥有国家、省市级技术创新项目 100 余个，专利授权总数达 192 件。

10 年间，园区如同一块发光的磁铁，吸引着大项目、精品项目向着它奔跑过来。2012 年全年引进项目 21 个，引资 14.6 亿元，其中投资过亿元企业 6 个。并且第一次引进世界性项目欧洲最大汽车零部件再制造商德国博世再制造，第一次引进世界 500 强企业美国普洛斯物流，第一次引进行业拔尖项目，国内最大汽车发电机定子制造商信质电机。

10 年间，园区的建成面积扩大了 2 倍，人口劲增了 10 倍。道路、水电气、通讯等基础设施条件趋于完善，基地建设骨架进一步拉开，南北两园并驾齐驱的发展格局逐渐形成。

浏阳制造产业基地上扬的曲线，浓缩着这一群怀揣着梦想的创业者们多年来不断追逐、攀登、提升的发展之路，凝聚着他们的汗水、心血和智慧，见证着他们奋力拼搏、厚积薄发、不断赶超的精彩一跃。

如今，浏阳制造产业基地这个标志性园区，已成为湖湘发展热土上一颗发光发热的耀眼明珠。

定位“准”：找对路子，心无旁骛谋发展

没有母城浏阳做依托，在强手如林的长沙工业版图中，浏阳制造产业基地凭借什么占有一席之地？

“找准自己的位置。”党工委书记寻院豪简单的 7 个字道出了园区快速发展的秘诀。

“浏阳制造产业基地在建设初期就把路子定准了，为省内工程机械、汽车主机企业做专业配套服务。发展过程中，园区又找准了创新的突破点，围绕‘两型社会’建设，大力发展再制造产业。”寻院豪说。

目前，该园区形成了工程机械、汽车零配件和再制造三大特色产业体系，走出了一条产业兴园、特色立园的发展之路。

工程机械是湖南的优势产业、主导产业，更是我国机械装备制造业的亮点，规模稳居全国第一。汽车产业是我省第三个千亿元子产业，2011 年实现主营业务收入 1180 亿元，长丰、广汽菲亚特、福特等知名汽车企业纷纷落子湖南。

两大主导产业在全省国民经济中的地位举重若轻，但是两者中很多关键零部件，如发动机、液压件、控制系统等，80% 以上需要从省外、国外购买，影响产业安全和产品附加值的进一步提升。零部件配套成为我省工程机械和汽车产业发展的短板。

浏阳制造产业基地睿智的决策者们看准了这一点，“补齐短板”便是突出重围的最好途径。

多年来，基地心无旁骛、一心做好做强工程机械和汽车产业的专业配套。“专业建园”引来企业纷纷抢滩。青特车桥、山东义和车桥、方圆回转支承、五新重工、陕西中大重工等几十家各类配套企业，主要为北汽福田、雪铁龙、东风日产、常林股份、柳汽、东风、中联、湖北石通、三一重工、山河智能、福建永安等主机厂配套。

2007 年，敢为人先的浏阳制造基地决策者们做出另一个“大胆”的决定：率先在湖南发展再制造产业。

当时，“两型”理念刚刚提出，长株潭城市群两型社会配套改革试验区也才起步，还在摸索阶段。

在基地决策者看来，“对接两型社会，产业转型、实现两型是基础”，以发展循环经济为主的再制造产业，与“两型”理念有着天然的联系。年轻的浏阳制造产业基地有这个胆量去做第一个“吃螃蟹”的人。

事实证明，浏阳制造产业基地又找准了一条发展的康庄大道。

一条原价 780 万元即将报废的生产线，通过多种高科技手段“修复”，达到了价值 6000 余万元的生产线的性能。这是浏阳再制造产业创造的奇迹。

6 平方千米的再制造专区里“群英荟萃”。有对韩国现代挖机整机进行整机再制造的湖南轩辕春秋工程机械再制造有限公司、专攻旧工程打印机复印机再制造的湖南中美佳贸易有限公司、对部分汽车零配件进行再制造的湖南赢家环保科技有限公司、对数控机床进行再制造的湖南宇环同心数控机床有限公司以及对自动机械手进行再制造的长沙华恒自动化机械设备有限公司等 5 个年产能过亿元的再制造企业在内的 16 家再制造企业。

世界五百强企业博世集团入驻园区，让浏阳再制造产业“如虎添翼”；国家首家“国家级再制造示范基地”的烫金招牌，让浏阳制造产业基地成为全省乃至全国再制造产业发展的标杆！

基地负责人告诉我们，再制造表面处理中心、再制造产品检测鉴定中心、再制造产业发展中心等再制造产业公共服务平台建设已经启动。园区将通过

3~5 年，实现再制造年产值突破 20 亿元。

找准定位，善谋大局，易成大器。站在历史与未来的交汇点上，浏阳制造产业基地插上“主导产业配套园区”和“两型产业生力军”的翅膀，正在积蓄腾飞的力量。

后劲“足”：潜力无限，跨越赶超正当时

事实上，除了工程机械、汽车零配件和再制造三大特色产业体系强劲的吸附效应外，浏阳制造产业基地还拥有着其他园区“羡慕”的区位优势。

从大的区位来看，湖南浏阳制造产业基地处于长江流域与珠江流域两个通江达海大市场相夹的腹地，是上海、广州、重庆、武汉四大全国性商贸中心聚辐的交通地带，京珠等三条高速公路汇聚在此，占据京广、湘黔等铁路枢纽和长沙霞凝港水运中心的优势，承东启西，联南通北，成为东连长三角、南接珠三角的交汇点。

同时，它位于长沙市东线经济走廊，是长株潭城市群全国“两型社会”建设综合配套改革试验区的重要组团和核心功能区，是区域经济发展的重要一极。

从局域区位来看，基地地处湖南省会长沙东郊，所在地永安镇是全国小城镇建设重点镇，也是浏阳市的中心镇。长永高速公路、开元大道、319 国道穿基地而过，联通长沙与浏阳市区，基地居于两市连线的正中心，距长沙、浏阳各 25 公里，离长沙黄花机场仅 8 公里。铁路、公路、航空皆在 15 分钟之内可以抵达。将来，长沙人民路及地铁东延至基地，基地物流成本呈几何级数降低，此处的地理优势将更加凸显。

除此之外，2011 年 1 月，长沙市“十二五”规划中首次将浏阳制造产业基地纳入长沙东部城区范畴，重点发展先进制造业。同年 5 月，长沙市最新版城市规划出炉，浏阳工业新城，长沙城东这片方圆 30 平方千米的区域，首次纳入到大长沙的城市规划中。

“湖南省工业集中区”“国家级再制造示范基地”两大平台的成功升级，浏阳制造产业基地的“分量”更重了。

而在土地资源日益稀缺和国家地根偏紧的情况下，该园区 3000 多亩的土地储备，更是成为浏阳制造产业基地实现后发赶超、跨越发展的重要优势、潜在资本。

未来，毋庸置疑，浏阳制造产业基地这片黄金地带必将成为企业争相抢滩的“宠儿”。

配套“全”：强园造城，开启工业新城“宜”生活

作为“大长沙”东部板块——浏阳工业新城和长沙空港新城的重要组团，浏阳制造产业基地城市化是其必然趋势，造城是其必然选择。

由新型工业化过渡到推进新型城市化，需要完善的城市配套，宜居、宜行、宜商的环境。在这种发展大势之下，浏阳制造产业基地提出“强园造城、配套融城”的总体发展思路，从单一的工业园区逐步向新型工业化、新型城市化相结合的全新发展阶段迈进。

高水准、高起点规划发展是第一步。园区主动对接大长沙、工业新城和永安镇的融城发展，在道路、水电气、通讯等基础设施方面实现联通共建、联网共享。从城乡空间结构调整、产业定位、风貌塑造三个方面入手，加强园区景观设计。

以“一手抓城市建设，一手抓大项目引进”两个重点为主。园区现已引进华天五星级酒店、通程购物广场等10多个“造城”项目。不断完善配套建设，使其能满足10万城镇人口生产生活需求，建成面积达到30平方千米。

“园区建设要用建设城市一样的思维，转变发展方式。工业发达、商业繁荣、环境优美的宜居生活是我们追求的目标。”基地负责人说。

意气风发的浏阳制造产业基地的目标远远不止这一个。站在新的发展起点上，基地发展蓝图如画卷般徐徐展开——

园区将着重推进基地工业生产区、政务服务区、商贸流通区、中心商务区、居民居住区等方面的功能分区。将完善三横七纵的交通网络建设，逐步实现与空港新城、浏阳经开区的无缝对接。

将以优化发展软环境为纽带，以调整经济结构和转变发展方式为主线，着力调整产业结构，促进产业转型和技术升级；着力加强自主创新和科研开发，加快形成自主技术、自主标准和自主品牌；着力培育发展战略性新兴产业，全面确立竞争优势和新的增长点，努力建设充满激情的创业之都、宜工宜商的兴业之都、富有魅力的置业之都，成为中部地区具有独特影响力和竞争力的区域性制造新城。

将围绕推进产业链招商、企业自主创新能力的提升、推进再制造产业的发展、打造面向园区企业的“一中心、七平台”社会化服务体系建设，为基地产业集群的培育、提升企业自主创新能力、发展再制造产业提供强有力的支撑。

将以工程机械等机电产品的二手交易市场和物流体系建设为先导，以再制造公共平台建设为支撑，通过创新驱动和需求拉动，以及七大核心平台和两个工作站的建设，引领基地“再制造产业”的发展。

将按照宜于人居、宜于创业的原则，合理推进园区的基础设施和市政配套设施。重点建设“两区三圈”，扩建新建园区一批中小学校，进一步完善水、电、气、路等基础设施建设，重点建设商贸业和商住区，使得园区更加的宜居宜业宜工。

回首浏阳制造产业基地10年辉煌历程令人激动；10年后的发展蓝图令人振奋。你看，豪情满怀的浏阳制造产业基地，正以它强劲的动力、迅猛的来势、雄壮的身姿和恢宏的气势，撬动着湖湘制造产业发展的支点，朝着“紧追四区、领跑八园”的愿景奋起直追！

（本文原载《湖南日报》2013年1月25日第10版）

湖南浏阳制造产业基地的产城融合之路

我国工业园区发轫于20世纪80年代初，到今年正好历经整30年发展。园区由小到大，由弱到强，已成为拉动国家和地方经济增长的重要支柱。

当前，园区使命已发生新的变化：担负着新型工业化基地、新型城镇化腹地的双重任务。因此，今天的园区应是明天的城区。然而，曾经多年，全国各地诸多园区配套不足带来先天不足的后果是，白天热热闹闹，晚上冷冷清清。“印象中的工业园区”被社会事实理解为单一生产场所。甚至，极少数园区因为产城融合度差，发展难以为继，最终沦为“空城”。

作为“品质长沙”建设的重要载体，长沙各园区却走在产城融合的康庄大道上，正经历着从工业区、产业区向现代化城区的精彩蝶变。

长沙地区的国家级和省级园区共14个，大多已纳入城市总体规划版图。处于长沙中心城区的部分园区目前均已较好地实现了产城融合。分布在城郊接合部的其他园区，如何走好产城融合之路，比以往任何时候都显得更为急迫，更为重要。

基于此，位于城郊的湖南浏阳制造产业基地找准自身全新定位，就是“建设产城融合、宜居宜业的现代城市工业经济综合体”，加快实施两型化管理提标提档行动，演绎属于自身的精彩。

湖南浏阳制造产业基地位于浏阳市永安镇，是长沙市在“推进新型工业化、构建长沙东线经济走廊”的战略决策下，于2003年创建。基地坐落于长沙与浏阳的319连接线上，距长沙市中心25千米，离浏阳市城区27千米，正好处于中间位置。十多年来，“城市”对该工业园区来说，有点渺茫，“前不着村后不着店”。

“十年前发展初期，单纯想围绕制造产业，建一个像样的现代工业园区。这些年，我们逐渐转变思想，从一心打造园区，到全面推进产城融合，建设以人为本的新型城市。”湖南浏阳制造产业基地党工委书记寻院豪认为：工业园区发展和城市建设不能分开！

今年1月18日，近3万平方米的综合购物中心——通程商业广场永安店在园区所在地开业，这个集购物、休闲、娱乐于一体的区域商业综合体开业后，遑论物流人流，永安镇每天仅商业收入一项，就增长了两成。邻近的长沙县江背镇、春华镇、黄花镇等地消费者，成群结队慕名到永安镇消费。

今年，一个日供10万吨的自来水厂、一家服务周边的全新医院、一所优质示范性中学、一条连接长沙市区的金阳大道、15条园区新建道路、多个生活小区、十几栋保障性住房、紧密铺排的24个工业项目、7个商业项目、5个再制造平台项目，还有周边的现代农业示范区……在园区各个角落紧张有序建设，湖南浏阳制造产业基地逐渐脱离传统工业园区印象，向现代化工业新城坚强迈进！

未来五年的产城规划，也非常明晰地展示了园区产城融合之路：到2018年，园区规模以上企业要达到150家，实现工业总产值550亿元，财政收入20亿元，园镇建成面积17.6平方千米，人口规模达11.7万人，形成“一心（以永安集镇和园区建成区为中心形成二、三产业的核心区）、一带（捞刀河休闲风光带）、六轴（开元大道、新河路、319国道、金阳大道、永和路、永裕路）、四组团（芦塘、花果山、狮子脑、永和）”的发展格局，实现由建园向造城转变。

思路决定出路，弱势变为强势。西接长沙市，东融浏阳国家级经济开发区的先天条件，让湖南浏阳制造产业基地党工委书记寻院豪对“未来之城”充满信心：“永安是一个融合性很强的地方”。

随着浏阳至长沙的“无费”快速通道金阳大道启动建设，永安镇作为浏阳融城的最前沿，将在产城融合中主动作为且有所作为。

一是全力突破招大引强。凸显园区产业特色，加大新能源汽车和优质汽车零部件企业的引进，拉长做强产业链。围绕鹏翔星通专用车生产，对接园内企业的配套，并引进一批具有专用车生产技术的企业与其配套，尽快实现产业化。同时，进一步加大先进装备制造企业的引进力度，加速推进装备制造业大型化、智能化、高端化发展。充分发挥快速消费品市场广、需求大、消费快的优势，围绕生活消费品优势产业，加大招商引资力度，优化产业结构，培育新型产业集群。围绕再制造特色产业，主动向国家政策靠拢，加大高端化、专业化再制造项目的引进，加快再制造企业的聚集。围绕现代商贸流通服务业，做好项目规划、包装和招商，通过招大引强的突破，努力实现五年的倍增计划和“十强”目标。

二是强力推进城市建设。进一步强化城市意识，全力以赴推进项目建设，在五年间，确保建成产业项目75个，基础设施项目18个、民生项目11个。产业项目中至少保证60个工业项目建成投产，10个商业项目和5个再制造平台项目投入使用。进一步完善基础配套，基础设施项目重点保障金阳大道永安段、纬3路等10条道路通车，并新建一座日供10万吨的新水厂、一座110千伏变电站，完成污水处理厂二期扩建。民生项目重点完成好50栋保障性住房、一所可容纳3000人的示范性中学、一所职业技校、一所二甲医院和一个综合性的文化体育中心。同时进一步完善市政公用设施，建设好捞刀河、金龟塘、仙头岭3个公园和新河、株陵河、礼耕河3条休闲绿带。

三是大力推进转型升级。加大发展方式的创新，做好园镇规划的顶层设计，全面推进区位、产业、功能、商务、人居五个方面的大提升，实现串联式组团开发。进一步优化产业结构，努力做强主导产业，做优特色产业，做活商贸物流业，实现一、二、三产业的协调发展，由开发工业园区向城市经营转变。鼓励企业自主创新，在技术、管理、营销等方面进行全面升级，切实提升企业发展质量和效益。

四是着力创新机制体制。深度推进产城融合、园镇一体，对永安镇域资源实行统一规划、统一建设和统一管理，实现行政体制上的大统一和园镇同心、同向、同力发展。进一步强化和扩大投资开发公司的各项职能，实现政企分开，逐步使投资公司成为独立的开发建设主体，提高经济运营效率。

在产城融合的潮流下，浏阳制造产业基地与永安镇正加速融合，坚持产业功能与城市功能统筹谋划，按照打造城市工业经济综合体的思路，打破工业园区服务滞后、配套落后的模式，全面推进区位、产业、功能、商务、人居五大提升工程，加快推进基础设施、配套功能、公共服务一体化，实现产业提速与城市提质双核驱动，将园镇打造成以产业为支撑的宜居宜业、功能齐全的现代化“产业新城”。

（本文原载中国新闻网2014年7月28日）

再制造产业的浏阳样本

所谓“再制造”，业内通常认为是指将废旧汽车零部件、工程机械、机床等进行专业化修复的批量化生产过程，是循环经济“再利用”的高级形式。和普通的旧件维修或翻新不同，再制造通过现代化的激光、纳米等新技术对原件进行修复性强化，再制造后的产品质量和性能不低于或者超过新品。

有专家做过统计，再制造产品能比新品降低成本 50%，节能 60%，节材 70%，减少污染物排放 80% 以上，社会效益和经济效益相当可观。

浏阳：我国再制造产业发展的真实缩影

再制造产业虽然时间不长，但发展十分迅猛。据行业统计，和 2005 年再制造产业刚刚落地相比，2013 年，我国再制造产业产值已超过 40 亿元，并呈现加速发展趋势。

2005 年，国务院在《关于加快发展循环经济的若干意见》中提出支持发展再制造。同年的国家第一批循环经济试点也将再制造作为重点领域。自此，我国再制造产业正式落地。2008 年，《中华人民共和国循环经济促进法》将再制造纳入法律范畴进行规范。2013 年 5 月 13 日，国家发展改革委、科技部、工业和信息化部、财政部、环保部等 11 个部委推出我国再制造产业发展的意见，明确要求将再制造产业培育成为新的经济增长点，推动循环经济形成较大规模。在国家政策的强力推动下，我国再制造产业步入了快速发展轨道。

其中，作为首批国家再制造产业示范基地的湖南浏阳制造产业基地，自 2009 年就着手发展再制造产业，规划 2 平方千米作为再制造专区，涉及工程机械、汽车零部件、机床、打印设备等领域，产业实现了较快发展。浏阳制造产业基地凸显的痛苦与快乐并存、光荣与责任并行、希望和盼望同在的状况，即是我国再制造产业发展的真实缩影。

为了在全国做出示范，浏阳做了不少探索

在采访中，浏阳制造产业基地的相关负责人表示，基地之所以发展再制造，是因为有良好的产业基础，尤其是身处长沙的区位优势。

近年来，湖南省长沙市是中部地区发展最快的城市之一，工业发展取得了长足进步，特别是工程机械和汽车制造业成为长沙最重要的支柱产业。2013 年，长沙工业全年实现规模工业总产值 8289 亿元，同比增长 18.4%，其中工程机械产业集群完成产值 1499.8 亿元，骨干企业中仅三一重工、中联重科、山河智能 3 家公司的市值就超过了全国工程机械上市公司市值的 2/3。汽车及零部件产业规模工业产值 400 亿元，拥有上海大众、广汽集团、博世集团等一批知名企业。

在工程机械、汽车制造产业的强力带动下，长沙形成了 5 个国家级开发区和 8 个省级开发区齐头并进的发展格局。更为重要的是，浏阳制造产业基地是工程机械和汽车零部件的专业配套园区，交通条件优越，形成机场、高速、高铁、港口四位一体的综合交通网络，是浏阳融入长株潭半小时经济圈的北大门。

据悉，为了在全国做出示范，浏阳做了不少探索。他们组织专人到国内外进行考察，学习先进国家和发达地区发展再制造的先进理念和经营策略，组建了再制造产业发展办公室，成立了再制造产业发展领导小组，将再制造产业作为园区新兴战略产业予以推进。

通过努力，浏阳在 2013 年正式获批国家再制造产业示范基地，2014 年获湖南省新型工业化产业示范基地。目前园区聚集了轩辕春秋、赢家环保、法泽尔等 12 家再制造企业，2014 年企业产值达到 10 亿元。再制造发展平台加快推进，其中 1.5 万平方米的回收物流中心已建成并投入使用，再制造发展与信息中心、清洗拆解中心、检测中心等已完成前期工作。

“本来就很美”的再制造产业

再制造在欧美发达国家已经达到相当高的水平，而在我国起步较晚。2013 年，行业对国内再制造产业进行了详细调研。结果显示，目前国内不少企业的“再制造”过程还仅仅停留在翻新、维修上。市场环境尚不成熟，保障政策仍然缺失，使得原本前景广阔、利润可观的再制造产业规模不够大，发展速度还不够快。

此外，业内专家多次指出，尤其是在国家层面，需要建立废旧机电产品物流体系、国外废旧物资进口体系、国家有关部门监督的企业认证制度，需要逐步理顺资源性产品和再生资源产品间的关系，需要在贷款和税收方面给予相应优惠。不仅如此，尽管近期有消息称，我国汽车保有量大大增加，工程机械保有量超过 500 万台、机床保有量超过 800 万台，有利于加快发展再制造产业。但记者在随机询问网友中发现，很多人认为再制造是基于对旧件的加工，零部件的质量得不到保障，在环境上也可能造成污染。

对此，浏阳制造产业示范基地相关负责人回应称，确实存在上述现象，毕竟一个新生产业的形成和壮大，往往要经历艰辛的过程。不过，除了各个地方的探索之外，国家有关部门也一直在做努力。

比如当前我国再制造产品的质量标准仍不完善，但国家有关部门已正在推进此项工作，比如近日两项再制造国家标准——《GB/T31208—2014 再制造毛坯质量检验方法》《GB/T31207—2014 机械产品再制造质量管理要求》发布实施，意味着汽车零部件再制造已经进入标准化发展阶段。

近期，国家发展改革委会同有关部门制定了《2014 年循环经济推进计划》，其中对再制造发展工作提出明确要求，要进一步加快建立旧件逆向回收体系，同时严格再制造产品质量管理，加大再制造产品推广力度。

行业专家指出，尽管我国距发达国家“再制造产品走进千家万户”的水平还有很长的路要走，但这是发展趋势，不可逆转。因此，再制造产业不会“看上去很美”，而是“本来就很美”。

（本文原载《金融经济》2015 年 01 期）

浏阳制造产业基地：
发展物联网 打造“智”造园

2015 年，随着互联网在全球范围掀起的深刻变革，浏阳制造产业基地跟随互联网的节奏，醒得早、谋得远，利用制造产业优势，大力发展物联网，积极推进产业转型升级，将互联网、云计算、大数据等新一代信息技术成功植入到工业机器人、高精密度数控机床、高扬尘矿山流体输送水泵、港口自动装卸及搬运设备、挖掘桩工机械等行业，为社会提供“无人工厂”“无人值守”等生产自动化产品，数十项科研技术达到世界领先水平，并成功替代或优于进口产品，智能制造成为园区发展的“新常态”，智慧园区正在浏阳制造产业基地强势崛起。

【大区位 大机遇】

浏阳制造产业基地地处长沙市东线开放型经济走廊的核心位置，是浏阳西融大长沙的门户园区，始建于 2003 年 3 月，规划面积 36 平方千米，目前已建成面积近 10 平方千米，是国家级再制造产业示范基地和智能制造产业集聚区。

园区区位优越，路网发达，距离长沙市区 25 千米，距离浏阳市区 27 千米，距黄花国际机场 8 千米，距霞凝港 30 千米，岳汝高速、长浏高速、金阳大道、319 国道、开元大道贯穿园区并与京珠高速互通，形成机场、高速、高铁、港口四位一体的交通网络。

2014 年 8 月 28 日上午，金阳大道（浏阳蕉溪岭至黄花机场公路）正式开工兴建，作为第一条浏阳到长沙的无费快速通道，金阳大道开工意味着浏阳的发展从高速时代迈入融城时代。

长沙东拓战略全面实施，特别是长沙无费快速通道金阳大道（长沙人民东路）的建设，进一步拉近了园区到长沙的距离，交通区位优势的进一步提升或可成为发展新引擎。

浏阳打造省会副中心和湘赣边区域性中心城市，基础是建立在“全面融入大长沙”的前提之上，而制造产业基地就位于融城的最前沿阵地。借助这条主干道，浏阳制造产业基地实现与长沙的无缝对接。

随着长沙跨入高铁时代的到来，在长沙高铁经济区及空港经济区有效辐射范围之内的制造产业基地，从此也迈入高速时代。

【大格局 大发展】

格局有多大，事业就有多大。浏阳制造产业基地意识到，园区只有格局大了，理念新了，才能发展得快，发展得好。在招商引资方面做好加减法，科学选商选资，对于大项目、好项目引进上致力实现年度倍增计划。

精准招商

从某种意义上来说，区域之间、园区之间的竞争就是招商引资的竞争，只有抓住了招商引资这个龙头，才具备参与竞争的基本能力。浏阳制造产业基地始终把招商作为经济发展的第一菜单抓牢抓实，全年共引进项目 27 个，其中投资过 20 亿元的项目 1 个，过 10 亿元的项目 1 个。先进装备制造、汽车及零部件两大主导产业类企业占引进企业总数的 70% 以上，8 家汽车零部件企业均为核心配套企业。

2014 年 11 月 26 日，“芙蓉王”全配方烟叶输出复烤项目落户签约仪式在浏阳制造产业基地举行。这项总投资 21 亿元的项目，将于 2016 年年底正式投产。项目建成后，年产值达 10 亿元以上，创税 2 亿元以上。该项目的成功引进是园区招大引强工作的重大突破，填补了园区无投资过 20 亿元和税收过亿元企业的空白。

2014 年也是浏阳家具产业转型提质发展的元年。浏阳制造产业基地所在的永安镇是传统的“家具产业之乡”，亦如浏阳花炮，有着深厚的产业根基。但是一直以来都是家庭作坊式的发展模式。随着现代物流的发展和网购的兴起，中南地区亟须建立一个生产规模化、品牌化、集约化的专业的家具生产基地。这，也成为浏阳家具从业者心中的一个企盼。

2014 年 7 月 30 日，历经五年的不懈努力，投资过 10 亿元的浏阳国际家具城项目成功启动，100 亩土地用于开发建材家具城一期建设，3~5 年内产值有望突破 100 亿元，将成为中南地区最大融生产、设计、研发、经营于一体的现代国际家具城，这也是园区发展的另一新兴产业，对园区的跨越式发展产生巨大的助推力。

项目攻坚

项目不但要引得进，还要投产快、见效快。浏阳制造产业基地充分发挥园镇一体的独特优势，推进项目建设。紧紧围绕“道路畅通、土地平整、企业建厂、农民安居”的工作目标，全年铺排重点项目 39 个，总投资 81.9 亿元，增长58%。全年征地671.6亩，拆迁房屋145栋，平地1200亩，实现了13个项目征拆清零，保障了中烟、普洛斯、波特尼等重点项目及时供地；开工建设了学苑路、永和南路等15条道路，拉动了永和路、永裕路等主干道。南园片区、东北片区、西北片区延伸拓展，开发骨架初步形成，基本实现道路成网、开发成片、绿化成带；9个工业项目顺利投产，5个项目实现当年开建当年投产。波特尼线束项目更是实现当年签约、当年建成投产，是市委、市政府关注的重点和项目观摩的亮点；浏阳国际家具城项目启动建设，首期发售VIP认购卡2000多张，受到省市部门及业界高度关注；再制造旧件回收物流中心如期建成，7栋保障性住房交付使用；博大中央广场、华润新都汇、滨海新干线等房产项目加快建设，城市化配套大幅提升，以产兴城、产城互促的发展格局加速形成。全年项目建设总体目标完成率达95%以上，创造了只争朝夕的“园区速度”。

产业培育

产业发展，如同马拉松比赛，后劲决定成败。引导企业做大做强，园区的发展才能力道强；培育新的经济增长点，园区的发展才能后劲足。

园区引导先进装备制造、汽车零部件两大主导产业转型升级，强化创新驱动，通过转型升级，促进园区产业从中低端向中高端迈进。同时，把战略眼光放在新兴产业的培育。抓住快速消费品市场广、需求大、消费快的优势，通过技术改造、资金扶持，用地支持，培育一批市场前景广阔的快速消费品产业。

在园区的积极引导和支持下，园区有的企业稳打稳扎，一步一个脚印，成为行业的佼佼者；有的企业抢抓机遇，在创新图强和快速反应中迅速壮大。还有的企业依托强大的母公司和稳定的客户源，迅速茁壮成长，走出了一条后发赶超之路。

这中间有：致力成为行业标杆的长沙博大机械零部件有限公司。长沙博大机械零部件有限公司是专业从事汽车零部件制造的公司，公司从创建之初的“三无”企业，到现在拥有5家以上世界500强级的合作伙伴；从刚开始的质量问题频出，到现在质量PPM值控制在百万分之0.7；从入园时的年收入不足千万到今天年收入超过2亿元，这一路走来，有艰辛，但更有收获。公司在智能化机器、先进模具制造等方面力求更大建树，致力成为汽车零部件的制造转接和行业标杆。

争做国字领头羊的湖南一朵生活用品有限公司。湖南一朵生活用品有限公司是一家集研发、生产、销售于一体的母婴产品专业公司。公司2012年落户园区，

2014年公司总部基地落成，当年公司实现销售5亿元，纳税2008万元，比上年增长235%。已发展成为中国婴儿纸质卫生用品行业(尿不湿)华中地区领导者、全国前10强品牌、电子商务渠道国民品牌前三甲。预计2015年实现销售8亿元，上缴税收3500万元。

“大干2015，决战2016，再创两个一朵！致力成为尿不湿行业的国字领头羊。”公司董事长刘祥富如是说。

“三当”明星的长沙波特尼电气系统有限公司。长沙波特尼电气系统有限公司由中德合资的苏州波特尼电气系统有限公司独资筹建，总投资约2.5亿人民币，拥有进口的全自动开线压接机10台，KSK流水线5条，是一家专业生产汽车线束的世界五百强子公司，是上海大众的全球合作伙伴，为上海大众长沙基地配套开发生产新朗逸、新途安等汽车线束。公司2014年2月25日落户园区，12月24日按计划完成了厂房，水电气等配套设施，顺利实现“当年签约，当年建成，当年投产”的目标，项目全部达产后年产值将达6亿元人民币。

【大蓝图 大手笔】

“三部曲”瞄准千亿目标

2015年，中央立足“三期叠加”阶段性特征，作出我国经济发展进入新常态的重大战略判断。面对这些新情况、新挑战，园区顺应经济发展新常态的同时，目标瞄准转型创新主题，充分抓住国家对智能制造、物联网、新能源等产业大力扶持的机遇，着力打造智能制造产业集聚区。为此，园区定下发展目标“三部曲”。

2015年：实现技工贸收入300亿元，同比增长20%；工业总产值290亿元，同比增长20%；实现财政总收入突破10亿元，同比增长20.6%。

2017年：实现技工贸收入500亿元；工业总产值450亿元，同比增长20%；财政总收入突破16亿元。

2020年：实现技工贸收入1000亿元；工业总产值800亿元，同比增长25%；财政总收入30亿元，确保“千亿园区”目标顺利实现。

“六大举措”力推园区转型创新跨越发展

致力招大引强，壮大发展规模。今年，园区招商推介范围将扩宽至沿海或海外，以外围招商推介活动提升园区招商综合水平。

创新中介招商，充分利用台湾青创协会、深圳汽车电子协会、中小企业协会、驻外办事处等社会团体的资源优势；实施蹲点招商，力争在深圳设立园区招商办事处，建立稳定的招商渠道；重视以商引商，通过产业链的延伸和企业间的相互介绍、推荐，实现“引来一个、带动一批、辐射一片”的招商引资集聚效应。

依托智能制造产业、再制造产业、新能源汽车产业、“芙蓉王”烟叶技改项目、人人家食品工业园、浏阳国际家具城等产业优势和平台，引进一批带动力强、产业链长的领军企业，力争在新型业态上实现新突破。

今年，园区紧扣国家重点支持发展的产业，加大智能制造、物联网、新能源汽车产业的引进，同时同步推进传统汽车零部件企业的招商。一季度已引进企业 8 个，其中智能制造、物联网企业 2 家，新能源汽车企业 2 家，其他传统汽车零部件企业 4 家。今年引进项目的规模更大、级次更高，安达自动化设备项目投资过 10 亿元，为高端智能化企业的代表。并与 1 家投资过 30 亿元的新能源项目签订框架合作协议。紧接着，园区将针对智能制造、物联网、新能源汽车产业及汽车电子产业举办专题招商会，加速新兴产业的集聚。同时，抢抓上海大众长沙基地第三款车型启动的机遇，进一步壮大汽车零部件产业。

狠抓创新转型，加大企业培育。在 2015 年 3 月 5 日十二届全国人大三次会议上，李克强总理在政府工作报告中首次提出“互联网 +”行动计划。在这场影响全球的大计划中，浏阳制造产业基地谋划深远，将物联网、云计算、大数据等新一代信息技术成功植入到焊接机器人、起重设备、数控磨床、矿山排水、现代物流等先进装备制造行业，将进一步发挥宇环数控、华恒机器人、五新重工、安达自动化、佳能泵业、中大机械、龙光科技等重点企业带动作用，为社会提供“无人工厂”“无人值守”等，改变生产、工作、生活方式的产品。同时，发挥博大机械、波特尼线束、信质电机、凯中电子等优质汽车零部件企业的示范作用，加快汽车零部件产业向高端品牌乘用车核心配套转型；以鹏翔星通汽车产业园为平台，加大技术集成，整合行业资源，进一步加速专用车、新能源汽车的发展，推进园区企业全面融入“长沙制造”产业体系。

加快项目建设，夯实发展基础。浏阳制造产业基地致力打好项目攻坚战，为园区快速发展夯实基础。加快规划修编，通过北拓南扩，使规划控制区达 60 平方千米。

园区的稳步快速发展，离不开项目平台的支撑。“园区将进一步强化项目中心意识，坚持不懈地抓项目、扩投资、促发展，不断加大重大工业项目和城市重点项目建设力度，以项目建设推动园区经济发展实现新突破。”党工委书记周剀如是说。

园区今年铺排重点建设项目 72 个，其中基础设施项目 46 个，产业项目 18 个，民生项目 8 个。年度计划投资 95 亿元，增长 16%。

强化要素保障，确保持续发展。未来园区的产业发展必将以大手笔的资金投入为支撑，有力的资金流入将为园区的发展带来强有力的发展活力。

通过向上争资、银行融资、社会筹资、项目经营、发行债券等途径，园区预计全年实现融资总规模 16 亿元以上。

随着各大项目的纷纷入驻，用地保障成为园区扩大对外影响力的重要因素。目前，产业基地主要通过大项目、好项目争取项目用地指标，加大土地报批、征收、供应和储备，力争报批土地 3000 亩以上。

突出改革创新，激发内生动力。充分发挥园区在发展中的辐射带动作用，深度推进“产城融合、园镇一体”发展战略，促进园镇深度融合、协调发展。

当园区经济步入高速发展的轨道后，园区将着重强化预算管理制度，实施规范、精准的预算，提高财政资金的效益。

如何吸引更多外来资金参与园区项目合作？经过反复思考与研究，园区正探索引入开放式股权投资模式，形成畅通的投融资渠道。

通过进一步优化行政审批制度，实行并联审批，建立与省级园区相匹配的政务管理体系。努力将园区打造成为长沙市审批事项最少、时限最短、成本最低的样板园区。

抓好队伍建设，增强发展活力。服务是园区经济发展的软实力。为此，加强服务职能将作为园区工作的抓手，不断提高干部的服务能力和服务水平。3 月 17 日，园区政务服务中心正式运行，按照“一个窗口受理、一条龙服务、一站式办结”“规范操作、服务一流”的要求，为园区企业提供政务手续办理和相关咨询服务。

继续推行“阳光政务”，完善“权力清单”，将项目安排、资金拨付、土地招拍挂、工程招投标等敏感领域置于部门、社会和媒体的监督之下，为企业营造良好的创新创业环境。

丰富、创新的文化氛围是园区竞争软实力的重要载体。“我们已充分认识到文化建设对经济发展的巨大推动作用，因此做好园区文化发展规划，确定发展目标、文化载体和发展路径，形成富有特色的公共文化体系是我们下一步重要工作。”

（本文原载《湖南日报》2015 年 4 月 27 日第 5 版）

打造智能制造产业集聚区
“智能制造”成浏阳制造产业基地全新增长极

互联网 +、中国制造 2025、智能机器人、云计算、大数据、物联网……随着产业大变革时代的到来，加快以机器人为代表的智能制造产业发展，已成为提升制造业内涵、推进“新技术、新模式、新业态、新产业”的“四新产业”发展的重要内容。

打造中国智能制造产业集聚区！浏阳制造产业基地，利用制造产业优势，抢占智能制造产业高地，积极推进产业转型升级，将互联网、云计算、大数据等新一代信息技术成功植入工业机器人、高精密度数控机床、高扬尘矿山流体输送水泵、港口自动装卸及搬运设备、挖掘桩工机械等行业，为社会提供“无人工厂”“无人值守”等生产自动化产品，数十项科研技术达到世界领先水平，并成功替代或优于进口产品，智能制造成为园区发展的“新常态”。

浏阳制造产业基地创建于 2003 年，园区总规划面积 36.6 平方千米，目前建成区域面积约 10 平方千米，常住人口近 10 万人。园区先后获批国家级再制造产业示范基地、湖南省级园区和湖南省新型工业化产业示范基地。近年来，浏阳制造产业基地智能制造产业发展较快，拥有华恒机器人、宇环数控、五新重工、佳能泵业、龙光科技等 10 余家智能制造企业，其技术达到国际领先水平，为园区打造智能制造产业集聚区奠定了良好基础。

浏阳制造产业基地党工委书记周剀介绍，园区制定了智能制造产业发展规划，将持续推动智能制造产业发展，将智能制造产业打造成为浏阳制造产业基地的“新名片”、新的经济“增长极”，中部地区先进制造业中心“示范区”，全国智能制造产业“先导区”，在全球智能制造竞争中占有一席之地。

特别令人关注的是，园区智能制造、物联网、新能源汽车等项目加快集聚，在今年上半年新签约的项目中达到一半以上。其中，东莞安达自动化设备有限公司计划投资达 10.18 亿元，年产值 10 亿元。湖南启泰信息技术有限公司投资达 5 亿元，年产值达 30 亿元。这一全新项目是国家战略新兴产业，跨集成电路和网络技术两大领域，它将先期建设一条先进的金属溅射膜压力传感器 MEMS 生产线，并以此为基础，开展数字传感器、网络传感器的研发、生产和销售，发展物联网产业。

华恒机器人 无人工厂的制造者

在湘潭泰富重装生产车间，8 台机器臂手有条不紊地在进行焊接工作。一台机器手抵得上 4 名人工焊接，质量百分之百过关。

这些自动化焊接设备，由长沙华恒机器人系统有限公司制造，作为国家焊接自动化领军企业——昆山华恒焊接股份有限公司控股企业，长沙华恒机器人系统有限公司成立于 2011 年 7 月，落户浏阳制造产业基地，是为湖南省重型机械行业提供智能化、自动化成套工艺、技术、装备整体解决方案的设备供应商。

近年来，华恒机器人先后为三一重工、福田汽车、中集集团、泰富重工、牛力叉车等汽车、重型机械、石化、家电等公司完成 200 多套机器人智能制造装备，具有丰富的工程实践经验。

为推动湖南省智能制造装备产业的发展，进一步提升企业在智能制造装备领域的设计、制造能力，将企业建成具有国内先进水平的智能制造装备研发和产业化基地。

参观过三一、远大等公司现代化工厂的人，都会为高度自动化的生产线为之侧目，这里面也有华恒机器人的一份功劳。2012 年建成的三一重机上海临港产业园，被称为“全球最大最美、最先进的挖掘机生产基地”，而这其中的 190 多套机器人自动化设备就是由华恒设计、供货及安装的。

走进长沙华恒的 2 号厂房，可以看到国内第一条叉车门架生产线正在紧张生产，另有五条各个不同领域企业“私人定制”的自动化生产线正在生产装配。“华恒机器人的最大特点是可以量身定制提供智能化、自动化成套工艺、技术、装备整体解决方案。”公司总经理助理郑长剑告诉记者，在浏阳建厂 4 年来保持了良好的发展势头。目前，公司正在浏阳制造产业基地另选新址，并树立了全新的发展目标。

虽然已经处在全国智能制造的第一梯队，但华恒发展的眼光依然十分深远，他们瞄准了自动化程度亟待提升的物流、食品、造船及危险作业等前景广阔的工业机器人潜力市场……

五新重工 内河港机第一品牌

随着全球运输业和现代物流业的发展，一方面港口集装箱运输量大幅度提高，另一方面，由于缺乏熟练的码头操作管理人员，导致劳动力成本急剧上升，自动化无人智能码头成为当今世界集装箱码头的发展趋势。而如今，只需输入箱体编号，起重机小车就能快速准确地找到目标集装箱，并将其搬到指定位置，而且走的是最优路径，大大提高了码头作业效率。

近日，记者从浏阳制造产业基地获悉，由湖南中铁五新重工有限公司自主研发生产的自动化集装箱门式起重机，通过电机传动控制系统、码头堆场调度管理系统、无线传输系统、定位系统、吊具防摇系统、柔性着箱系统、自动旋锁系统等，实现了在无人操作的情况下，自动寻箱、自动吊箱和装车作业。其中，基于GPS定位的自动寻箱功能，是通过对集装箱起重机机构位置的检测，接收堆场物流管理系统的箱位数据及吊箱指令，自动优化移动轨迹，自行运行到作业区域进行吊箱作业。“这一功能的实现，可以减少一半以上的人工，同时大大降低作业人员的劳动强度。”五新重工技术研究院电气所所长何鑫介绍，这一新技术已经在上海港口的集装箱搬运作业中成功应用。

除了“自动寻箱”功能外，五新重工的港机还可以实现“云平台监控”。用户只需在手机上安装一个APP，即可远程监控设备的运行状态。“任何一台设备出现故障，都会在云平台上反馈，我们的技术人员可以第一时间远程为用户提供常见问题的解决方案，避免等待技术维修人员带来的误工。”何鑫表示，该监控系统能够监控对象的运行状态、报警情况、运行轨迹曲线，并对其进行及时的处理和远程呈现，还能够实现远程修改参数、调试程序、故障诊断，对报警信息及时通知相关责任人进行处理。

此外，该公司生产的港机设备还运用了PLC变频控制、能量回馈节能和门座吊具自动跟随等新技术，提升产品的自动化、智能化及环保水平。目前，省内80%以上的港口都在使用中铁五新的起重设备，公司产品的市场份额不断扩大。

佳能泵业 井下透水系统的安全卫士

矿难的悲剧重复上演，强制处罚手段虽可以抑制“顽疾”，但真正防患于未然还得依靠科技手段。

长沙昌佳自动化设备有限公司，通过自主创新在水泵智能化这个领域独占鳌头，这得益于公司敏锐的嗅觉。2009年前后，由于矿难频发，井下安全备受关注。以水泵制造为主业的佳能泵业成立子公司——昌佳自动化，开始致力于水泵自动化的研发和生产，立足于国内数字化矿山建设需求和智能化、信息化技术的推广和应用，打造了一套全国唯一的“井下无人值守排水系统”，并获得“全国煤矿安全认证”，成为保障井下作业安全的首选排水系统。

此前，国内大部分井下泵房依靠人工观察来发现透水事故，这只能在透水量已经累积到足以让井下人员发现的程度时，才得以被发现。当发生透水事故时，由于人员撤离的需要，往往造成备用的多台排水泵无法投入，使水位上涨速度加快。“井下无人值守排水系统”能够通过一用一备两台液位传感器检测矿井水仓水位变化，同时考虑正在运行的水泵数量，换算出实时的水仓进水流量，以判定矿井是否发生透水事故。

“系统可根据井下液位高低来控制水泵的启停，具有井下手动、井下自动、井下一键启动、远程操控四种控制模式。”昌佳自动化营销服务部副部长范锐介绍，该系统以均匀磨损、移峰填谷、效率优先、故障诊断为控制原则，具有效率监控、能效评估、突水预警、系统升级的增强功能。同时，公司提前将“互联网 +”思维融入矿井水泵制造，让井上井下实时互动，昌佳自动化业已成为矿山水泵系统智能制造领域的国内一线品牌。

宇环数控 技术创新成就“宇环梦”

宇环数控成立于 2004 年 8 月，是一家专业研发、生产精密、高效数控磨床系列产品，以及工业机器人的国家重点高新技术企业。宇环数控是长沙市数控装备产业技术创新战略联盟的理事长单位，被誉为长沙市的“行业之星”。公司所生产的“YH”系列磨床、研磨抛光机均被认定为“湖南省名牌产品”。公司曾于 2012 年和 2014 年两次获得中国机床工具行业“春燕奖”。

企业与湖南大学、国防科技大学、浙江工业大学、大连理工大学等高等院校建立了合作关系，创建了省级数控精密磨床工程技术中心和省级企业技术中心，在自动化、信息化、集成化领域，形成了自己的核心技术优势。公司主导产品包括数控双端面磨床、数控凸轮轴磨床、数控研磨抛光机、复合车铣组合机床、数控外圆磨床、数控气门磨床、活塞环专用设备、自动化系列产品等，其技术替代进口产品，达到国际先进水平。

2013 年 11 月，上市公司桂林广陆数字测控股份有限公司董事长彭朋一行专程来到浏阳，对宇环数控新下线的“YHZD001 智能化双平面加工成套设备”进行验收后，他称赞说：“非常感谢宇环数控团队为我们提供这样高效率、高质量的设备，我们非常满意！”至此，宇环数控自主研发生产的首条成套设备自动化生产线实现完美收官，并提前交付客户使用，而广陆数测也成为国内第一家拥有此生产线的厂家。

十年磨一剑。2014 年，宇环数控成立十周年，公司探索出了一条中国机床行业振兴之路、发展之路。宇环数控的经验表明，只有加强技术中心建设，加大研发投入，开展产学研联合，以市场为导向，把握先进技术发展，大力推进数控机床的国产化进程，形成以创新为核心的运行机制，提升企业核心竞争力，才能走出具有特色的技术创新之路，才能使企业永葆活力。

在当前复杂多变的国际国内经济环境下，挑战和机遇并存，危机与发展共在。宇环数控选择的路只有一条，那就是“创新，创新，再创新”，在创新中不断进步，在创新中求发展，在发展中再创新，在创新中实现企业之梦的腾飞。

中大机械 引领路面施工机械发展潮流

逶迤延伸的路在重载交通作用下，相继出现坑洞、裂缝、路基塌陷、车辙等一系列“病害”，这种在我国交通道路中久已存在的问题，归结原因不外于传统施工工艺规范在不同路面、路基摊铺压实中，频现施工效率低、成本高等各类“路殇”。

鄂尔多斯赛车道是目前唯一由中国人设计、施工、管理，可升级为 F1 赛道的二级赛道，整个施工完全按照一级赛道要求进行，而中大机械摊铺压实设备的联合作战，保障了摊铺材料的均匀性、赛道平整度和密实度，2010 年投入使用后得到赛车手的高度评价。

2012 年 3 月，湘西矮寨大桥通车，湘渝高速全线贯通。中大机械为全长 1073.6 米、悬索桥主跨为 1176 米的世界最大跨境悬索桥铺筑桥面，DT1600 型抗离析多功能摊铺机实现沥青层单机大宽度一次性摊铺，此举被看作是向世界级难题挑战的神来之笔。

如何借智能化“东风”率先完成升级转型，从智能化发展中获得“钱”景？作为一家致力于集筑路机械产品研发、制造、销售于一体的老牌民营企业，2004 年落户浏阳制造产业基地的陕西中大机械集团湖南中大机械制造有限公司给出的答案是“傻瓜”式操作，实现云监控智能化经营管理。

走进湖南中大机械的筑路机械云监控中心，多台显示器上针对天南地北的压路机租赁商，其压路机车辆人员配置、发动机液压系统、车辆运行情况等数据变化清晰可见。

“设备租赁目前占我们公司销售很大一块，没安装云监控前，信息采集全靠人工现场检测。”该公司常务副总经理王智军笑笑，进一步解释，“这是我们智能化服务的一个强有力武器，实施云监控，对于信息采集回来的数据趋势进行跟踪，根据曲线变化提前预警，告知我们设备什么时候需更换何种配件，就这么简单。”

“下一步，我们计划建设智能化生产线或生产车间。”王智军介绍，目前，压路机生产、租赁市场需求各有不同，通过云监控系统，一来加强同客户沟通联系、提升用户满意度。二来，于企业自身，也将分布全国各地的中大机械技术人员由零散管理变为集中，在广泛分布于机场、高速公路、水坝等大型工程摊铺压实操作中，技术人员没按要求达到一定频率及速度，将得到及时纠正，压路机性能得到最大体现，将为用户创造更大价值。

龙光科技 以实力赢得竞争

湖南龙光科技有限公司是东莞龙光电子集团旗下的一家股份制民营企业，公司成立于2010年6月，是一家以精密钣金、五金冲压和模具生产为主的加工型企业，拥有各类主要加工、检测设备100余台。

东莞龙光电子集团位于中国制造业名城暨有“五金模具航母”之称的东莞长安镇，公司地处珠海、广州、深圳三个经济发达都市的交会中心，有利的地理位置和便利的交通为龙光的发展提供了有力的保障；公司专业从事各类网络通讯机柜、机箱，路由器，单板拉手条，太阳能支架，DVD、DVB机箱，液晶电视配件，电子电源周边五金配件，汽车配件等的开发和生产，各种五金模具的开发与制件，产品广泛运用于家用电器、汽车、电子、数字化通信，世界各地的通信网络基站、信号发射站，室内室外交换技术等高端领域。

湖南龙光科技有限公司主要经营包括：汽车零部件、机车零配件、电子产品、节能环保产品、通讯控制设备及配件的研发、生产销售；经营本企业自产产品及技术的出口业务和本企业所需的机械设备、零配件、原辅材料及技术的进口业务。公司有严格的质量控制管理，通过了ISO9001质量管理认证，产品还通过国内国际多项认证。

龙光科技在精密钣金和五金冲压生产方面具有相当高的经验与能力，主营产品汽车零部件、机车零部件、五金模具、冲压件、喷塑件、钣金件、通讯控制设备配件的研发、生产销售，公司钣金制造全部采用日本原装进口的AMADA数控设备、数控冲床和镭射机床、Panasonic机械手焊机等，将打造同行业实力最强的制造商。

（本文原载《长沙晚报》2015年7月2日第A13版）

后　记

历时 4 年多，数易其稿，首部《浏阳高新技术产业开发区志（2003—2016）》（下称“园区志”）终于定稿付印。《园区志》客观真实地记录了园区 2003—2016 年的发展历程，充分展示了浏阳高新区人负重奋进、艰难拼搏的精神，体现了创业勇气和园区担当。

园区志的顺利付印，得到了上级部门的悉心指导，得到了园区党工委、管委会的高度重视和园区管委会各部门的大力支持。其间，永安镇退休老教师刘谷君在 70 岁高龄时，不畏艰难，深入干部和群众中采访，带领助手一篇一章组稿，一字一句推敲，付出了辛勤劳动。后期办公室文秘宣传科的人员利用工作之余，加班加点对其完善，以对历史和未来负责的“匠人精神”给志书画上了圆满的句号。《园区志》初稿完成后，返送到各部门进行审核把关，提出了很多宝贵的意见和建议。送审稿分别经园区班子成员、浏阳市志档案局、长沙市地方志办公室审核后，于 2017 年 10 月通过专家会议评审。

由于园区发展初期资料不够齐全，可用历史资料有限，园区人员变更比较频繁，加之本次为园区首次修志，时间跨度较大，尽管修志工作人员投入了大量的时间和精力，但由于时间较紧，经验不足，水平有限，难免资料不齐或表述欠妥的地方，敬请读者谅解、斧正。

浏阳高新技术产业开发区编纂委员会办公室

2019 年 12 月